ÉTUDES

sur

L'HISTOIRE D'HAÏTI.

SAINT-DENIS. — TYPOGRAPHIE DE PREVOT ET DROUARD.

J. M. BORGELLA,
GÉNÉRAL DE DIVISION,
décédé au Port au Prince, le 30 Mars 1844.

ÉTUDES

SUR

L'HISTOIRE D'HAÏTI

SUIVIES DE LA

VIE

DU GÉNÉRAL J.-M. BORGELLA

PAR B. ARDOUIN

ANCIEN MINISTRE D'HAÏTI PRÈS LE GOUVERNEMENT FRANÇAIS,
ANCIEN SECRÉTAIRE D'ÉTAT DE LA JUSTICE, DE L'INSTRUCTION PUBLIQUE ET DES CULTES.

TOME PREMIER

PARIS

DEZOBRY ET E. MAGDELEINE, LIB.-ÉDITEURS,
RUE DES MAÇONS-SORBONNE, 1.

1853.

AVERTISSEMENT.

En publiant des *Études sur l'histoire d'Haïti*, je crois avouer que je n'ai pas la prétention d'écrire l'histoire de mon pays, bien que ces études doivent l'embrasser entièrement.

J'ai voulu seulement essayer de l'examiner au point de vue naturel à un Haïtien, et par opposition à tant d'auteurs étrangers qui ont eux-mêmes considéré cette histoire à leur point de vue.

Je prépare ainsi des matériaux qui serviront, peut-être, à l'avenir.

Telle n'était pas ma première pensée. Désireux d'écrire uniquement la Vie du général Borgella, je m'étais mis à l'œuvre. Mais, dès mes premières pages, je me trouvai en face des grands événemens auxquels il a pris part, comme presque tous les hommes de la génération dont il a fait partie. Pour expliquer ces événemens, il me fallait entrer dans certains détails afin de les rendre intelligibles, sinon me borner à une simple biographie.

Cependant, le général Borgella s'est trouvé acteur

important dans plusieurs circonstances remarquables; et ces circonstances elles-mêmes n'ont été que la conséquence de faits antérieurs. Pour en parler, je me voyais obligé de remonter à ces faits.

Cette nécessité a décidé mon entreprise.

Une autre réflexion m'y a déterminé. J'ai pensé alors que mon pays pourrait, peut-être, tirer quelque fruit de cet ouvrage, si j'examinais consciencieusement l'état antérieur de l'ancienne colonie de Saint-Domingue, la situation respective des diverses classes d'hommes qui en formaient la population, et les actes publics des autorités coloniales et de la métropole qui ont tant influé sur les événemens, et qui ont fait naître, pour ainsi dire, un nouveau pays au milieu de l'archipel des Antilles. En effet, comment comprendre le nouvel ordre de choses qui y a prévalu, si l'on ignore tous ces antécédens? Comment Haïti elle-même parviendrait-elle à se dégager des entraves qui s'opposeraient au libre développement de sa civilisation, si elle fermait les yeux sur son passé? Le passé est le régulateur du présent comme de l'avenir : il enseigne aux peuples des choses qu'il est de leur intérêt de connaître, d'autres qu'il faut éviter, afin de parvenir à fonder leur prospérité sur des bases solides et durables.

Je dois dire encore que, si je trouve une satisfaction personnelle à parler des actions de l'homme dont je vénère la mémoire, je n'en éprouve pas moins à rappeler celles de tant d'autres citoyens qui ont figuré avec éclat dans nos annales, et qui ont plus ou moins des droits à la reconnaissance de leurs concitoyens. Le plan que j'ai adopté pour cet ouvrage m'en procure l'occasion : je la saisis avec empressement.

Puisse mon pays me savoir bon gré de mes intentions et de mes efforts pour rehausser la gloire de tous! Quelque sévère que puisse ou que doive être l'histoire envers quelques-uns, ils ne sont pas moins dignes du souvenir des générations qui leur ont succédé. Les hommes sont imparfaits de leur nature. Mais une nation s'honore toujours en se ressouvenant des services rendus par ses défenseurs.

Ainsi que je l'ai déjà fait, en écrivant ces pages, mon but est d'exciter en mes concitoyens, s'il en est besoin, le désir de connaître sous leur vrai jour les événemens qui ont amené ces défenseurs de nos droits à créer une patrie pour nous.

Mais l'histoire ne doit pas être un simple récit des événemens. Elle comporte des enseignemens toujours utiles au peuple dont elle raconte les actions. Son objet doit être d'indiquer ce qu'il y a eu de louable ou de condamnable dans ces actions. C'est par là qu'elle encourage les hommes à faire le bien, qu'elle les détourne du mal.

Celui qui se donne une telle mission doit se proposer cette fin, s'il veut obtenir l'approbation de ses contemporains et l'estime de la postérité. Pour y parvenir, il doit se mettre au-dessus de toutes les passions qui ont occasionné les animosités, les rivalités entre les hommes des temps reculés qu'il décrit. En appréciant leur conduite et les sentimens qui les animaient, s'il trouve à louer des actes généreux, il doit y mettre son bonheur; mais s'il y découvre des motifs honteux, il ne doit pas hésiter à les flétrir.

La louange ou la flétrissure de l'histoire ne sont pas seulement un hommage rendu à la vérité; elles sont encore un témoignage de respect envers la postérité.

Tels sont les principes qui m'ont guidé dans mon travail, où j'ai appliqué d'ailleurs cette règle constante de ma conduite : *Fais ce que dois, advienne que pourra.*

Dans les premiers livres que je publie aujourd'hui, il n'est question que de la lutte entre deux races d'hommes. Cette lutte sera encore l'objet de quelques publications. Appartenant essentiellement à celle qui a été opprimée, qui a revendiqué ses droits les armes à la main, en se vengeant des longues injustices qui ont pesé sur elle, j'ai peut-être mis dans mon langage une certaine énergie qui naissait du sujet que j'avais à traiter. Mais, je le déclare hautement, je suis surtout animé contre le système, contre le détestable régime colonial dont les Haïtiens ont secoué le joug. Fondé sur la cupidité la plus aveugle, il a méconnu ses vrais intérêts; il a été la cause évidente de tous les maux que la race noire a endurés. Pouvais-je ne pas m'élever à la plus haute indignation contre les actes que cet infernal régime a fait commettre, lorsque des hommes consciencieux parmi les Européens les ont eux-mêmes flétris ?

Pour composer les deux premiers livres de mon ouvrage, j'ai puisé surtout dans le rapport si impartial, fait par Garran de Coulon, au nom de la commission des colonies qui a entendu Polvérel et Sonthonax, se défendant contre les accusations passionnées des colons de Saint-Domingue. C'est à ce travail qu'on doit la précieuse connaissance des faits révolutionnaires, de 1789 à 1794. Sans ce rapport, les Haïtiens ne pourraient établir une base certaine pour leur histoire; car ils ne possèdent pas la plupart des documens qui ont passé sous les yeux de cette commission; et ensuite, les débats entre les accusateurs et les accusés ont dévoilé bien des turpitudes qui seraient restées toujours ignorées.

J'ai consulté aussi d'autres documens, et il sera facile au lecteur de l'apercevoir. Je n'ai pas négligé les traditions orales, populaires, toutes les fois qu'elles m'ont paru offrir quelque certitude; mais en citant celles qui n'étaient pas dans ce cas, je me suis cru obligé de les réfuter, puisqu'elles ne présentaient aucune probabilité, aucune garantie de la vérité historique. Il faut souvent se défier de cette manière de faire de l'histoire; car les bruits du moment égarent les acteurs ou les témoins des événemens, qui les racontent ensuite comme faits positifs. Si les documens eux-mêmes sont quelquefois mensongers, combien, à plus forte raison, ne doit-on pas se prémunir contre les traditions orales?

Ainsi je continuerai à faire, dans les livres qui suivront les deux premiers.

Je dois sans doute une explication pour la division que j'ai établie dans ces études historiques.

Il m'a semblé que l'histoire d'Haïti renferme naturellement deux grandes périodes.

Je nomme la première, *la période française*. N'écrivant que sur les faits révolutionnaires, je la fais commencer en 1789 pour la conduire jusqu'en novembre 1803, où l'ancienne colonie de la France a cessé de lui appartenir pour passer en notre possession.

Je nomme la seconde, *la période haïtienne*. Elle commence en novembre 1803 pour s'arrêter en mars 1843, par rapport à ce que je me propose d'écrire.

La période française me paraît elle-même offrir une division en *six époques* distinctes, à cause des grands événemens qui s'y sont produits. La révolution de 1789 a été la cause motrice de tous les troubles, de toutes les révolutions qui se sont succédé à Saint-Domingue. Ces époques deviennent donc comme des étapes à la marche de ce pays vers son indépendance politique.

Ainsi, la première époque part du moment où la nouvelle de la prise de la Bastille arrive à Saint-Domingue et met en mouvement toutes les classes d'hommes *libres*. Elles cherchent toutes à profiter de la révolution de la métropole pour conquérir leurs droits, — les unes sur le despotisme du gouvernement colonial, — les autres sur le régime qui a créé le préjugé de la couleur. La lutte s'ouvre entre elles toutes et ce gouvernement, et entre elles encore, par opposition de races. La métropole, après bien des tergiversations, finit par proclamer l'*égalité civile et politique entre tous les hommes libres*, à quelque couleur qu'ils appartiennent. Mais, pendant ces troubles civils, les masses esclaves se sont livrées à de faibles agitations d'abord : comprimées et violentées, elles se sont enfin révoltées contre le régime qui pesait si cruellement sur elles. Peu importe à quelle cause première il faut attribuer cette insurrection ; elle a eu lieu les armes à la main, elle a occasionné de grands désastres ; et les hommes libres de toutes les classes se sont vus contraints d'accorder à une faible portion des insurgés, des *affranchissemens* nécessaires. — Cette première époque finit en septembre 1792.

La deuxième commence alors, à l'arrivée des commissaires civils envoyés par la métropole pour assurer l'exécution de la loi de l'égalité, et elle se termine au moment où ils sont rappelés en France. Pendant leur séjour à Saint-Domingue, de graves événemens s'y sont passés.

Ils ont anéanti la puissance des colons blancs; ils ont *affranchi* eux-mêmes tous les esclaves, pour sauver la colonie de l'invasion de la Grande-Bretagne et de l'Espagne coalisées, qui s'emparent de quelques points. La soumission à leur autorité de l'un des chefs des noirs insurgés est venue faire présager le succès des armes françaises. — Cette époque court de septembre 1792 à juin 1794.

La troisième offre, de juin 1794 à octobre 1798, les événemens suivans : — La guerre contre les Anglais et les Espagnols. — La cession de la partie espagnole de Saint-Domingue à la France. — L'éloignement de Laveaux, général en chef, l'expulsion de Sonthonax et d'Hédouville, agens de la métropole, par Toussaint Louverture. — L'évacuation de tous les points de Saint-Domingue par les Anglais.

La quatrième, d'octobre 1798 à juillet 1800 : — Les dissensions et la guerre civile entre Toussaint Louverture et Rigaud. — La fuite de ce dernier.

La cinquième, de juillet 1800 à janvier 1802 : — Le gouvernement et l'administration de Toussaint Louverture. — La prise de possession de la partie espagnole par ce chef. — La constitution politique de Saint-Domingue qui le crée gouverneur général.

La sixième, enfin, de janvier 1802 à novembre 1803 : — L'invasion de la colonie par l'armée française. — Le gouvernement de Leclerc. — La déportation de Toussaint Louverture en France. — Le gouvernement de Rochambeau. — La tentative du rétablissement de l'esclavage. — La guerre de l'Indépendance par J.-J. Dessalines. — L'expulsion des Français de la partie française. — Leur maintien dans l'ancienne partie espagnole.

Quant à la période haïtienne, elle offre aussi une division non moins facile à saisir, par les événemens qu'elle présente : ce qui constitue des *époques* bien distinctes.

La première comprend, de novembre 1803 à octobre 1806 : — La déclaration de l'Indépendance d'Haïti. — Le gouvernement et la constitution impériale de Dessalines. — La tentative infructueuse de l'expulsion des Français dans l'ancienne partie espagnole. — L'administration de Dessalines. — La révolution qui occasionne sa mort.

La deuxième, d'octobre 1806 à juin 1812 : — La constitution de la République d'Haïti. — La guerre civile entre H. Christophe et A. Pétion. — La constitution de l'État d'Haïti. — L'expulsion des Français dans l'Est d'Haïti, par les naturels qui se replacent sous la domination espagnole. — Le retour de Rigaud en Haïti et la scission départementale du Sud. — La constitution du Royaume d'Haïti. — La mort de Rigaud et la fin de la scission du Sud. — Le siége du Port-au-Prince par H. Christophe, où finit la guerre active entre lui et Pétion.

La troisième, de juin 1812 à octobre 1820 : — Le gouvernement et l'administration de Pétion. — Le gouvernement et l'administration de Christophe. — Les premières négociations avec la France. — La révision de la constitution de la République d'Haïti, qui institue une Chambre de Représentans. — La mort de Pétion. — Le gouvernement de J.-P. Boyer. — L'extinction de l'insurrection de la Grande-Anse. — La révolution du Nord qui occasionne la mort de Christophe. — La fin de la guerre civile et la réunion du Nord à la République d'Haïti.

La quatrième, d'octobre 1820 à juillet 1825 : — L'indépendance de l'Est d'Haïti, proclamée contre l'Espagne par les naturels. — La réunion de cette partie à la République d'Haïti. — L'administration de l'île entière par Boyer. — De nouvelles négociations avec la France, et la reconnaissance équivoque de l'Indépendance d'Haïti par cette puissance.

La cinquième, de juillet 1825 à février 1838 : — La continuation des négociations avec la France. — La codification des lois civiles et criminelles. — La réclamation infructueuse de la partie de l'Est d'Haïti par l'Espagne. — La reconnaissance explicite, par la France, de l'Indépendance et de la Souveraineté d'Haïti.

La sixième, enfin, de février 1838 à mars 1843 : — L'opposition parlementaire contre l'administration de Boyer. — Divers traités avec la France et la Grande-Bretagne. — La révolution qui amène l'abdication de Boyer et son départ pour l'étranger.

Chacune de ces époques des deux périodes formera un livre divisé en chapitres.

Si cet ouvrage trouve quelques lecteurs à Paris, ils y verront beaucoup d'incorrections dans le style, encore plus de fautes contre les règles de la grammaire : il ne leur offrira aucun mérite littéraire. Mais ils ne devront pas oublier qu'en général, les Haïtiens ne bégaient les mots de la langue française, que pour constater en quelque sorte leur origine dans les Antilles.

INTRODUCTION.

Il y a quelques années que vivait encore un de ces hommes courageux qui profitèrent de la grande révolution de 1789, pour faire entendre leur voix à Saint-Domingue. Ils réclamèrent leurs droits méconnus ; et leurs travaux politiques et guerriers ont fait de cette ancienne colonie de la France, une patrie pour les descendans de la race africaine.

Vieux débris de cette fière génération, le général Borgella parcourut une carrière où il avait acquis la réputation d'un honnête homme, d'un militaire valeureux, brave et intrépide, d'un patriote zélé pour le bien de son pays. Cependant, arrivé à un âge avancé, il est descendu dans la tombe, après avoir éprouvé toute l'amertume d'une injuste accusation d'incivisme portée contre lui, par une autre génération qui aspirait à ouvrir une nouvelle ère pour Haïti.

J'ai assisté à son trépas ; je l'ai vu mourir calme, et résigné à tout ce qui lui était personnel, mais soucieux du présent et de l'avenir de sa patrie. J'ai recueilli ses dernières paroles, ses derniers vœux pour elle, et j'ai pris dès lors l'engagement d'écrire sa vie.

En me dévouant à cette œuvre où j'espère réhabiliter la mémoire de cet homme de bien, j'avoue néanmoins que j'éprouve une certaine appréhension. J'ai à parcourir toutes les phases des diverses révolutions qu'a subies Haïti, des luttes intestines qu'elles ont produites : je crains de rester au-dessous de la tâche que je m'impose. Ce sujet est si intéressant et si difficile en même temps ; et l'étude de toutes les causes qui ont contribué à constituer ce pays en État libre, indépendant et souverain, est si délicate, que je me défie de mes appréciations des choses, des événemens et des hommes. Mais, je puis promettre à mes lecteurs ce qui dépend certainement de moi : — d'être vrai et sincère en tout ce que je dirai, selon mes propres impressions.

La carrière du général Borgella n'a pas été toute militaire : comme celle de plusieurs de nos célébrités guerrières, elle a eu son côté politique. Sous ce dernier rapport, deux circonstances importantes l'ont distingué entre ses contemporains ; elles ont valu à ce vétéran de nos armées une destinée bien différente, tout en influant puissamment sur celles de son pays. Je veux parler de la scission du département du Sud, de 1810 à 1812, et de la révolution de 1843. Ces deux circonstances dominent cette vie si pleine de généreux sentimens : elles viendront en leur lieu se soumettre au creuset de l'examen.

Et ce n'est pas seulement pour témoigner de mon respect tout filial envers la mémoire du général Borgella, que j'entreprends cet ouvrage : c'est aussi un aveu que je prétends faire de la conformité de principes et de sentimens qui a existé entre lui et moi, par suite des éclaircissemens qu'il m'avait donnés depuis longtemps, sur certaines circonstances importantes de notre histoire nationale. C'est encore comme enseignement politique que j'offre à mes concitoyens l'exposé des opinions que je me propose d'émettre.

En effet, il faut que notre postérité profite de toutes les leçons qui résultent des glorieux efforts que nos pères ont faits, pour conquérir leur liberté naturelle et l'égalité des droits sur le régime colonial, et pour affranchir enfin notre pays de la domination de la France. Il faut qu'elle profite également des fautes que nous avons commises, des torts que nous avons eus dans notre liberté d'action, comme nation indépendante. C'est à ces conditions que les peuples progressent dans la voie tracée à l'humanité, par la Providence qui veille au salut de tous. Les peuples sont si souvent le jouet des passions des chefs qui les dirigent; il importe tant à leur bonheur qu'ils soient éclairés sur les faits, pour apprécier convenablement les actes de ces directeurs, pour se garantir de la perversité des méchans, qu'on ne saurait trop produire au grand jour le fond des choses, en les envisageant sous cet aspect qui en fait une étude utile à la société. L'histoire a cet objet pour but, l'historien doit s'honorer en essayant d'y atteindre.

La souveraineté du peuple est, pour le xix⁰ siècle, un principe fécond, vivifiant, adopté et proclamé par les nations les plus civilisées du monde. Il n'est pas permis à celles qui naissent à la vie politique de méconnaître, d'abjurer ce principe, sans tomber immédiatement dans une décadence précoce, sans se déshonorer aux yeux des autres.

Membre du souverain dans mon pays, j'ai le droit d'examiner ce qui, dans son passé, a nui à son avancement : j'ai le droit d'examiner ce qui peut profiter à son avenir. Mon devoir est de le dire franchement, librement à mes concitoyens.

Descendant de cette race africaine qui a été si longtemps persécutée, méprisée sur le sol où j'ai pris naissance, qui l'est encore dans presque tous les États du Nouveau-Monde, je dois faire consister mon orgueil à contribuer par mes idées, par l'exposé de ses droits, à la relever de ces outrages dans l'estime des hommes généreux qui liront cet ouvrage.

C'est peut-être une obligation imposée plus particulièrement aux Haïtiens. Parmi eux, une génération entière s'est dévouée à la conquête de ces droits par les armes. Elle a rempli sa tâche avec éclat, avec un glorieux succès. Elle a déjà disparu. La génération qui a hérité de ses travaux doit à sa mémoire de recueillir ses hauts faits pour les transmettre à la postérité : elle serait coupable de ne pas remplir ce devoir sacré.

Déjà, dans un faible essai, j'ai tâché de payer cette dette à nos devanciers. Je viens de nouveau unir mes efforts à ceux de deux de mes compatriotes qui, tout récemment, ont fait des publications dans les mêmes vues : l'un, en écrivant la Vie de Toussaint Louverture [1], l'autre, en traçant l'Histoire d'Haïti dans son ensemble [2]. Un troisième [3], en publiant le Recueil général des actes et des lois de notre pays depuis son indépendance, élève un

---

[1] M. Saint-Remy. Il travaille à la vie d'Alexandre Pétion.

[2] M. Madiou. Il a le mérite d'avoir, le premier, publié des faits intéressans ignorés jusqu'alors.

[3] M. S. Linstant, auteur de plusieurs ouvrages estimés.

monument historique du plus grand prix ; car l'histoire d'un peuple est en grande partie dans sa législation : celle-ci fait connaître son aptitude à la civilisation et l'esprit qui a guidé ses gouvernans.

Ce n'est pas une lutte que je viens ouvrir avec eux ; c'est un concours que je leur apporte dans une œuvre patriotique. S'il m'arrive de différer d'opinions et d'appréciations avec les deux premiers, sur quelques points de notre histoire nationale, sur quelques hommes qui ont marqué dans son cours, ce ne sera toujours que dans le dessein d'être utile à notre pays qui a droit à tout notre dévouement.

Jusqu'à eux, je ne crains pas de le dire, l'histoire d'Haïti n'était à peu près connue des hommes qui s'intéressent au sort de ce pays, même de beaucoup d'Haïtiens, que par les publications faites par des étrangers qui, à diverses époques, y ont passé comme voyageurs. Recueillant des données fort incomplètes sur les faits, soit par manque de documens, soit pour y avoir séjourné trop peu de temps et n'avoir pu interroger les acteurs ou les témoins des événemens, ces auteurs étrangers ont dû souvent se fourvoyer. Parmi eux, il en est dont les écrits portent évidemment le cachet de préoccupations, d'opinions préconçues contre le jeune peuple qu'ils visitaient. D'autres dévoilent des arrière-pensées manifestes, au point de vue des nations auxquelles ils appartiennent. La plupart, enfin, mêlent quelques vérités à tant d'erreurs, qu'il est impossible de trouver dans leurs œuvres la preuve de cette impartialité qu'ils semblaient promettre, et que l'on a droit d'exiger de quiconque entreprend d'écrire l'histoire, surtout celle d'un pays auquel on n'appartient pas.

Le temps est donc arrivé où les Haïtiens eux-mêmes doivent s'efforcer de découvrir dans leurs traditions nationales, dans le peu de documens qu'ils possèdent, la filiation des événemers qui ont influé sur les destinées de leur patrie. En dégageant la vérité de l'erreur, par des appréciations raisonnées sur les choses et sur les hommes, ils auront fait une œuvre d'utilité publique. De cet examen approfondi doivent résulter des enseignemens propres à cimenter l'union entre les citoyens, à exciter en eux un plus grand dévouement à cette patrie. C'est en dirigeant leur esprit vers les moyens d'atteindre ce but généreux, qu'ils s'animeront de plus en plus du désir de contribuer à sa prospérité, à sa civilisation, et qu'ils intéresseront à son existence les vrais philanthropes, qui n'admettent aucune différence entre les hommes. En se recommandant ainsi à la considération de ces amis de l'humanité, ils les porteront à aider, par leurs lumières et leur influence, à la complète émancipation des infortunés qui gémissent encore dans les liens de la servitude, ou qui subissent l'effet des absurdes préjugés qu'elle engendre.

Des circonstances qu'il est inutile de mentionner ici, m'ont amené à m'occuper de l'histoire de mon pays, dans la capitale de cette grande nation qui en avait fait la plus florissante de ses colonies. Jouissant de cette sécurité que tous les étrangers sont toujours assurés d'y trouver, de la sérénité d'esprit que son hospitalité bienveillante me laisse loin de ma patrie, je croirais manquer à la haute estime que m'inspire la France, si mon travail devait se ressentir de la moindre gêne, lorsque j'ai à dévoiler les fautes commises à Saint-Domingue par ses gouvernemens antérieurs. Ces gouvernemens n'ont pas seulement commis des fautes; ils ont été injustes envers les hommes de la race noire dont je fais partie. Des crimes, imputables surtout aux colons qui ont méconnu leurs vrais intérêts, ont produit les révolutions qui ont amené la séparation, l'indépendance absolue de cette ancienne colonie de sa métropole. Je les signalerai, peut-être avec quelque chaleur, mais sans rancune, sans haine.

La France, d'ailleurs, a noblement réparé toutes ces injustices. Sous le règne d'un monarque éclairé et juste, sous le ministère d'un homme d'Etat dont la loyauté est connue de tous, la France a compris que ce jeune peuple, que ses principes et ses idées avaient appelé à la liberté, était digne aussi du respect qu'elle porte à toutes les nationalités. Elle a compris que ce pays, où elle a déposé le germe de sa civilisation avancée, méritait qu'elle l'aidât à développer la sienne encore dans l'enfance. Elle a reconnu ses droits à l'indépendance et à la souveraineté politique.

En agissant différemment, la France eût manqué à sa mission dans le monde. Depuis 1789, n'est-elle pas en quelque sorte le phare de la liberté pour les peuples?

Elle a fait plus encore : elle est entrée dès lors dans cette voie de protection généreuse qu'en digne émule de l'Angleterre, elle accorde aussi à la race africaine; et sa dernière révolution a porté la liberté dans ses colonies.

En disant ce que je crois être vrai sur les anciens procédés de la France, je ne puis donc me proposer qu'une chose relativement à elle : c'est de démontrer la convenance, l'utilité du maintien des bonnes relations existantes entre Haïti et elle, parce qu'elles sont en harmonie avec les grands desseins de la Providence, qui ne peut vouloir que les hommes éternisent entre eux les querelles et les animosités de races ; car elle les a créés tous pour s'aimer. La loi naturelle les y oblige.

J'espère parvenir à prouver cette nécessité morale, quand j'arriverai à parler du rétablissement des relations entre la France et Haïti, après dix années de séparation. Je réussirai peut-être à démontrer que le gouvernement républicain qui dirigeait mon pays à cette époque, comprit lui-même qu'il devait au peuple qui lui avait confié ses destinées, de rétablir de bons rapports avec la nation dont ce peuple tirait son origine, pour qu'il profitât des lumières de son ancienne métropole, en obtenant de sa part le grand acte de justice qui en a fait désormais deux pays amis, liés par des intérêts qui ne peuvent que s'accroître avec le temps.

Pétion devait marcher dans la même voie qu'a suivie Washington. Car, les intérêts qui rapprochent Haïti de la France sont fondés sur ce qu'il y a de plus puissant parmi les nations : — conformité de religion, de langage, d'idées, de principes, de législation, de mœurs, d'usages, outre le goût conservé pour les produits français. Car, enfin, Haïti procède de la France, comme l'Union américaine procède de l'Angleterre. Haïti est née de la révolution de 1789. C'est de la Bastille qu'est partie cette fière Liberté qui a réveillé de la torpeur sa population qu'un joug affreux tenait dans les fers. Si ce flambeau du Génie français a embrasé Saint-Domingue, ce n'est point à la Liberté qu'on doit le reprocher : c'est au contraire au régime inique qui y existait, à l'Esclavage dont les colons voulurent toujours le maintien.

Toutefois, en retraçant les événemens de l'histoire de

mon pays, si je reste dans le vrai quant à leurs causes, si je loue l'énergie de nos pères, je ne dissimulerai pas néanmoins les actions criminelles qui ont accompagné la conquête de leurs droits. Je ne les justifierai pas, parce que la morale réprouve une telle justification, et que les crimes n'ennoblissent jamais la cause de la Liberté. Mais je les expliquerai, je les excuserai peut-être, en raison des atrocités qui les provoquèrent.

Au tribunal de l'Histoire comme à celui de la Justice, l'excuse peut faire absoudre ; elle ne fait pas acquitter. Mais l'Histoire, de même que la Justice, prend toujours en considération l'état intellectuel et moral des hommes, pour les juger équitablement.

Je ne redoute point son jugement pour mon pays.

On connaîtrait bien imparfaitement l'histoire d'Haïti, on saisirait bien difficilement les causes de ses diverses révolutions, de ses guerres intestines, si l'on ignorait quelle était, en 1789, l'organisation politique de Saint-Domingue, sous le rapport de la société et du gouvernement. Cette société et ce gouvernement ont exercé une influence immense sur l'ordre de choses qui a prévalu en ce pays. Ainsi les Etats-Unis sont devenus ce qu'ils devaient être, d'après le régime qui existait dans ces anciennes colonies anglaises. Ainsi encore de toutes les anciennes colonies espagnoles en Amérique.

Tout s'enchaîne, en effet, dans l'existence des peuples : ils subissent plus ou moins, et quoi qu'ils fassent, l'influence des traditions antérieures.

Haïti éprouve encore bien des embarras que lui a légués le funeste régime établi à Saint-Domingue.

Une revue rétrospective à ce sujet entre donc dans

l'objet que je me propose. Elle me donnera lieu d'expliquer, sinon de justifier, bien des faits et des actes de nos gouvernans, depuis le commencement de nos luttes jusqu'à ces derniers temps. Elle expliquera nos mœurs, les habitudes de notre société nouvelle érigée sur les ruines de l'ancienne société coloniale. Peut-être pourrai-je alors mieux défendre mon pays contre les accusations insensées de certains auteurs étrangers, qui semblent avoir fait abstraction de tous les antécédens, pour accabler le peuple haïtien de leurs reproches injustes et malveillans.

I.

Voyons d'abord comment était constituée la société coloniale.

On sait que les hommes de la race blanche ou européenne dominaient à Saint-Domingue par leur pouvoir et leurs priviléges, tandis que ceux de la race noire ou africaine étaient courbés sous le joug de l'esclavage le plus dur, ou sous celui des préjugés humilians que leur attirait la couleur de leur peau.

Le temps avait consacré cependant, avec le progrès des richesses de la colonie, des distinctions de rangs et de classes, dans l'une et l'autre race, chaque classe ayant des intérêts différens.

Ainsi, parmi les blancs, on distinguait :

1º Tous les agens supérieurs et inférieurs dans l'ordre militaire, tous les fonctionnaires publics dans l'ordre civil. Cette classe était particulièrement intéressée au maintien du gouvernement colonial et de l'autorité de la métropole.

2° Les planteurs, c'est-à-dire les colons propriétaires. Cette classe se subdivisait en grands planteurs et simples planteurs. Les premiers possédaient les grandes propriétés rurales et comptaient dans leurs rangs beaucoup de nobles : ils formaient la haute aristocratie coloniale, bien que la féodalité de la métropole n'y fût pas établie. Les autres possédaient les propriétés rurales de moindre importance ou celles des villes. Les intérêts des uns et des autres étaient semblables ; ils désiraient tous le maintien du régime colonial, quant à l'esclavage et à ses hideuses conséquences, mais ils formaient des vœux pour se soustraire au despotisme des administrateurs et occuper exclusivement les emplois publics.

3° Les commerçans, comprenant les négocians, leurs commis, les capitaines, les subrécargues et les équipages des navires marchands habituellement dans les ports de la colonie. Cette classe représentait les intérêts du commerce et de la navigation de la métropole, monopolisant à peu près toutes les transactions.

4° Les artisans, ouvriers des villes et des campagnes ; les gérans, les économes des propriétés rurales, non propriétaires de terres, mais possédant souvent des esclaves ; les nombreux arrivans, les aventuriers de toutes les nations qui venaient chercher fortune dans la colonie : tous rangés dans la classe vulgairement appelée *petits blancs*, enviant, jalousant la position sociale de tous les propriétaires, blancs comme eux.

Tous ces hommes de la race blanche avaient néanmoins un intérêt commun, identique, qui les unissait : celui qui consistait à maintenir le régime colonial, c'est-à-dire l'oppression de la race noire, par l'esclavage et le préjugé de la couleur.

Et parmi les hommes de cette race opprimée on distinguait :

1° Les affranchis de l'esclavage par la liberté naturelle, comprenant les nègres et leurs descendans mulâtres. Cette classe, par sa propre reproduction et par sa cohabitation avec les blancs, avait dans ses rangs une foule d'individus dont la couleur était plus ou moins rapprochée de celle du noir ou du blanc : on lui donnait indifféremment les dénominations de *gens de couleur*, d'*hommes de couleur*, de *sang-mêlés*, d'*affranchis* [1].

Cette classe intermédiaire entre les privilégiés de la peau et les esclaves, possédait des propriétés rurales et urbaines, et même des esclaves de son sang : sous ce rapport, elle avait aussi un intérêt au maintien du régime colonial.

Mais, ne jouissant pas complètement de la liberté ; privée de l'exercice de certaines professions purement civiles ; ne pouvant exercer que les arts et métiers ; n'ayant aucun droit politique, malgré les dispositions formelles de l'édit de 1685, appelé *Code noir*, non abrogées et toujours rappelées dans les actes d'affranchissement [2] ; supportant toutes les charges de la société comme contribuables ; concourant à la formation des milices, sans

---

[1] « Suivant les degrés plus ou moins rapprochés par lesquels cette race » intermédiaire tenait aux blancs ou aux noirs, le fol orgueil des colons blancs » s'était plu à les humilier par les dénominations méprisantes de *mulâtres*, » *grifs*, *quarterons*, *marabous*, *tiercerons*, *métis*, *mameloucs*, etc.; sans son- » ger que c'était leur famille et leur propre sang qu'ils outrageaient ainsi. » Tous les degrés étaient confondus sous l'expression commune d'*hommes de* » *couleur*. » (Rap. de Garran, t. 1ᵉʳ, p. 17. Voyez aussi la page 18.)

[2] « En conséquence, ordonnons qu'il sera et demeurera libre et affranchi » de toute servitude et esclavage, qu'*il jouira à l'avenir et pour toujours des* » *priviléges et prérogatives de la liberté*, ainsi que les autres affranchis de cette » île, conformément à l'édit du mois de mars 1685 et à l'arrêt du conseil » d'État en interprétation d'icelui, sans qu'il puisse y être troublé ni inquiété » sous quelque prétexte que ce soit. Sera la présente enregistrée, etc.

pouvoir occuper les places d'officiers, ni se mêler dans les compagnies de blancs : cette classe d'hommes sortis des entrailles des malheureux esclaves avait un intérêt puissant à se rapprocher de ces derniers, à s'unir avec eux pour briser le joug colonial. La politique devait leur commander cette marche, alors même que les liens de parenté ne leur en faisaient pas un devoir moral, en dominant en eux l'intérêt de la propriété.

2° Enfin, les nègres et mulâtres esclaves, courbés sous le joug des maîtres de toutes couleurs, privés de tous les droits que la nature a départis à l'espèce humaine, formaient la grande majorité de la population.

On comptait à Saint-Domingue, en 1789, environ 40,000 blancs, au moins 40,000 affranchis, et plus de 600,000 esclaves. Mais les états de recensemens dissimulaient toujours la force numérique des deux dernières classes [1].

Telle était enfin la composition de ce singulier ordre social, au moment où la philosophie du XVIII° siècle vint éclairer le peuple français et le porter à secouer le joug du pouvoir absolu en Europe.

On conçoit facilement quel retentissement cette révolution opérée en France, par la prise de la Bastille, dut avoir dans sa riche colonie de Saint-Domingue. Là, comme dans la mère-patrie, toutes les classes de la société souffraient plus ou moins du régime absolu, chacune à son point de vue : politiquement parlant, chacune avait ses justes prétentions à un sort meilleur; la race noire surtout devait ardemment désirer un changement dans

---

[1] « Suivant une lettre du marquis de la Feuillade aux États-Généraux, la » population des hommes de couleur est même portée à 40,000. » (Note du » Rap. de Garran, t. 1er, p. 18.)

sa misérable condition, car elle était devenue insupportable.

II.

Pour apprécier plus convenablement ce désir général, voyons quelle était l'organisation du gouvernement colonial.

Saint-Domingue, fondé on sait comment, offrait sous ce rapport un reflet du despotisme qui gouvernait la métropole, avec cette différence que la puissance des mœurs et de l'opinion tempérait l'exercice du pouvoir en Europe, tandis que leur insuffisance dans cette colonie, où le régime de l'esclavage exigeait plus d'action de la part de l'autorité, donnait une nouvelle force au gouvernement colonial contre tous ses administrés, sans distinction.

Deux agens supérieurs, relevant directement du ministre de la marine et des colonies, dirigeaient l'administration coloniale : un gouverneur général et un intendant.

Le gouverneur général, toujours militaire, avait la principale part dans cette direction; son autorité dominait celle de l'intendant, agent civil.

Il avait le commandement des troupes, des milices, et même des escadres, en temps de guerre, dirigeant tout alors pour la défense de la colonie.

Ayant séance et voix délibérative aux conseils supérieurs de justice, il influençait indubitablement les jugemens rendus par ces cours, soit présent, soit absent. Il évoquait à lui, à volonté, les causes civiles de contestations diverses entre les particuliers; arrêtait ou suspendait la contrainte par corps prononcée par les tribunaux ; prononçait lui-même cette contrainte et la faisait exécuter militairement, selon qu'il le jugeait convenable. Cette attribution lui donnait un pouvoir immense sur les habitans.

En réunissant à ce pouvoir le droit qu'il partageait avec l'intendant, de nommer à tous les emplois militaires et civils, à l'exception d'un petit nombre des plus importans réservés au ministre ; de distribuer les concessions de terres aux colons ; de permettre ou de refuser les affranchissemens des esclaves ; de contribuer à la fixation des impôts ; de diriger la police ; de décider de tout par ordonnances, on conçoit combien était puissant le gouverneur général entouré du prestige et de l'éclat des armes, dans un pays où l'organisation des milices tenait beaucoup à celle des troupes, où les habitans, imbus des idées belliqueuses de la France, accordaient tout à la puissance militaire.

Quant à l'intendant, il avait particulièrement pour attributions la manutention des finances, la surveillance de la perception des impôts après avoir concouru à leur fixation, la destination des fonds, le règlement des comptes des receveurs de la colonie, les marchés des entreprises de travaux publics. Il était président-né des conseils supérieurs de justice ; il évoquait à lui, de même que le gouverneur, et jugeait seul les causes qu'il lui plaisait de retenir. Il était, enfin, intendant de finances, de justice, de police, de guerre et de marine.

Sous les ordres directs du gouverneur général étaient placés des officiers militaires, commandans en second pour chaque province de la colonie, commandans particuliers pour les grandes villes, commandans de quartiers comprenant plusieurs paroisses, des majors, aides-majors, sous-aides-majors dans les villes secondaires et les bourgs. Ces officiers formaient le faisceau militaire à la tête duquel était le gouverneur général.

Au Port-au-Prince et au Cap, se trouvaient deux régimens formés d'Européens envoyés dans la colonie : ils se recrutaient de la même manière. En temps de guerre, on envoyait d'autres troupes de la métropole, de même qu'on augmentait le nombre des navires de guerre qui, habituellement, formaient la station navale dans les ports de la colonie.

Les milices étaient formées des habitans blancs et des affranchis, divisés d'abord en régimens, puis simplement en bataillons, et en dernier lieu seulement par compagnies, dans les paroisses. Ces compagnies étaient distinctes, selon la couleur des hommes, blancs, mulâtres libres et nègres libres : le système colonial le voulait ainsi. Dans l'origine, il y avait des compagnies de grenadiers, de carabiniers, de fusiliers, de canonniers, de chasseurs, de dragons à pied, de dragons à cheval et de gendarmes : chaque compagnie adoptait l'uniforme qu'elle voulait ; c'était, pour les blancs, une occasion de faire assaut de luxe. En dernier lieu, en 1788, il n'y eut plus que des compagnies d'infanterie, d'artillerie et de dragons à cheval.

Toutes ces forces vives de la colonie étaient sous les ordres du gouverneur général, comme nous venons de le dire ; et tandis que les habitans blancs se plaignaient du despotisme de ce chef, ils couraient au-devant de ce despotisme par leur vanité qui les portait à singer le militaire : les places d'officiers étaient recherchées comme une faveur du gouverneur général qui les accordait.

Il y avait aussi une maréchaussée ou gendarmerie, à pied et à cheval : c'était le lot particulier des mulâtres et des nègres libres. Elle servait à la police coloniale, surtout à la chasse donnée aux *nègres marrons*, c'est-à-dire aux malheureux esclaves qui fuyaient dans les forêts la tyrannie de leurs maîtres, en protestant ainsi contre la violation de leurs droits naturels.

Si le gouverneur général présidait les conseils supérieurs de justice, les commandans en second, les commandans particuliers, les majors présidaient aussi, à volonté, les tribunaux inférieurs appelés sénéchaussées, dans les lieux de leur résidence. Deux conseils supérieurs, jugeant en dernier ressort, sauf appel en cassation au conseil d'Etat du royaume, avaient longtemps existé. Ils furent réunis en un seul, en 1787.

Dix sénéchaussées rendaient la justice en première instance. Des substituts du procureur du roi, placés dans les moindres bourgades, instrumentaient seuls sous leur juridiction.

Sous les ordres directs ou la surveillance de l'intendant, étaient placés tous les magistrats de l'ordre judiciaire; les avocats, procureurs, notaires, etc., les commissaires ordonnateurs de finances, les contrôleurs de la marine, et cette foule d'employés secondaires, tous formant l'administration civile proprement dite.

Il n'y avait point d'administration municipale; *le militaire dirigeait tout*. Les municipalités ne furent établies qu'à la révolution, par le fait des habitans eux-mêmes, à l'imitation de ce qui s'était passé en France.

Les deux agens supérieurs étaient ordinairement envoyés pour occuper leurs fonctions durant trois années consécutives : ils avaient ainsi un court espace de temps pour connaître la colonie et s'occuper des moyens de la la faire prospérer; et, disaient les colons, pour faire leur fortune ou la réparer, si elle avait souffert en Europe. Aussi étaient-ils souvent accusés par ces colons, de tout employer pour y arriver promptement.

L'administration de la justice, ce premier besoin des peuples, entachée de subordination aux volontés des deux hauts agens de l'autorité de la métropole, ne pouvait guère être impartiale, dans un pays où le mépris pour une race d'hommes habituait à ne respecter les droits d'aucun. Avec ce vice radical, elle coûtait annuellement aux administrés, environ 10 millions de livres des colonies [1] pour frais, dans leurs procès; et ces administrés accusaient les magistrats d'une vénalité, d'une corruption ruineuse pour leurs intérêts.

La police coloniale était divisée en haute et basse police.

La haute police appartenait au gouverneur général, aux commandans en second, aux commandans particuliers et aux commandans de quartiers.

La basse police était confiée principalement aux juges des sénéchaussées, aux autres officiers de l'état-major, aux commandans des stations maritimes pour les ports ou rades, aux commissaires des classes.

Tous ces agens divers suivaient à peu près leur volonté, selon les lumières de leur raison, au travers de tous les édits, de toutes les ordonnances, de toutes les instructions ministérielles concernant les colonies.

Dans la haute police attribuée au gouverneur général

---

[1] La livre des colonies, monnaie de compte, ne valait que les *deux-tiers* de la livre tournois, ou franc, de la métropole.

était comprise la surveillance des ministres du culte catholique, le seul admis dans la colonie, quoique ceux-ci fussent placés sous la direction de préfets apostoliques. Ces ministres formaient deux communautés; l'une, les capucins, desservait les cures de la partie du Nord; l'autre, les dominicains, desservait les cures des parties de l'Ouest et du Sud : ces derniers possédaient des propriétés foncières et des esclaves. Des esclaves! des hommes réduits en servitude, au profit des ministres d'une religion charitable dont la bénigne influence a tant contribué à briser les fers de l'espèce humaine, à la civilisation des nations en général!... Aussi ces ministres du culte catholique donnaient-ils, à Saint-Domingue, le pernicieux exemple du dérèglement des mœurs dont nous aurons à parler bientôt [1].

A ce tableau, fidèlement tracé d'après les écrits que nous possédons, joignons cette observation essentielle sous le rapport politique et moral : c'est que, tandis que les colonies espagnoles, portugaises et anglaises, offraient

---

[1] En 1790, le préfet apostolique de l'Ouest et du Sud publia un écrit où il exposait la situation financière et les ressources de son ordre : il y avouait que cet ordre possédait 250 esclaves. On y lit ces étranges lignes, ou plutôt ces propositions toutes naturelles, toutes logiques, en raison de la participation des prêtres au crime de l'esclavage : « Cependant, dit-il, l'éloignement du cime-
» tière dans toutes les paroisses, paraît devoir nécessiter ou du moins favoriser
» *une différence* entre les enterremens des blancs et ceux des gens de couleur
» libres. Il convient sans doute, à tous égards, que les blancs, *sans exception*,
» soient enterrés avec le cérémonial ordinaire. Mais si ce cérémonial est accordé
» également à tous les gens de couleur, il y aura des jours où le curé et les
» vicaires ne pourront suffire à la fatigue des voyages à faire au cimetière.....
» Il serait possible, en prenant en considération le motif dont on a parlé,
» *de restreindre* le cérémonial ordinaire des enterremens pour les gens de
» couleur..... »
Et ce prêtre qui écrivait ces lignes, était le père avoué de plusieurs mulâtres qu'il avait eus de sa cohabitation avec des négresses esclaves de sa communauté! C'était l'abbé Dugué, préfet apostolique des dominicains.

de nombreux établissemens d'instruction publique où leurs habitans puisaient des connaissances variées, la riche et puissante colonie de Saint-Domingue n'avait que de pauvres et chétives écoles où la lecture, l'écriture et le calcul étaient les seuls enseignemens donnés aux libres de toutes couleurs. Circonstance qui obligeait les colons blancs et les familles aisées des mulâtres à envoyer, à grands frais, leurs enfans en France, pour y acquérir des lumières. Et les mulâtres se virent encore défendre *l'entrée du royaume*, en 1777, par une ordonnance de Louis XVI, rendue sur les instances des colons! Oui, sur leurs instances, et nous le prouverons.

Ainsi était réglée l'organisation de ce gouvernement colonial qui, comme on le verra, a exercé une si grande influence sur les gouvernemens qui lui ont succédé dans la suite des temps. Nous notons cette conséquence toute naturelle, non pour justifier tous les actes qui les constituèrent, car nous aurons probablement plus d'un reproche à faire à cet égard; mais pour expliquer ces actes qui tiennent à la nature des choses, aux précédens coloniaux trop servilement copiés et imités.

III.

Nous venons de voir la composition de la société coloniale et l'organisation du gouvernement à Saint-Domingue. Ecoutons ce que disait, en 1776, *des mœurs* de la classe blanche, un Européen qui y a vécu longtemps. — Hilliard d'Auberteuil. Il a publié alors des *Considérations sur la colonie de Saint-Domingue*, ouvrage qu'il avait présenté, un an auparavant, au ministre de la marine.

« Accablés par les embarras et les travaux, dit-il, si les colons se livrent encore à des vices, la mort les atterre comme la faux renverse les épis. Presque tous abreuvés du poison de l'envie, ils sont écrasés sous mille jougs; rien n'est si douteux que leur sort. Ardens dans leurs désirs, et furieux dans leurs pertes, loin de s'aider mutuellement, ils sont tous ennemis, semblables à des tigres, qui se déchirent entre eux, sous la griffe des lions....

» Les *créoles* de Saint-Domingue... auraient eu l'esprit social, si la nature du gouvernement n'avait pas nui au lien de la société... Ils auraient beaucoup d'excellentes qualités, s'ils pouvaient vaincre leur tempérament; mais le tempérament est ordinairement le plus fort : leurs vices ne sont que les vices du climat, accrus par des désordres politiques.

» Ils n'ont point de penchant au crime, il est rare de les voir s'y livrer; mais de douze crimes commis depuis cent ans par les créoles, il n'en est pas un seul où la brutalité, la colère et la vengeance n'aient guidé la main du coupable; *ils ne sont jamais barbares à demi...*

» Ils sont humains et bienfaisans envers tous *les blancs*; la vertu qui embellit le plus l'homme, c'est l'humanité : qui ne plaint et ne secourt personne, ne mérite pas qu'on le plaigne ou qu'on lui donne du secours; mais avec *les nègres*, ils oublient souvent toute espèce de vertu.....

» Les *femmes créoles*... sont fières avec ceux qui leur sont inférieurs... compatissantes pour *les blancs*, elles n'en ont pas moins de rigueurs pour *leurs esclaves*....

» Les mœurs des *Européens* qui sont dans la colonie ne ressemblent point à celles des créoles : qui sont ceux qui passent à Saint-Domingue ? Ce sont, en grande partie, des jeunes gens sans principes, paresseux et libertins, échappés à la main paternelle qui voulait les corriger : d'autres sont des fripons ou des scélérats qui ont trouvé le moyen de se soustraire à la sévérité de la justice ; quelques-uns se font honnêtes gens : que devient le plus grand nombre ?... On y voit des *moines* déguisés et fugitifs, des *prêtres* ennuyés de leur état, des officiers réformés, remerciés ou cassés, des laquais, des banqueroutiers ; que dire de leurs mœurs ?... Cependant, les grands crimes sont rares dans la colonie : le peuple chez qui règne l'abondance recèle peu de meurtriers et de voleurs publics ; mais il y a déjà beaucoup de fripons, et le défaut de police et de justice fait croire que dans la suite il y en aura davantage.

» On y trouve beaucoup de jeunes gens laborieux qui viennent chercher des ressources que le lieu de leur naissance ne pouvait leur offrir, des ouvriers et des marchands, tous chargés d'abord des préjugés de leur province ; mais n'entendant plus parler de l'enfer que l'imagination échauffée de leur curé ne cessait de leur peindre, et considérant les punitions civiles dans un éloignement qui les leur rend moins à craindre, livrés d'ailleurs *dans les villes* de la colonie à une société perverse, il n'y a point de vices auxquels ils ne puissent s'abandonner. *Leur tyrannie envers les esclaves* leur paraît un droit, leur injustice un acte de puissance ; ils tirent vanité d'une friponnerie adroite, ils n'ont point de mœurs. Il y en a qui font régner dans leurs actions un mélange étonnant d'avarice, de débauche, de bassesse et de cruauté ; ils ont *plusieurs filles esclaves* dont ils font leurs concubines ; ils les font travailler avec rigueur tant que dure la journée ; ils les nourrissent à peine; ils ne les habillent point, et leur arrachent encore l'argent que dans le silence de la nuit elles acquièrent par des prostitutions.

» Il est cependant quelques honnêtes gens, même dans les plus grandes villes; mais ils ont bien de la peine à conserver leur probité au milieu de tant de gens qui n'en ont point...

» Les *Français* envoyés de la cour pour remplir différens emplois dans la colonie, forment, pour ainsi dire, une classe à part : ils se persuadent que les *nègres*, méchans par instinct, plus que par esclavage, doivent être conduits comme des animaux malfaisans dont on veut tirer quelque utilité. Le défaut d'intelligence des différens idiomes que les nègres employent, contribue à leur inspirer une défiance cruelle, et c'est cette haine des esclaves qui fait naître *dans les esclaves* la haine de leurs maîtres... Aveuglés par l'orgueil et la présomption, ils croyent tout savoir, et au lieu de s'instruire avec docilité de ce qui est particulier à la colonie, ils s'érigent en petits tyrans chacun dans leur place...

» Mais avant de reconnaître les objets sur lesquels ils veulent dominer, il est difficile qu'ils n'abusent pas de ce qu'on leur a donné de pouvoirs; ils ont devant eux l'exemple du mal, ils s'accoutument à le croire permis. Ces vérités affligeantes prouvent qu'on ne devrait admettre dans les différentes places qui peuvent se rapporter à l'administration ou au maintien de la colonie, que *des créoles* ou des sujets *anciens* dans le pays... La colonie de Saint-Domingue exige des lois très-étendues et très-prévoyantes. En général, les habitans de cette colonie sont *violents et irascibles*; ils sont tourmentés par toutes sortes de passions...

» L'île de Saint-Domingue est favorable à la population... mais *les mariages y sont rares*. Les Français laborieux qui viennent y chercher fortune ne se marient presque jamais ; le *concubinage* ne les attachant aux femmes blanches ou noires que par des liens très-légers, convient mieux à leurs projets ; ils sont moins gênés dans leurs entreprises, ils ont moins de soins à remplir, ils sont débarrassés de toutes ces complaisances, de toutes ces tendres inquiétudes qui, pour les bons maris, deviennent des devoirs ; ils n'ont point à s'occuper de toutes ces bienséances qui entraînent à la fois les dépenses et la perte du temps. S'il se fait quelques mariages, c'est l'intérêt qui les conclut. Souvent ils sont bizarres ; de vieux colons épuisés par le libertinage font à de jeunes filles moins riches qu'eux, l'offre d'un cœur blasé, de vieilles femmes que leurs appas ont abandonnées plutôt que leurs désirs, servent de ressources à des adolescens...

» Quand les mariages ont paru d'abord mieux assortis, la paix n'y est guère plus durable ; les femmes galantes rendent toujours les maris jaloux...

» La tyrannie que quelques hommes ont exercée sur la colonie s'est toujours opposée à la population... La crainte de déplaire et le besoin de se concilier un pouvoir qui s'étend sur tout, ont souvent forcé les pères à donner en mariage les filles les plus riches, aux parens, aux amis, aux protégés, aux secrétaires des gouverneurs et des intendans : cependant, rien ne doit être si libre que le mariage, et rien de si respecté que l'autorité des pères...

» Pour encourager la population et retenir dans le pays les particuliers riches, et en état de former ou de soutenir de grandes entreprises, on pourrait *réputer créoles*, ceux qui auraient bien mérité de la colonie, et ne donner entrée dans les conseils (de justice) et dans les chambres d'agriculture, d'accès aux places de magistrature, aux places de commandans ou de syndics des quartiers, qu'*à des créoles*, ou à ceux que leur probité et leur bonne conduite auraient fait réputer tels. Par exemple, un avocat serait réputé créole après s'être distingué pendant dix années dans la profession du barreau, et pourrait prétendre à s'asseoir au rang de conseiller, qui jamais ne serait accordé qu'à ceux qui l'auraient mérité comme lui, et à *des créoles* propriétaires de grandes habitations.

» Le travail doit être en honneur, et il ne doit pas y avoir, entre les hommes *blancs*, d'autre distinction que celle qui résulte des emplois et du mérite personnel : il ne faut dans la colonie, ni grands, ni nobles, ni corps de peuple ; il ne faut que des *ingénus*, des *affranchis*, des *esclaves* et des lois ; il n'y faut point de préférence dans les familles, point de droit d'aînesse.

» Des lettres patentes, données en 1727, ont permis *aux étrangers*, de cultiver les terres des colonies françaises ; mais cette loi qui avait été portée sans doute dans la vue d'accroître la population, n'a pas attiré beaucoup d'étrangers dans la colonie. L'inexpérience du législateur ne leur laissait point de confiance, parce que si, par une erreur *nuisible aux nationaux*, on permettait *aux étrangers de prétendre à la propriété des terres*, on pouvait, deux ou trois ans après, par une autre erreur plus injuste, les chasser du champ qu'ils auraient fertilisé.

» Si l'Etat cherche des sujets *fidèles*, ce doit être sans doute parmi les cultivateurs ; il fallait donc choisir ces cultivateurs *parmi les Français, et non pas parmi des étran-*

gers, que la diversité de leurs opinions et de leurs principes rendrait toujours difficiles à gouverner.

» A présent que les *nationaux* sont dans la colonie, en nombre suffisant pour entreprendre la culture de toutes les terres, que la population s'accroît journellement, et peut s'accroître davantage par les influences fortunées d'un gouvernement modéré, *il paraît nécessaire d'abroger cette loi, et de ne plus permettre que des étrangers deviennent propriétaires des terres*, à moins qu'ils ne deviennent hommes nationaux, en prenant des lettres de naturalité ; auquel cas, il leur sera permis d'acheter des terres *au nom de leurs enfans nés* dans la colonie.

» Les lettres patentes de 1727 offraient le contraste le plus singulier ; car en même temps qu'elles permettaient à des étrangers d'*envahir la propriété* de tous les terrains de la colonie, elles défendaient (art. 1, 2, 3 et 4) aux étrangers *même naturalisés*, d'y faire *le commerce*, et aux négocians *de les employer* pour *facteurs* ou *commis*. Les marchands ou négocians, les facteurs et commis, ne sont que passagèrement dans la colonie; ils ne sont point, comme les propriétaires des habitations, *les seigneurs du pays*; il n'y a donc point d'inconvéniens à permettre à tous les étrangers naturalisés, d'y établir des maisons de commerce. »

Hilliard d'Auberteuil avait composé son ouvrage en deux volumes, pendant sa résidence au Cap. Suivant Moreau de Saint-Méry, il y avait la réputation de *critique*, et s'est quelquefois laissé emporter au désir de censurer, et *ses détails* ne sont pas toujours d'une exactitude rigoureuse. Toutefois, dans cet ouvrage, dont la distribution fut défendue à Saint-Domingue à cause de sa hardiesse à dévoiler le despotisme des administrateurs [1], il fait une curieuse peinture des mœurs des créoles et des Européens, des différens élémens dont se composait la population blanche dans cette colonie ; et en cela, il s'accorde avec ce qu'en dit M. de Saint-Méry lui-même, dans sa *Description de Saint-Domingue*, avec ce que d'autres auteurs ont publié postérieurement à ce sujet : avant eux, l'abbé Raynal avait représenté cette population sous le même aspect, avec cette verve qui animait sa plume.

On peut remarquer quelles étaient, à cette époque reculée, les prétentions des créoles, dont l'auteur se fait l'organe, relativement aux emplois publics dans la colonie. Cette disposition d'esprit s'était accrue de 1776 à 1789 ; elle fait comprendre l'ardeur avec laquelle eux et tous les grands planteurs acceptèrent la révolution. Ils espéraient y arriver au moyen de cette révolution.

On peut encore remarquer dans ce passage d'Hilliard d'Auberteuil qui, par son ancienneté dans la colonie, se considérait, se réputait *créole*, selon son expression, quelles préventions, quel égoïsme existaient dans le cœur des colons, à l'endroit des *Européens* et surtout des *étrangers*. Nous aurons plus tard l'occasion de relever de nouveau cette observation, quand il s'agira de la formation, de la constitution de la société haïtienne. Nous expliquerons alors les motifs politiques des exclusions portées contre les étrangers. Nous dirons ensuite pourquoi elles ont été maintenues, et pourquoi elles devraient

---

[1] Cette défense eut lieu par un arrêt du conseil d'État, du 17 décembre 1777 ; il y est dit « que cet ouvrage a fait *sensation* dans les colonies
» d'Amérique : S. M. ayant reconnu qu'indépendamment de ce qu'il contient
» de *répréhensible* (pour avoir dévoilé les horreurs du régime colonial) l'au-
» teur s'y est permis par des imputations graves, contraires à la vérité,
» *d'attaquer l'administration des chefs* de Saint-Domingue ; elle a jugé qu'il
» était de sa sagesse et de sa justice d'arrêter le cours dudit ouvrage, etc.

cesser, aujourd'hui que ces motifs n'existent plus [1].

IV.

Voyons maintenant comment cet auteur formulait *les plaintes* des blancs contre le gouvernement de la colonie.

» Les règlemens faits depuis la paix jusqu'en 1769, dit-il, tendaient à affranchir la colonie du joug dangereux et accablant de l'autorité militaire. Les villes françaises de Saint-Domingue étant autrefois réputées villes de guerre, il y avait dans chaque ville un lieutenant de roi, un major et un aide-major ; leur établissement avait été annoncé comme un gage de la protection du souverain et de la sûreté publique ; on ne tarda pas à être détrompé : les officiers majors ne cherchaient qu'à *s'enrichir* en ruinant la colonie ; ils persécutaient les habitans, ils se mêlaient de leurs différends, de leurs dettes, de leurs affaires ; ils opprimaient les magistrats, les menaçaient, et ils empêchaient le cours de la justice en s'attribuant *le droit de juger* ; ils vendaient dans leurs départemens la permission de tenir des jeux et de faire toutes sortes de commerces illicites ; ils se servaient de leurs richesses, fruit du *brigandage* et des *vexations*, pour se

---

[1] En 1838, envoyé en mission près le gouvernement de Louis-Philippe, je répondis à un homme d'État, un ministre qui me parlait de ces exclusions : « Que la France rende à la liberté nos frères qui sont esclaves dans ses colo-
» nies, et Haïti n'aura plus de motifs pour perpétuer ses préventions. »
A un jurisconsulte qui m'entretenait de la même question, en me disant que le jeune peuple d'Haïti devrait tracer l'exemple des idées libérales dans ses institutions politiques, je répondis encore : « C'est aux nations qui sont
» placées à la tête de la civilisation du monde, à tracer elles-mêmes cet exem-
» ple. Voyez la Grande-Bretagne qui émancipe définitivement les esclaves de
» ses colonies. Que la France en fasse autant, et Haïti les imitera. »
C'étaient du moins mon opinion personnelle et mon espoir. J'y persiste.

perpétuer dans leurs places et en obtenir de nouvelles...
Les états-majors furent supprimés et le calme rétabli...
Cependant, par une ordonnance du 15 mars 1769, les
états-majors ont été rétablis avec les mêmes fonctions
qu'autrefois... les abus se sont reproduits...

» Si la liberté de l'homme social consiste à n'être gouverné que par les lois, il n'y a point de liberté à Saint-Domingue, puisqu'il n'y a point de législation, et que les hommes y sont soumis aux décisions de quelques *officiers* qui ne savent *aucune espèce de lois*, et font profession *de les mépriser toutes*...

» C'est en se mêlant de toutes les affaires, que les généraux, les commandans en second, les lieutenans de roi et leurs sous-ordres, traitent souvent les colons avec dureté. Ce n'est point assez d'ouvrir les prisons, les cachots ; sous prétexte de milices, ou de secret militaire, de police ou de dettes, on leur fait éprouver des outrages sanglans et publics, on les accable d'invectives et d'injures...

» Aux menaces, aux injures, plusieurs officiers joignent l'ivresse de la colère et descendent aux juremens les plus grossiers ; c'est abuser dangereusement de l'autorité du monarque...

» Rien ne pouvait être plus favorable à l'accroissement du pouvoir militaire, que le rétablissement des milices dans la forme actuelle ; chaque habitant est subordonné, même dans l'état civil, à autant de supérieurs que peut en avoir un soldat ; et le malheur des conjonctures, en éloignant des places d'officier et de commandant les plus riches colons, a bouleversé et changé les déférences que les mercenaires et les agens du commerce doivent naturellement aux propriétaires des grandes habitations.

» Des économes, des courtiers et des facteurs forment le plus grand nombre des officiers de milices.

» Chacun de ces officiers peut déplacer un habitant et l'envoyer à quinze ou vingt lieues de sa résidence, porter un ordre ou une lettre à un autre officier ; et s'il désobéit, *en prison :* il serait difficile de tracer ici les bornes de cet esclavage ; elles sont incertaines et s'étendent chaque jour.

» Soumis, comme *soldats*, aux volontés arbitraires d'une infinité de commandans militaires, qui peuvent les emprisonner, ou les mettre aux arrêts pendant un temps illimité, les colons sont, d'un autre côté, revendiqués par les magistrats et les lois ; mais comme on n'a pas absolument fixé le terme où doit cesser le devoir du soldat, et qu'il n'y a pas de juge entre le magistrat et l'officier, ce dernier qui est revêtu de la force, en use et se fait obéir...

» Les colons attendent qu'on veuille les délivrer de tous ces objets d'épouvante et de consternation ; et lorsqu'ils seront rassurés, ils s'empresseront à donner à la métropole de nouvelles preuves de zèle et de fidélité. »

Quoi qu'en dise M. de Saint-Méry, il est impossible d'admettre que ces plaintes n'étaient pas fondées ; car on sait tout ce que peut le pouvoir militaire. Ces assertions, d'ailleurs, ont été répétées dans une foule d'écrits publiés par des colons, dans les premiers jours de la révolution ; et dans son rapport sur les troubles de Saint-Domingue, Garran de Coulon constate ce despotisme dont les colons profitaient eux-mêmes, puisqu'il était en quelque sorte nécessité par le régime de l'esclavage.

A notre tour, nous constatons l'existence *du despotisme*

militaire des gouverneurs généraux de cette importante colonie, appartenant à une nation éclairée, civilisée, qui avait des agens dont les lumières ne pouvaient être révoquées en doute. Cette remarque trouvera son application.

On comprend toutefois comment les colons, enorgueillis de leurs richesses, conçurent l'espoir de réformer les abus dont ils se plaignaient, en s'emparant du pouvoir législatif à Saint-Domingue, en y établissant l'administration municipale. De cette révolution coloniale, ils devaient bientôt passer à l'idée de secouer le joug de l'autorité de la métropole, pour rendre la colonie indépendante de la France, la gouverner eux-mêmes au profit de leur orgueil, ou la placer sous le protectorat de la Grande-Bretagne, parce qu'ils espéraient de cette puissance le maintien du régime colonial. Ils sentaient que ce régime était menacé de dissolution, par les principes de rénovation sociale contenus dans la célèbre déclaration *des droits de l'homme*, en même temps que la société des *Amis des noirs*, constituée à Paris, se déclarait favorable, et à l'abolition de la traite et à l'abolition graduelle de l'esclavage, dans les colonies françaises.

V.

Nous avons entendu Hilliard d'Auberteuil parler sur la condition des blancs. Ecoutons-le, lorsqu'il s'agit des nègres et des mulâtres. Examinons ses opinions, ses sentimens à leur égard ; car ils ne sont que l'expression des sentimens et des opinions professés par les colons en général, quoiqu'il existât certainement d'honorables exceptions parmi eux.

Mais, avant de citer les passages de son livre à ce sujet, mettons sous les yeux de nos lecteurs les principaux articles de l'édit du mois de mars 1685, appelé code noir. Il fut rendu par Louis XIV, pour régler *l'état et la qualité* des esclaves et des affranchis dans les colonies françaises, pour régler la *police* de ces colonies.

Ces dispositions feront mieux connaître le régime colonial, tel que l'avait voulu le pouvoir royal dans les premiers temps, et tel que le voulurent les colons par la suite. Car, nous prouverons une chose : c'est que, si des modifications y furent apportées, si les dispositions restées en vigueur, *légalement*, n'ont plus été exécutées, c'est aux colons qu'on doit imputer ces modifications et cette inexécution de la loi fondamentale des colonies.

Article 2. Tous *les esclaves* qui seront dans nos îles *seront baptisés et instruits* dans la religion catholique, apostolique et romaine. Enjoignons aux habitans qui achèteront des nègres nouvellement arrivés, d'en avertir les gouverneur et intendant desdites îles dans huitaine au plus tard, à peine d'amende arbitraire, lesquels donneront les ordres nécessaires pour les faire instruire et baptiser dans le temps convenable.

6. Enjoignons à tous nos sujets, de quelque qualité et condition qu'ils soient, d'observer les jours de dimanches et fêtes qui sont gardés par nos sujets de la religion catholique, apostolique et romaine. Leur défendons de travailler, *ni faire travailler leurs esclaves* lesdits jours, depuis l'heure de minuit jusqu'à l'autre minuit, soit à la culture de la terre, à la manufacture des sucres, et à tous autres ouvrages, à peine d'amende et de punition arbitraire contre les maîtres, et de confiscation tant des sucres que desdits esclaves qui seront surpris par nos officiers dans leur travail.

7. Leur défendons pareillement de tenir le marché des nègres et tous autres marchés lesdits jours, sur pareilles peines, et de confiscation des marchandises qui se trouveront alors au marché, et d'amende arbitraire contre les marchands.

9. Les hommes libres qui auront un ou plusieurs enfans de leur

concubinage avec leurs esclaves, ensemble les maîtres qui l'auront souffert, seront chacun condamnés à une amende de deux mille livres de sucre; et s'ils sont les maîtres de l'esclave de laquelle ils auront eu lesdits enfans, voulons qu'outre l'amende ils seront privés de l'esclave et des enfans; et qu'elle et eux soient confisqués au profit de l'hôpital, *sans jamais pouvoir être affranchis.* N'entendons toutefois le présent article avoir lieu, *lorsque l'homme qui n'était point marié* à une autre personne *durant son concubinage avec son esclave, épousera,* dans les formes observées par l'Église, *sadite esclave qui sera affranchie par ce moyen et les enfans rendus libres et légitimes.*

10. Lesdites solennités prescrites par l'ordonnance de Blois, art. 40, 41, 42, et par la déclaration du mois de novembre 1639, pour les mariages, seront observées tant à l'égard des personnes libres que des esclaves, sans néanmoins que le consentement du père et de la mère de l'esclave y soit nécessaire, mais celui du maître seulement.

11. Défendons aux curés de procéder aux mariages des esclaves, s'ils ne font apparoir du consentement de leur maître. *Défendons aussi aux maîtres d'user d'aucunes contraintes sur leurs esclaves, pour les marier contre leur gré.*

12. Les enfans qui naîtront de mariages entre esclaves, seront esclaves et appartiendront aux maîtres des femmes esclaves, et non à ceux de leur marié, si le mari et la femme ont des maîtres différens.

13. Voulons que, *si le mari esclave a épousé une femme libre, les enfans tant mâles que filles, suivent la condition de leur mère, et soient libres comme elle,* nonobstant la servitude de leur père; et que si le père est libre et la mère esclave, les enfans seront esclaves pareillement.

14. Les maîtres seront tenus de faire mettre en terre sainte, dans les cimetières destinés à cet effet, leurs esclaves baptisés; et, à l'égard de ceux qui mourront sans avoir reçu le baptême, ils seront enterrés la nuit dans quelque champ voisin du lieu où ils seront décédés.

15. Défendons aux esclaves de porter aucunes armes offensives, ni de gros bâtons, à peine du fouet et de confiscation des armes au profit de celui qui les en trouvera saisis; à l'exception seulement de ceux qui seront envoyés à la chasse par leur maître, et qui seront porteurs de leurs billets, ou marques connues.

16. Défendons pareillement aux esclaves appartenant à différens maîtres, de s'attrouper, soit le jour ou la nuit, sous prétexte de noces ou autrement, soit chez un de leurs maîtres ou ailleurs, et encore

moins dans les grands chemins ou lieux écartés, à peine de punition corporelle, qui ne pourra être moindre que du fouet et de la fleur de lys; et en cas de fréquentes récidives et autres circonstances aggravantes, ils pourront être punis de mort : ce que nous laissons à l'arbitrage des juges. Enjoignons à tous nos sujets de courir sus aux contrevenans, de les arrêter et conduire en prison, bien qu'ils ne soient officiers, et qu'il n'y ait contre eux encore aucun décret.

17. Les maîtres qui seront convaincus d'avoir permis ou toléré telles assemblées composées d'autres esclaves que de ceux qui leur appartiennent, seront condamnés en leur propre et privé nom, de réparer tout le dommage qui aura été fait à leurs voisins à l'occasion desdites assemblées, et en dix écus d'amende pour la première fois, et au double en cas de récidive.

18. Défendons aux esclaves de vendre des cannes de sucre, pour quelque cause que ce soit, même avec la permission de leur maître, à peine du fouet contre les esclaves, et de dix livres tournois contre leurs maîtres qui l'auront permis, et de pareille amende contre l'acheteur.

19. Leur défendons aussi d'exposer en vente au marché, ni de porter dans les maisons particulières pour vendre, aucunes sortes de denrées, même des fruits, légumes, bois à brûler, herbes pour la nourriture des bestiaux à leurs manufactures, sans permission expresse de leurs maîtres par un billet, ou par des marques connues, à peine de revendication des choses ainsi vendues, sans restitution du prix par leurs maîtres, et de six livres tournois d'amende à leur profit contre les acheteurs.

(Suivent plusieurs articles concernant la nourriture et le vêtement des esclaves, à la charge de leurs maîtres.)

26. Les esclaves qui ne seront point nourris, vêtus et entretenus par leurs maîtres, selon que nous l'avons ordonné par ces présentes, *pourront en donner avis* à notre procureur et mettre leurs mémoires entre ses mains, sur lesquels, *et même d'office*, si les avis en viennent d'ailleurs, les maîtres seront poursuivis à sa requête et sans frais; ce que nous voulons être observé *pour les crieries et traitemens barbares et inhumains des maîtres envers leurs esclaves.*

28. Déclarons les esclaves ne pouvoir rien avoir qui ne soit à leur maître; et tout ce qui leur vient par industrie, ou par la libéralité d'autres personnes ou autrement, à quelque titre que ce soit, être acquis en pleine propriété à leur maître, sans que les enfans des esclaves, leurs père et mère, leurs parens et tous autres libres ou esclaves puissent rien prétendre par succession, disposition entre vifs ou à cause

de mort, lesquelles dispositions nous déclarons nulles, ensemble toutes les promesses et obligations qu'ils auraient faites, comme étant faites par des gens incapables de disposer et contracter de leur chef.

30. Ne pourront les esclaves être pourvus d'offices ni de commissions ayant quelques fonctions publiques, ni être constitués agens par autres que par leurs maîtres, pour agir et administrer aucun négoce, ni arbitres, ni se porter témoins, tant en matière civile que criminelle; et, en cas qu'ils soient ouïs en témoignage, leurs dépositions ne serviront que de mémoires pour aider les juges à s'éclaircir d'ailleurs, sans que l'on en puisse tirer aucune présomption, ni conjecture, ni adminicule de preuve.

31. Ne pourront les esclaves être partie, ni en jugement, ni en matière civile, tant en demandant qu'en défendant, ni être partie civile, en matière criminelle, ni poursuivre en matière criminelle la réparation des outrages et excès qui auront été commis contre les esclaves.

32. Pourront les esclaves être poursuivis criminellement, sans qu'il soit besoin de rendre leur maître partie, sinon en cas de complicité; et seront lesdits esclaves accusés, jugés en première instance *par les juges ordinaires et par appel au conseil souverain*, sur la même instruction, *avec les mêmes formalités que les personnes libres.*

33. L'esclave qui aura frappé son maître, ou la femme de son maître, sa maîtresse, ou leurs enfans, avec contusion de sang, ou au visage, sera puni de mort.

34. Et quant aux excès et voies de fait qui seront commis par les esclaves contre des personnes libres, voulons qu'ils soient sévèrement punis, même de mort s'il y échoit.

35. Les vols qualifiés, même ceux des chevaux, cavales, mulets, bœufs et vaches qui auront été faits par les esclaves, ou par ceux affranchis, seront punis de peines afflictives, même de mort, si le cas le requiert.

36. Les vols de moutons, chèvres, cochons, volailles, cannes de sucre, pois, manioc, ou autres légumes, faits par les esclaves, seront punis, selon la qualité du vol, par les juges qui pourront, s'il y échoit, les condamner à être battus de verges par l'exécuteur de la haute justice, et marqués à l'épaule d'une fleur de lys.

37. Seront tenus les maîtres, en cas de vol ou autrement, des dommages causés par leurs esclaves, outre la peine corporelle des esclaves, réparer les torts en leur nom, s'ils n'aiment mieux abandonner l'esclave à celui auquel le tort a été fait; et qu'ils seront tenus d'opter dans

trois jours, à compter du jour de la condamnation, autrement ils en seront déchus.

38. L'esclave fugitif qui aura été en fuite pendant un mois, à compter du jour que son maître l'aura dénoncé en justice, aura les oreilles coupées et sera marqué d'une fleur de lys sur une épaule ; et s'il récidive un autre mois, à compter pareillement du jour de la dénonciation, il aura le jarret coupé et sera marqué d'une fleur de lys sur l'autre épaule ; et la troisième fois, il sera puni de mort.

39. Les affranchis qui auront donné retraite dans leurs maisons aux esclaves fugitifs, seront condamnés par corps envers les maîtres desdits esclaves, en l'amende de 300 livres de sucre par chacun jour de rétention.

42. Pourront pareillement les maîtres, lorsqu'ils croiront que leurs esclaves l'auront mérité, les faire enchaîner et les faire battre de verges ou de cordes, *leur défendant de leur donner la torture, ni de leur faire aucune mutilation de membre*, à peine de confiscation des esclaves, et d'être procédé *contre les maîtres* extraordinairement.

43. Enjoignons à nos officiers de poursuivre criminellement *les maîtres* ou les commandeurs *qui auront tué un esclave* sous leur puissance ou sous leur direction, et de punir le maître selon l'atrocité des circonstances ; et, en cas qu'il y ait lieu à l'absolution, permettons à nos officiers de renvoyer, tant les maîtres que commandeurs absous, sans qu'ils aient besoin de nos grâces.

47. Ne pourront être saisis et vendus séparément, *le mari et la femme et leurs enfans impubères*, s'ils sont tous sous la puissance du même maître ; déclarons nulles les saisies et ventes qui en seront faites, ce que nous voulons avoir lieu dans les aliénations volontaires, sur peine que feront les aliénateurs d'être privés de celui ou de ceux qu'ils auront gardés, qui seront adjugés aux acquéreurs, sans qu'ils soient tenus de faire aucun supplément du prix.

55. Les maîtres âgés de vingt ans *pourront affranchir leurs esclaves par tous actes entre-vifs ou à cause de mort*, sans qu'ils soient tenus de rendre raison de leur affranchissement, ni qu'ils aient besoin d'avis de parens, encore qu'ils soient mineurs de vingt-cinq ans.

56. Les *esclaves* qui auront été faits *légataires universels* par leurs maîtres, ou nommés *exécuteurs de leurs testamens*, ou *tuteurs de leurs enfans, seront tenus et réputés, et les tenons et réputons pour affranchis.*

57. Déclarons *leurs affranchissemens faits dans nos îles*, leur tenir lieu de naissance dans nos îles, *et les esclaves affranchis n'avoir besoin*

de nos lettres de naturalité, pour jouir des avantages de nos sujets naturels dans notre royaume, terres et pays de notre obéissance, *encore qu'ils soient nés dans les pays étrangers* (en Afrique, par exemple).

58. Commandons aux affranchis de porter un respect singulier à leurs anciens maîtres, à leurs veuves, et à leurs enfans, en sorte que l'injure qu'ils auront faite soit punie plus grièvement que si elle était faite à une autre personne ; les déclarons toutefois francs et quittes envers eux de toutes autres charges, services et droits utiles que leurs anciens maîtres voudraient prétendre, tant sur leur personne que sur leurs biens et successions, en qualité de patrons.

59. Octroyons *aux affranchis les mêmes droits, privilèges et immunités dont jouissent les personnes nées libres ; voulons qu'ils méritent une liberté acquise, et qu'elle produise en eux, tant pour leurs personnes que pour leurs biens, les mêmes effets que le bonheur de la liberté naturelle cause à nos autres sujets.*

Tel fut le code noir.

« Il ne faut pas s'étonner, dit Hilliard d'Auberteuil, que *les nègres*, en devenant nos esclaves, contractent une infinité de vices *qu'ils n'avaient pas* dans l'état naturel ; ils perdent envers nous le sentiment de la *pitié*, il est également certain que *nous n'avons point* ce sentiment pour eux, parce que nous sommes éloignés de la nature, et que nous ne sommes pas libres ; nous sommes réduits à soutenir une politique inhumaine, par une suite d'actions *cruelles* ; nous sommes attachés à une société dont les charges sont immenses, appelés à des emplois dans lesquels notre ambition nous porte à nous élever de plus en plus, et entraînés par une foule de passions que nous voulons assouvir ; ne pouvant briser tant de chaînes, nous voulons les polir et les rendre brillantes, et nous employons à cet ouvrage des milliers de bras, *que la nature avait faits pour la liberté. Les philosophes* en murmurent, et cependant ils participent à cette iniquité, puisqu'ils ne se sont point encore retirés dans les déserts... La société humaine a montré de tout temps, et montrera toujours *la violence des hommes puissans et la soumission des faibles....* »

A la bonne heure! Voilà *la loi du plus fort* clairement exprimée et proclamée. Mais un de ces philosophes avait déjà dit :

« Si je ne considérais que la *force*, et l'effet qui en dé-
» rive, je dirais : Tant qu'un peuple est contraint d'o-
» béir et qu'il obéit, il fait bien; mais sitôt qu'il peut
» secouer le joug et qu'il le secoue, il fait encore mieux:
» car, recouvrant sa liberté par le même droit qui la lui
» a ravie, ou il est fondé à la reprendre, ou l'on ne
» l'était point à la lui ôter. »

Un autre, contemporain d'Hilliard d'Auberteuil, avait annoncé ensuite, en ces termes, l'avénement d'un nouveau Spartacus parmi ces nègres courbés sous le joug:

« Nations de l'Europe... Vos esclaves n'ont besoin
» ni de votre générosité, ni de vos conseils, pour briser
» le joug sacrilége qui les opprime. La nature parle plus
» haut que la philosophie et que l'intérêt. Déjà se sont
» établies deux colonies de nègres fugitifs, que les trai-
» tés et la force mettent à l'abri de vos attentats. Ces
» éclairs annoncent la foudre; et il ne manque aux nè-
» gres *qu'un chef assez courageux* pour les conduire à la
» *vengeance* et au *carnage*. Où est-il, ce grand homme,
» que la nature *doit* à ses enfans vexés, opprimés, tour-
» mentés? Où est-il? Il paraîtra, n'en doutons point, il
» se montrera, *il lèvera l'étendard sacré de la liberté*. Ce
» signal vénérable rassemblera autour de lui les compa-
» gnons de son infortune. Plus impétueux que les tor-

» rens, ils laisseront partout les traces ineffaçables de
» leur *juste ressentiment*. Espagnols, Portugais, Anglais,
» Français, Hollandais, tous leurs tyrans deviendront
» la proie du fer et de la flamme. Les champs amé-
» ricains s'enivreront avec transport *d'un sang* qu'ils
» attendaient depuis si longtemps, et *les ossemens* de
» tant d'infortunés entassés depuis trois siècles *tressail-*
» *liront de joie*. L'ancien monde joindra ses applaudisse-
» mens au nouveau ; partout on bénira le nom du *héros*
» qui aura rétabli les droits de l'espèce humaine, partout
» on érigera des trophées à sa gloire. »

Poursuivons nos citations tirées du livre d'Hilliard d'Auberteuil.

« Ceci posé : sans m'arrêter à des distinctions inutiles, je vais considérer à la fois les nègres de cette colonie dans l'état politique, naturel et législatif. Je parlerai de nos intérêts, de leurs mœurs, et de leurs inclinations, enfin de la manière dont ils sont gouvernés, c'est-à-dire, de nos *injustices*.

» Les nègres sont *bons* et faciles à conduire: ils sont *laborieux*, quand ils ne sont pas découragés ; aucune espèce d'hommes n'a plus d'*intelligence* ; elle se développe même chez eux avant qu'ils soient civilisés, parce qu'ils ont beaucoup de cette bonne volonté qui donne en même temps la force de travailler et les dispositions nécessaires pour le travail. Si nous voulions en exiger de grands ouvrages, il faut les traiter humainement et les accoutumer gradativement à une discipline exacte et invariable...

» Les nègres sont en général *sobres et patiens... Plus les nègres sont heureux et riches, plus ils sont laborieux.*

Donnons-leur de grands terrains, afin qu'ils aient l'ambition de les cultiver et d'en retirer du profit... Sous un bon maître, le nègre laborieux est plus heureux que ne l'est en France, le paysan qui travaille à la journée... N'allez point chercher en France un bonheur qui vous fuit, créoles voluptueux! *adoucissez le sort de vos esclaves,* vous le trouverez dans vos demeures; vous n'y verrez que des visages rians, le travail n'aura plus un aspect révoltant, il deviendra facile et même agréable...

» Le pays où règne l'esclavage est l'écueil de l'homme qui n'a que les apparences de la vertu. L'habitude de se faire obéir rend le maître fier, prompt, dur, colère, injuste, cruel, et lui fait insensiblement manquer à toutes les vertus morales. Cependant, s'il les oublie, la crainte de ses propres esclaves le tourmente sans cesse; il est seul au milieu de ses ennemis.

» Les nègres n'ont pas le caractère atroce que l'ignorance et la crainte leur ont attribué; ils n'ont *presque jamais* porté sur leurs maîtres une main homicide, et *c'est de nous qu'ils ont appris l'usage du poison.* Cependant *on brûle* sans miséricorde, *sans preuves,* quelquefois même *sans indices, tout nègre accusé de poison : la plupart des blancs* ne vivent que dans la crainte; ils sentent presque tous *combien leurs esclaves sont en droit de les haïr,* et se rendent justice; *le maître bienfaisant* n'éprouve point de semblables terreurs, *et ses esclaves sont ses amis...*

» On peut voyager nuit et jour, *sans armes,* dans toute la colonie; on n'y rencontre pas de voleurs : *les nègres marrons ne font de mal à personne.*

» On peut juger, *par la bonne conduite qu'ils tiennent dans l'état de liberté, de ce dont ils seraient capables étant bien dirigés...*

» La bienfaisance qui gagne les cœurs, la sévérité qui est une suite de la justice, sont les moyens de contenir les nègres... L'édit de 1685 *n'empêche pas que des nègres ne périssent* journellement *dans les chaînes ou sous le fouet,* qu'ils ne soient *assommés, étouffés, brûlés* sans aucune formalité; *tant de cruautés reste toujours impunie... A* Saint-Domingue, *quiconque est blanc maltraite impunément les noirs.* Leur situation est telle, qu'ils sont esclaves de leurs maîtres et du public... »

Et dans le 2º volume de son ouvrage, notre auteur dit encore :

« On a introduit dans la colonie, depuis l'année 1680, plus de 800 mille nègres : une pépinière aussi forte aurait dû produire des millions d'esclaves; cependant il n'en existe dans la colonie (en 1776) que 290 mille. Ce ne sont pas les maladies qui ont affaibli jusqu'à ce point la population des noirs; *c'est la tyrannie des maîtres :* elle a triomphé des efforts de la nature [1].

» Quand même on ne voudrait regarder les nègres que comme des êtres physiques utiles à nos jouissances, il ne faudrait pas les détruire sans nécessité; pourquoi donc les faire périr ou languir dans des traitemens barbares?... Mais des maîtres avides n'aiment pas à voir leurs négresses *enceintes;* on est, disent-ils, privé de leur travail pendant les derniers mois de leur grossesse, et l'on ne peut en retirer que de légers services jusqu'à ce que l'enfant soit sevré; le bénéfice des crûes ne suffit

---

[1] « Il est prouvé que 14 ou 1500 mille noirs, aujourd'hui épars dans les » colonies européennes du Nouveau Monde, sont les restes infortunés de 8 ou » 9 millions d'esclaves qu'elles ont reçus. » (Encyclopédie méthodique, etc., citée par Garran dans le 1ᵉʳ vol. du rapport, p. 16.)

point à réparer le temps perdu... Il y a des hommes barbares, en qui la cruauté est fortifiée par l'avarice; et l'avarice ne prévoit rien...

» Si les négresses se font souvent *avorter*, c'est presque toujours la faute de leurs maîtres; *ils n'ont pas le droit* de les en punir, parce qu'il n'y a que l'excès de la tyrannie qui puisse étouffer en elles les sentimens maternels...

» *J'ai vu* 53 nègres, négresses, négrillons et négrites de la même famille; le père vivait encore, il était né dans le Sénégal; *il avait 87 ans d'esclavage;* il avait eu 22 enfans de 3 négresses qui toutes étaient mortes, et commençait à voir sa quatrième génération.

» En exécution de l'édit de 1685, les missionnaires Jésuites (établis dans la partie du Nord) avaient entrepris de *marier légitimement* tous les nègres esclaves; mais cette méthode, qui ôtait au maître la faculté de diviser ses esclaves, nuisait au droit de propriété et à la soumission nécessaire. Un mauvais nègre corrompait une famille, cette famille tout l'atelier, *et la conspiration de deux ou trois familles pouvait détruire les plus grandes habitations, y porter l'incendie, le poison, la révolte.*

» **Les nègres sont superstitieux et fanatiques;** il faut, autant qu'il est possible, ne point leur donner d'occasion de se livrer à ces vices dangereux. Les Jésuites ne se conduisaient pas dans cette vue; ils prêchaient, attroupaient les nègres, forçaient les maîtres à retarder leurs travaux, faisaient des catéchismes, des cantiques, et appelaient tous les esclaves au tribunal de la pénitence : depuis leur expulsion, *les mariages sont rares*, il ne s'en fait plus parmi les nègres des grandes habitations. On n'y permet plus à deux esclaves de séparer pour toujours leur intérêt et leur salut de celui de l'atelier; plus de *prières* publiques, d'attroupemens, de cantiques ni de *sermons* pour eux; mais il y a toujours des catéchismes... »

Ces aveux d'Hilliard d'Auberteuil sont extrêmement précieux; ils nous dépeignent la misérable condition des noirs dans l'esclavage, tout en établissant leur droit à un traitement plus doux; car il les reconnaît bons et faciles à conduire, laborieux et intelligens, sobres et patiens, en même temps qu'il ne dissimule pas les injustices, la tyrannie, la cruauté de la plupart des maîtres. Que penser, en effet, de ces colons qui n'aimaient pas à voir les femmes esclaves enceintes, qui forçaient ces infortunées à se faire avorter! Que dire de ces maîtres qui gardèrent un homme pendant 87 ans dans l'esclavage, alors qu'il était le père commun d'une famille de 53 individus!

Par l'article 2 du code noir, Louis XIV ordonnait de faire instruire les esclaves dans la religion chrétienne : son successeur immédiat renouvela cette prescription; mais les maîtres se refusèrent à l'exécution de cette disposition. Ainsi, la religion du Sauveur qui enseigne la patience et la résignation à ceux qui souffrent, qui moralise les hommes, fut jugée par ces despotes cruels, nuisible à leur prétendu droit de propriété; et le mariage, cet acte qui contribue tant à la pureté des mœurs, à l'esprit de famille, à la paix des États, à la conservation et à la propagation de l'espèce humaine, le mariage fut proscrit par eux! Ces maîtres qui donnaient eux-mêmes le pernicieux exemple du libertinage, du concubinage, pouvaient-ils, en effet, permettre, encourager la sainteté des unions légitimes parmi leurs esclaves, et les porter ainsi à condamner leurs propres mœurs?

On peut inférer de l'ouvrage que nous citons, comme

de beaucoup d'autres documens, des motifs donnés dans les actes de la métropole, et de la conduite des colons durant tout le cours de la révolution, une chose qu'il est extrêmement important de constater : c'est que, si le code noir, dans ses dispositions *relativement* favorables aux esclaves, a été modifié successivement par Louis XIV lui-même, par Louis XV surtout, même par Louis XVI, ce fut à la suggestion, à la sollicitation *des colons*. Les gouverneurs généraux, les intendans de la colonie qui, la plupart, se rendaient propriétaires de grandes habitations à Saint-Domingue, devenant colons eux-mêmes et subissant l'influence de ce régime barbare, se prêtaient admirablement aux vues de ces possesseurs d'esclaves, rendaient des ordonnances à cet effet, et les faisaient consacrer par de nouveaux édits émanés de la toute-puissance royale, ou par des instructions ministérielles. Les conseils supérieurs de justice agissaient dans le même sens.

C'est donc à tort, selon nous, que dans son ouvrage où nous trouvons des pensées judicieuses, des sentimens honorables, un auteur moderne a dit [1] :

« On s'aperçut, *en France*, que le germe déposé dans
» le code noir se développait rapidement, et comme
» l'esclavage semblait une institution aussi précieuse
» alors, qu'elle paraît embarrassante aujourd'hui, on en-
» raya l'œuvre qui menaçait de s'accomplir. On fit deux
» parts de l'édifice de Colbert : l'une, celle des disposi-
» tions généreuses et libérales, que l'on se prit à saper et
» à détruire ; l'autre, celle de la pénalité, que l'on étaya

---

[1] M. Lepelletier de Saint-Rémy. *Étude et solution nouvelle de la question haïtienne*, t. 1er, p 105 et 107.

» chaque jour de quelques dispositions nouvelles, et
» qui seule s'est perpétuée jusqu'à nous. Pour ceux *qui
» n'étudient qu'en courant et dans les livres tout faits*, ce
» sont *les colons*, ce sont *les autorités coloniales*, qui ont
» tout accompli en ce sens. Erreur grossière! L'entraî-
» nement du climat, la continuité des rapports, la faci-
» lité malheureusement trop grande des mœurs, tout
» tendait à affaiblir cette démarcation *que la nature sem-
» blait avoir voulu écrire sur les fronts*. Ce fut la métro-
» pole, ce fut *la France* qui, l'érigeant en système politi-
» que, se prit à la creuser, à l'élargir avec l'inflexible
» persistance de la monomanie...

» Veut-on maintenant, poursuit-il, avoir la pensée com-
» plète de ce système? Nous allons la faire connaître.
» Et comme nous ne procédons jamais que document en
» main, ainsi que le lecteur a pu le remarquer, nous
» terminerons cet examen en laissant se dérouler dans
» toute sa franchise, nous dirions presque dans toute
» sa naïveté, la politique du gouvernement métropo-
» litain à l'endroit des classifications sociales aux colo-
» nies. Le 27 mai 1771, le ministre du roi écrivait aux
» administrateurs de Saint-Domingue :

« J'ai rendu compte au roi de la lettre de MM. de No-
» livos et de Bongars, du 10 avril 1770, contenant *leurs
» réflexions* sur la demande qu'ont faite les sieurs... de
» lettres patentes qui les déclarent issus de race indienne.
» S. M. n'a pas jugé à propos de la leur accorder; elle a
» jugé qu'une pareille grâce tendrait à détruire la diffé-
» rence que *la nature a mise entre les blancs et les noirs,
» et que le préjugé politique a eu soin d'entretenir* comme
» une distance à laquelle les gens de couleur et leurs
» descendans ne devaient jamais atteindre; enfin, qu'il

» importait au bon ordre de ne pas affaiblir *l'état d'humi-*
» *liation attachée à l'espèce dans quelque degré qu'elle se*
» *trouve; préjugé d'autant plus utile* qu'il est dans le cœur
» même des esclaves, et qu'il contribue principalement
» *au repos des colonies.* S. M. approuve en conséquence
» *que vous ayez refusé de solliciter* pour les sieurs... la
» faveur d'être déclarés issus de race indienne; et elle
» vous recommande de *ne favoriser sous aucun prétexte*
» *les alliances des blancs avec les filles de sang-mêlé.* Ce que
» j'ai marqué à M. le comte de Nolivos, le 14 de ce mois,
» au sujet de M. le marquis de... capitaine d'une com-
» pagnie de dragons, qui a épousé *en France* une fille de
» sang-mêlé, et qui, par cette raison, ne peut plus ser-
» vir à Saint-Domingue, vous prouve combien S. M. est
» déterminée à maintenir le principe qui doit écarter *à*
» *jamais* les gens de couleur et leur postérité de tous
» les avantages attachés aux blancs.

« Est-ce clair? » ajoute l'écrivain distingué que nous citons.

Non, dirons-nous, ce n'est pas clair; car cet auteur a dû remarquer qu'en transmettant au ministre français la demande des sieurs... MM. de Nolivos et de Bongars *ont refusé de solliciter* cette faveur, cette grâce : or, ce gouverneur et cet intendant étaient *colons* eux-mêmes, grands propriétaires à Saint-Domingue, intéressés au maintien de l'avilissement de la race noire. M. de Nolivos, descendant d'un autre colon, possédait une riche sucrerie dans la plaine de Léogane, M. de Bongars la plus grande caféterie de la paroisse du Port-au-Prince. Ces deux administrateurs n'avaient pas besoin d'ailleurs d'une autorisation royale pour accorder la grâce sollicitée; car avant eux, le gouverneur et l'intendant pouvaient statuer sur de pareilles demandes, en vertu de la décision prise par le marquis de Larnage, gouverneur, et l'intendant Maillart, deux des meilleurs administrateurs qu'ait eus Saint-Domingue. Ce fut sous eux que l'on facilita l'admission dans la classe blanche, de beaucoup de sang-mêlés, se disant issus de race indienne. Mais, au temps de MM. de Nolivos et de Bongars, le préjugé avait fait des progrès, et ces deux administrateurs voulurent qu'un ordre ministériel vînt le fortifier. Ce fut donc à la suggestion, à la sollicitation *des colons*, que l'autorité royale consacra de plus en plus le préjugé de la couleur.

Comme toutes les autres puissances qui ont fondé des colonies en Amérique, la France a eu sans doute sa part de torts dans l'établissement de l'esclavage des noirs, dans le maintien de cette horrible institution et dans l'institution du préjugé de la couleur; elle a eu d'autres torts, et nous les signalerons à mesure que les événemens se dérouleront. Mais c'est surtout *des colonies* que sont venues les demandes réitérées, pour aggraver la malheureuse condition des esclaves, pour étendre contre leurs descendans l'effet du préjugé de la couleur.

Hilliard d'Auberteuil, qui a publié son ouvrage pendant que le comte d'Ennery gouvernait Saint-Domingue, avait saisi cette occasion pour dénoncer au ministre de la marine cet administrateur intègre qui s'indignait tellement des abominations commises par les blancs dans cette colonie, qu'il dit à cette occasion : *Saint-Domingue est une seconde Sodome que le feu du ciel doit dévorer.*

Paroles prophétiques qui se sont réalisées quinze ans plus tard! Les noirs se sont rendus les agens du ciel; et ce que craignaient Hilliard d'Auberteuil et ses pareils, — *la conspiration de deux ou trois nègres a détruit toutes les grandes habitations, en y portant l'incendie et la révolte.*

VI.

Prêtons une égale attention aux étranges propositions de cet auteur, concernant les *affranchis*.

« La classe intermédiaire de la colonie, dit-il, celle des esclaves qui ont obtenu ou acheté leur affranchissement, *est trop considérable;* et le ministère a eu plusieurs fois l'attention de la diminuer. Il a autorisé en différentes circonstances les administrateurs de la colonie à vendre les libertés à prix d'argent, mais cette méthode était mauvaise, elle a été proscrite.

» Le conseil supérieur du Cap, par un arrêt de règlement rendu en 1767, a déclaré *nuls* tous les affranchissemens qui seraient à l'avenir donnés par *testament*, et l'année suivante une ordonnance (royale) *confirmant* ce règlement, a voulu qu'on ne pût, non-seulement donner à l'avenir de liberté par testament, mais même affranchir aucun esclave, sans en avoir obtenu la permission préalable du général et de l'intendant [1]. Il en est résulté que beaucoup de semblables permissions ont été vendues ou données à la faveur, et que les affranchissemens ne sont pas devenus plus rares.

» On a renouvelé le système de vendre à prix d'argent les permissions d'affranchir toutes sortes d'esclaves; ce système est maintenant plus accrédité que jamais; les

[1] Ce conseil, composé de colons, annula donc l'art. 55 du code noir, avant que l'autorité royale se prononçât à ce sujet!

permissions sont taxées, et l'objet de cet impôt n'est pas encore bien connu...

» Le premier motif qui puisse engager un maître à affranchir son esclave, c'est la reconnaissance des services qu'il en a reçus : ce motif devrait être *le seul;* cependant, il y en a deux autres, savoir : les liaisons illégitimes du maître et de l'esclave, ou l'attachement qu'il a pour les enfans provenus de ces liaisons, et l'argent que l'esclave offre à son maître pour se racheter lui-même...

» **Chez tous les peuples qui ont eu des esclaves, les fils ou petits-fils des affranchis étaient réputés ingénus ; mais à Saint-Domingue,** *l'intérêt et la sûreté veulent que nous accablions la race des noirs d'un si grand mépris, que quiconque en descend, jusqu'à la sixième génération, soit couvert d'une tache ineffaçable.*

» **Les mulâtres, quarterons ou métis sont** *respectueux et soumis* **envers les blancs, et** *les aiment tous* **en général ;** *ils ne se permettent de haïr* **que ceux qui leur ont fait** *beaucoup de mal.* **S'ils** *osaient* **frapper un blanc,** *même quand ils en sont frappés,* **ils seraient punis avec rigueur : telle est la force du préjugé contre eux, que** *leur mort,* **en ce cas,** *ne paraîtrait pas un trop grand supplice.* **Cette sévérité sera peut-être trouvée** *injuste,* **mais** *elle est nécessaire.*

» **Jusqu'à ces dernières années, un blanc qui se croyait offensé par un mulâtre, le maltraitait et le battait** *impunément;* **mais** *à présent,* **les commandans militaires ont reçu du général (le comte d'Ennery) l'ordre de ne plus souffrir que les blancs se rendent justice à eux-mêmes d'une manière aussi** *violente* (a); **et quiconque frappe un**

(a) *Le Roi, dit-on, ne veut pas qu'aucun de ses sujets soit maltraité.* « On
» ne se trompe point dans le principe, mais on l'applique mal. La *sûreté* et

mulâtre est mis dans les forts ou prisons militaires pendant le temps qu'il plaît au commandant de l'y retenir.

» S'il est juste qu'un nègre battu par un autre que son maître, puisse se plaindre de cette violence, à plus forte raison les mulâtres ont-ils droit à la même justice; mais il faut faire cette différence, qu'un blanc offensé par un nègre peut se plaindre au maître de ce nègre, et qu'en ce cas le maître doit punir son esclave, au lieu qu'étant insulté par un mulâtre, il n'a pas la même voie. S'adressera-t-il à la *justice*, à la *police*, pour avoir réparation d'une insulte *légère*, que cependant il ne mépriserait pas sans danger? Ne pouvant pas faire donner 20 coups de *fouet* au mulâtre insolent (comme au nègre), il serait trop cruel d'arracher ce mulâtre à son travail pendant huit ou quinze jours, pour le faire mettre en prison : d'ailleurs, c'est toujours *un très-grand mal que d'avoir de grandes prisons* et de les remplir. La peine de prison afflige, endurcit, révolte; elle ruine le peuple pour enrichir des geôliers : c'est une invention *barbare* qui nuit à tout, et ne sert à rien ; *la supériorité des blancs*

» les bons traitemens ne peuvent exister sans le maintien de l'ordre et la
» conservation des rangs »

Nous le répétons : Hilliard d'Auberteuil publia son ouvrage sous le gouvernement du comte d'Ennery; c'est à ce général qu'il attribue ces paroles : elles font preuve de ce sentiment de justice qu'il montra durant le peu de temps qu'il gouverna la colonie. On connaît le fait suivant de ce général :

Un mulâtre était créancier d'un blanc; ayant demandé à celui-ci son argent, le débiteur l'assomma à coups de bâton. Le mulâtre indigné, ne pouvant lui rendre les coups, porta plainte directe au gouverneur. Ce dernier, plus indigné encore, manda le blanc, après avoir payé la créance au mulâtre. Le gouverneur, substitué ainsi aux droits du créancier originaire, interpelle le débiteur pour avoir battu le mulâtre : le blanc lui répond avec arrogance, se fondant sur le droit qu'il avait de réprimer l'insolence du mulâtre qui a osé lui demander son dû. Le gouverneur lui fait savoir alors qu'il est devenu son créancier, et exige son payement immédiatement : le blanc n'avait point d'argent sur lui. Il est frappé sans pitié à son tour, par le comte d'Ennery qui le contraint à aller chercher de suite le montant de la créance. Aussi était-il détesté des colons! Mais son tombeau est respecté au Port-au-Prince.

exige que le mulâtre qui leur manque soit puni sur-le-champ, et il y a une sorte d'*humanité* à permettre qu'ils puissent *l'humilier* par un châtiment prompt et proportionné à l'insulte (b).

» Il serait donc plus convenable et *plus juste*, que le gouvernement de la colonie continuât à garder, comme autrefois, le silence *sur les insolences* particulières *des mulâtres* et sur les suites qu'elles auraient, sauf à punir les blancs qui, en les maltraitant, se rendraient coupables envers eux d'une violence dangereuse, et à les poursuivre comme meurtriers...

» Les *mulâtresses* sont en général bien moins dociles que les mulâtres, parce qu'elles se sont attribuées sur la plupart des blancs un empire fondé sur le libertinage... Elles aiment les blancs...

» Elles sont charitables et compatissantes : il y en a qui rendent de grands services aux jeunes gens (blancs) qui viennent chercher fortune à Saint-Domingue, surtout dans les maladies qu'ils éprouvent...

» Les gens de sang-mêlé ont, comme les nègres, beaucoup de piété filiale. On a vu des mulâtresses retrancher sur leur luxe pour acheter des enfans mulâtres que les pères (blancs) n'avaient pu affranchir avant de mourir, et faire à ces enfans délaissés, le don le plus précieux, celui de la *liberté*...

(b) « A Paris, où le manquement d'un homme du *bas peuple* envers son
» supérieur est toujours puni de prison, y a-t-il un seul cocher de fiacre qui
» ne préférât dix coups de canne à dix jours de prison? Et combien de fois
» subit-il l'un et l'autre? Il y a cependant une grande différence politique
» *entre un cocher de fiacre et un mulâtre des colonies.* »

Assurément, si Hilliard d'Auberteuil vivait encore, il trouverait une plus grande différence entre Haïti et Saint-Domingue; et nous ne savons si, à Paris, il lui serait facile de trouver des cochers de fiacre qui préférassent dix coups de canne à dix jours de prison.

» *Un blanc qui épouse légitimement une mulâtresse, descend du rang des blancs* et devient l'égal des affranchis ; ceux-ci le regardent même comme leur inférieur : en effet, *cet homme est méprisable.*

» Celui qui est assez lâche pour se manquer à lui-même, est encore plus capable de manquer aux lois de la société ; et l'*on a raison*, non-seulement *de mépriser*, mais encore de soupçonner la probité de ceux qui, par intérêt ou par oubli, descendent jusqu'à *se mésallier.*

» Il y a dans la colonie environ 300 hommes blancs *mariés* à des filles de sang-mêlé ; plusieurs sont nés *gentilshommes* : ils rendent malheureuses ces femmes que la *cupidité* leur a fait épouser ; ils sont eux-mêmes plus malheureux encore, quoique *moins dignes de pitié.* Tout ce qui les entoure devient pour eux des objets de regret, tout ce qui doit consoler les autres hommes, les plonge dans la tristesse ; ils éprouvent sans cesse *les supplices du cœur.* Est-il rien de plus accablant pour des pères, que *la honte* de donner l'être à des enfans incapables de remplir aucunes fonctions civiles, et condamnés à partager l'humiliation des esclaves (c).

» Il devrait être *défendu* sous des peines sévères, aux affranchis et filles de sang-mêlé, *de se marier à des blancs*, ou du moins, de tels mariages devraient être *nuls*, quant aux effets civils ; la police et les lois de la

---

(c) « Des enfans procréés de semblables mariages ont cependant quelquefois
» servi en qualité d'*officiers* dans la *maison* et dans les *troupes* du roi ; mais
» à présent *il y a trop de créoles en France,* pour qu'ils puissent conserver
» l'espoir d'en imposer à l'avenir sur leur *origine.* »

Avons-nous raison de dire que ce sont *les colons* qui ont toujours provoqué de l'autorité royale des exclusions contre les affranchis et leurs descendans, qui ont poussé aux rigueurs contre eux dans les colonies, aux barbaries contre les esclaves ?

colonie ne doivent point avouer de semblables unions.

» Il est vrai que l'édit de 1685, vulgairement appelé code noir, permet aux blancs d'affranchir leurs négresses en les épousant, et de légitimer ainsi les enfans naturels qu'ils en auraient eus ; mais *cette loi est sujette à de grands abus.* Combien de négresses n'en ont-elles pas profité pour s'approprier toute la fortune de leurs maîtres abrutis dans le libertinage, et incapables de se soustraire à l'empire qu'il donne sur les âmes faibles et séduites qui s'y sont livrées sans rougir ? *Les biens des familles* ont été sacrifiés à la passion, sont devenus le prix de la débauche, et *des noms respectables sont échus, avec les plus belles terres, à des mulâtres légitimés.* Il faut prévenir pour la suite un abus aussi dangereux et si contraire à l'esprit des anciennes lois, qui ont toujours eu pour objet la conservation nécessaire *des biens et des rangs* [1].

» On a déjà voulu réprimer cet abus, et l'on a défendu aux affranchis et gens de sang-mêlé, de prendre *les noms des blancs* (règlement rendu en 1773, par le général et l'intendant, MM. de Vallière et de Montarcher, et enregistré dans les deux conseils supérieurs). On croyait éviter par ce moyen la confusion des rangs et des familles ; mais est-il quelque autorité capable d'empêcher les mulâtres et leurs descendans de porter les noms qui leur appartiennent par le droit de la naissance, qui leur ont été transmis par une suite du mariage de leurs pères ? *Il faut donc empêcher* qu'ils ne puissent à l'avenir se prévaloir de ces droits, *et ne point*

---

[1] En 1790, Bauvois, membre du conseil supérieur et de l'assemblée provinciale du Cap, fit un livre où il proposait de retirer aux hommes de couleur tous les biens qu'ils possédaient, pour les réduire à la domesticité.

souffrir que des blancs se dégradent eux-mêmes, en épousant légitimement des négresses ou des filles de sang-mêlé [1]...

» Non-seulement il ne doit point être permis aux négresses, mulâtresses et quarteronnes *de se marier à des blancs, il est nécessaire* qu'à l'avenir, *tous les nègres, griffes et marabous restent dans l'esclavage...*

» Si la liberté est pour un esclave la plus grande récompense que l'on puisse imaginer, il faut convenir qu'il est peu d'actions dignes de cette récompense; il ne faut donc pas multiplier les affranchissemens, donner la liberté *à un nègre* pour avoir bien fait la cuisine ou frotté les meubles pendant dix ou vingt ans; c'est un abus..

» Les seuls nègres affranchis doivent être ceux qui, dans des occasions urgentes, auront donné de grands exemples de respect et d'attachement pour les blancs; celui qui, par exemple, aurait sauvé, dans un péril évident, la vie d'un homme *blanc*, aux risques de la sienne, serait digne de la liberté. Le prix d'un tel esclave serait remboursé à son maître sur les deniers publics; il lui serait permis de se marier légitimement à une *mulâtresse* (d) (non pas à une *négresse*, remarquez-le : on en verra le motif bientôt), et on lui assignerait une gratification capable de le faire subsister dans l'état

---

[1] Ce vœu a été entendu sous le gouvernement de Louis XVI : en 1778, deux ans après la publication du livre de l'auteur, une ordonnance fut rendue à cet effet. Et à l'assemblée coloniale de Saint-Marc, en 1790, Thomas Millet fit la motion de contraindre tous *les blancs* qui épouseraient une femme de couleur, à prendre *un nom africain*, comme les mulâtres y avaient été contraints par l'ordonnance de MM. de Vallière et de Montarcher.

(d) « En faisant considérer la permission de se marier légitimement comme
» une récompense, ce lien, trop *profané* de nos jours, le mariage, deviendrait
» plus respectable; il deviendrait l'objet des désirs de presque tous les jeunes
» amans; mais il sera dans l'avilissement, tant que l'on ne joindra pas les
» ressorts politiques aux commandemens religieux. »

de liberté. A l'égard des nègres qui auront bien servi leurs maîtres, ne sont-ils pas *assez récompensés* par la vie douce que la reconnaissance, qui aurait été le motif de leur affranchissement, leur fera trouver chez ces maîtres? Il ne faut donc pas que sous aucun prétexte, ni à quelque prix que ce soit, les maîtres puissent, pour récompenser des services ordinaires, et dont tout homme est capable, obtenir la permission d'affranchir des nègres encore jeunes, qui, se mariant avec des négresses libres, ou abusant de l'édit de 1685, pour acheter des négresses esclaves et les affranchir par le droit du mariage, forment une population d'hommes libres semblables en tout à la race des esclaves.

» Mais la colonie ne pouvant pas être *bien constituée*, sans conserver une *classe intermédiaire* entre les esclaves et les ingénus, il faut que cette classe soit absolument *distincte* de celle des esclaves, par les signes extérieurs et individuels, comme par les droits civils. Il faut donc que cette classe soit *jaune*, c'est-à-dire entièrement composée de *mulâtres*; et pour la rendre telle, il faut commencer par *marier tous les nègres libres*, à présent existans dans la colonie, *à des mulâtresses   les mulâtres à des négresses libres* [1]; il faut ensuite assurer les avantages de la liberté à tous les mulâtres, enfans de la faiblesse des

---

[1] Hilliard d'Auberteuil se récriait contre la toute-puissance des gouverneurs et des intendans, qui portait bien des pères de famille, parmi les blancs, à donner leurs filles en mariage à des créatures de ces administrateurs; mais il trouvait tout simple de contraindre les nègres et les mulâtres à épouser des femmes de leurs classes, contrairement à leurs sentimens. C'est que, nègres et mulâtres n'étaient pas des êtres semblables aux blancs. Le code noir défendait cependant d'user de contrainte à cet égard. Et voyez comme le préjugé l'aveuglait : il venait de dire qu'il fallait que tous les *griffes* fussent esclaves. Or, les liaisons qu'il indiquait entre les deux classes libres de couleur, devaient produire seulement ce que les blancs appelaient griffes : ceux-ci seraient cependant des hommes libres.

colons, et qu'ils doivent aimer puisqu'ils les ont fait naître. En les laissant en esclavage, c'est affaiblir dans l'esprit *des nègres* le respect qu'il faut leur inspirer pour les blancs : *tout ce qui procède des blancs doit leur paraître sacré.* (Et les blancs eux-mêmes méprisaient ce qui procédait d'eux !)

» Tous les affranchis étant ainsi *mulâtres ou fils de mulâtres*, on ne pourra plus les confondre avec les esclaves, et les nègres qui seront en marronnage ne pourront plus se dire libres. Les deux classes seront *distinctes et séparées*, et il ne peut en résulter qu'un grand bien. *Jamais aucun mulâtre* n'a été accusé, ni complice du crime de poison. *L'attachement des mulâtres pour les blancs* ne s'est jamais relâché ; ils conserveront à plus forte raison les mêmes sentimens, *quand ils seront encore plus détachés de l'espèce nègre*, qu'ils ne l'ont été jusqu'à présent [1].

» Il ne peut donc pas y avoir d'inconvénient à déclarer *tous les mulâtres affranchis* par leur naissance même, à la charge de fournir des hommes pour servir dans les compagnies de maréchaussée et de police, c'est-à-dire d'y servir chacun à leur tour pendant trois ans, et de fournir dans chacune des parties du Nord, de l'Ouest et du Sud, une compagnie de *chasseurs*, composée de 50 hommes, *pour donner la chasse aux nègres marrons* (voilà le but, clairement exprimé, des avantages à accorder aux

---

[1] *Diviser pour régner !* « Ajoutons que, bien différente de la législation française, la législation espagnole n'avait pas élevé le *préjugé de la couleur* aux proportions d'un système politique. Elle avait pensé que *l'harmonie*, et, autant que possible, *la fusion des différentes classes de la population*, étaient un moyen de gouvernement, *peut-être moins profond*, mais pour le moins aussi rationnel et aussi politique que la combinaison traditionnelle du *divide et impera.* » (M. Lepelletier de Saint-Rémy, p. 52 du t. 1er.)

Gouverner, c'est réunir, a dit le général Pamphile de Lacroix (page 225 du tome 1er.), à moins que cette maxime ne doive pas être appliquée à la race noire.

mulâtres), et garder, sous le commandement des prévôts généraux, les frontières qui nous séparent de la colonie espagnole...

»... D'ailleurs, et d'après ce que je propose, on pourra s'en fier sur la distinction des rangs et le degré de nuance, à l'orgueil qui ne perd jamais ses droits, et à l'exactitude des registres publics...

» L'affranchissement naturel des mulâtres serait un frein à l'avarice de quelques hommes (*blancs*) qui semblent tenir dans leurs maisons *des fabriques de mulâtres*, et qui, mettant à contribution ceux que la faiblesse en a rendus pères, font authentiquement le plus méprisable de tous les commerces que l'on puisse imaginer (ils vendent ordinairement 3000 livres un mulâtre à la mamelle). D'un autre côté, il arrêterait tous les abus qui résultent de ces avantages indirects, de ces fidéi-commis tacites faits en faveur des négresses et de leurs enfans bâtards, que dans l'état actuel on ne saurait empêcher, et qui enlèvent *aux légitimes héritiers des biens considérables*, pour les donner à ceux dont la condition est *de travailler* persévéramment. »

Vraiment, en voyant le soin qu'a pris Hilliard d'Auberteuil de constater le despotisme du gouvernement colonial à Saint-Domingue, de ne dissimuler en rien les mœurs vicieuses des blancs en général, leur avarice, leur cupidité, leur orgueil, leur tyrannie, leur cruauté envers la race noire; et, d'un autre côté, la peine qu'il s'est donnée pour faire ressortir la bonté native des nègres et des mulâtres, leurs qualités sociales, leur attachement pour leurs oppresseurs, on serait tenté de se demander si cet Européen instruit, éclairé, observateur des faits monstrueux qui se passaient sous ses yeux, n'a pas eu la secrète intention de foudroyer le régime colonial, en écrivant les étranges propositions qu'on vient de lire, et qui ne seraient alors qu'une amère ironie.

Mais, non ; il suffit de lire avec attention les deux volumes d'Hilliard d'Auberteuil, pour rester convaincu que tout ce qu'il a dit n'était que le résultat de ses propres convictions, du système suivi dans les colonies, dont la pernicieuse influence pervertissait l'âme de quiconque y passait pour s'établir, pour courir après cette fortune, ces biens, objet de tous les désirs les plus effrénés.

Quoi qu'il en soit, nos lecteurs reconnaîtront facilement que, dans la crainte d'affaiblir les pensées orgueilleuses des colons, et pour mieux exposer le régime infernal à l'aide duquel ils tenaient sous le joug la race noire tout entière, nous avons dû citer tout au long les passages du livre publié par Hilliard d'Auberteuil. Une analyse, quelque étendue qu'elle pût être, n'aurait jamais remplacé convenablement le texte de cet auteur ; elle eût pu paraître exagérée, mensongère même. Partie intéressée dans les questions que nous nous proposons de traiter, nous avons dû présenter le régime colonial dans toute sa nudité, pour le faire apprécier. Et d'ailleurs, écrivant pour essayer d'éclairer notre pays sur ce passé si fertile en enseignemens précieux, et n'ignorant pas que les documens sont rares en Haïti, nous ne devons pas craindre d'être long dans l'exposé de ces antécédens de son histoire, parce que notre but est de faire ressortir aux yeux de nos concitoyens le mérite, la gloire qu'ont eus nos pères en brisant les liens qui les tenaient enchaînés dans la servitude, pour s'élever à leur dignité d'hommes trop longtemps méconnue.

VII.

Dans ce but, nous allons faire encore des citations qui compléteront les précédentes; mais nous les prendrons maintenant dans les écrits qui ont plaidé la cause des opprimés, au début de la révolution.

Le plus constant des *Amis des noirs*, Henri Grégoire, curé d'Embermenil, devenu évêque de Blois, en présentant en 1789, à l'assemblée nationale dont il était membre, un *mémoire en faveur des gens de couleur ou sang-mêlés de Saint-Domingue*, établissait ainsi les privations imposées à cette classe :

« Défense d'exercer certains métiers, comme l'orfévrerie.
» Défense d'exercer la médecine et la chirurgie.
» Défense de porter des noms *européens*, injonction de prendre des noms *africains* [1].
» Injonction aux curés, notaires et autres hommes publics, de consigner dans leurs actes les qualifications de *mulâtres libres*, *quarterons libres*, *sang-mêlés*, etc.
» Défense de manger avec les blancs.
» Défense de danser après 9 heures du soir.
» Défense d'user des mêmes étoffes que les blancs.
» Des archers de police furent commis à l'exécution de

---

[1] Cependant les colons donnaient des noms *romains ou grecs* à leurs esclaves venus d'Afrique : aussi prodiguaient-ils le nom des Sylla, des Scipion, des César, des Socrate, des Caton, des Pompée, des Saturne, des Mentor, des Télémaque, etc., etc.

» ce décret ; on les a vus sur les places publiques, aux
» portes même des églises, arracher les vêtemens à des
» personnes du sexe, qu'ils laissaient sans autre voile
» que la pudeur.

» Défense de passer en France.

» Exclusion de toutes charges et emplois publics,
» soit dans la judicature, soit dans le militaire ; ils ne
» peuvent plus aspirer aux grades d'officiers, quoiqu'en
» général on les reconnaisse pour gens très-courageux
» On ne veut pas même que, dans les compagnies de
» milices, ils soient confondus avec les blancs. Quelles
» que soient leurs vertus, leurs richesses, ils ne sont
» point admis aux assemblées paroissiales. Dans les
» spectacles, ils sont à l'écart, le mépris les poursuit
» jusqu'à l'église, où la religion rapproche tous les
» hommes, qui ne doivent y trouver que leurs égaux.
» Des places distinctes leur sont assignées. »

Et quant aux nègres encore plus malheureux :

« Tel maître blanc était si bien connu par sa férocité,
» qu'on faisait trembler tous les esclaves désobéissans,
» en parlant de les vendre à ce tigre.

» Tel autre fut menacé par M. d'Ennery, gouverneur,
» d'être renvoyé en France, s'il continuait à *fusiller ses*
» *nègres*.

» Tel autre, non content d'accabler de travaux ses
» négresses, leur arrachait encore le honteux salaire
» d'un honteux libertinage.

» Tel autre faisait sans cesse retentir la plaine des
» hurlemens de ses esclaves, dont le sang ruisselait
» dans les plantations, où, comme celui d'Abel, il crie

» *vengeance;* son plaisir était ensuite de se faire servir à
» table par ces malheureux dont les chairs tombaient en
» lambeaux.

» Tel autre cassait une jambe à tout nègre coupable
» de marronnage, et le laissait sur place jusqu'à ce que
» la gangrène exigeât l'amputation. »

Dans un écrit publié en janvier 1791 par Julien Raymond [1] et portant pour titre : *Observations sur l'origine et les progrès du préjugé des colons blancs contre les hommes de couleur,* ce mulâtre confirme toutes les assertions du vénérable Grégoire.

Il fait remarquer que dans l'origine de l'établissement de la colonie de Saint-Domingue, les premiers colons (connus sous les dénominations de *boucaniers,* de *flibustiers,* d'*engagés*), gens de basse extraction sociale, ne pratiquaient pas ce préjugé de la couleur, parce que, dépourvus

---

[1] Julien Raymond, homme de couleur, avait été envoyé en France où il reçut une brillante éducation. De retour à Saint-Domingue, il fut en butte à des vexations de la part de quelques blancs qui, moins instruits que lui et jaloux de son mérite, se plurent à lui faire sentir le poids du préjugé de la couleur. M. de Bellecombe était alors gouverneur général : cet homme juste et généreux, qui venait de garantir aux nègres fugitifs établis dans la montagne de Bahoruco, une liberté acquise par leur courage, engagea J. Raymond à retourner en France pour y plaider la cause de sa classe. Riche propriétaire, il se dévoua à cette œuvre et se rendit à Paris, en 1784 ; et bientôt, M. de Bellecombe, relevé de ses fonctions à Saint-Domingue, y fut aussi. Ce général le présenta au maréchal de Castries, alors ministre de la marine et des colonies, à qui J. Raymond remit un mémoire où il exposait la condition avilissante de la classe des affranchis. La révolution étant survenue, il se joignit à Vincent Ogé et aux autres hommes de couleur et aux *Amis des noirs*, à Brissot surtout, pour faire admettre les réclamations des affranchis à l'assemblée nationale : il fit beaucoup d'écrits à cette époque, dans le but qu'il poursuivait. C'était néanmoins un esprit systématique, ne connaissant que les formes légales, recommandant sans cesse aux affranchis de prendre *patience* et de tout attendre de la *justice* et de la *générosité* de l'assemblée nationale, ne comprenant peut-être pas la portée de la révolution qui s'opérait à Saint-Domingue. Il y a joué un rôle politique, et nous en parlerons encore.

de femmes européennes ou agréant peu quelques-unes qu'on leur avait envoyées de la métropole, *dont les vertus paraissaient plus que suspectes*, ces hommes grossiers s'attachaient à des filles de couleur ou à des africaines qu'ils prirent pour compagnes de leurs plaisirs. Ces femmes prenaient soin d'eux et partageaient leurs travaux et leur condition : de là l'attachement que ces premiers colons eurent pour les enfans mulâtres nés de cette cohabitation. Ce fut là l'origine, la cause, les motifs de l'édit de 1685 par lequel Louis XIV autorisa le mariage légitime entre les deux races : édit provoqué du reste par les administrateurs des colonies et les conseils supérieurs qui, à cette époque reculée, où l'on ne comptait qu'environ 500 affranchis, étaient favorables à cette classe.

J. Raymond ajoute que : « Les colonies, un peu avant
» la guerre de 1744, avaient fixé davantage les yeux de
» la métropole, parce qu'elles produisaient déjà beau-
» coup. Il y passa beaucoup d'Européens; les femmes
» même franchirent les mers en grand nombre, pour
» y chercher la fortune dont elles étaient dépourvues ;
» des mères y menèrent leurs filles pour les marier à de
» riches colons. Leurs vœux furent souvent trompés.
» Comme elles venaient sans fortune, bien des jeunes
» gens qui passaient dans les colonies pour y acquérir
» des richesses, préféraient d'épouser des filles de cou-
» leur qui leur portaient en dot des terres et des escla-
» ves qu'ils faisaient valoir. Ces préférences commencè-
» rent à donner de la jalousie aux femmes blanches.
» *Inde iræ*. Ces jalousies se changèrent en haine. On
» voyait alors beaucoup de jeunes gens de famille et un
» grand nombre de cadets de noblesse épouser des filles
» de couleur dont les parens étaient devenus riches, et

» se trouver, par ce moyen, aisés et à même d'augmenter
» leurs fortunes... Une partie des enfans de couleur
» qui résultèrent de ces mariages et associations était
» envoyée en France par leurs pères, soit pour les faire
» élever, soit pour leur faire apprendre des professions
» analogues aux facultés de leurs parens.

» La paix de 1749 attira dans les îles un grand nom-
» bre de familles blanches qui adoptèrent bientôt le
» ressentiment et le préjugé que les anciens blancs com-
» mençaient à manifester contre les gens de couleur, et
» que leurs fortunes croissantes ne faisaient qu'aug-
» menter.

» La paix de 1763 lui donna de nouvelles forces. A
» cette époque, on vit revenir dans les colonies toute
» cette jeunesse de couleur qui avait reçu une bonne
» éducation, dont plusieurs avaient servi dans la maison
» du roi, et comme officiers dans différens régimens.

» Les talens, les qualités, les grâces, et les connais-
» sances que la plupart des ces jeunes gens possédaient,
» et qui faisaient la censure des vices et de l'ignorance
» des blancs des îles, furent la cause même de l'avilis-
» sement où on les jeta. *Les sots ne pardonnent pas l'es-*
» *prit, ni les tyrans la vertu.* Aux humiliations dont les
» blancs accablèrent cette jeunesse de couleur, ils cher-
» chèrent à joindre des lois oppressives qui sanction-
» nassent ces opprobres, qui étouffassent tous les talens
» et l'industrie de cette classe.

» Il y avait, comme je l'ai dit, à Saint-Domingue, une
» grande quantité de blancs mariés à des personnes de
» couleur. On accabla ces blancs de si cruels mépris,
» qu'on arrêta subitement ces associations dictées par la
» nature des lieux, et qui auraient fait rapidement peu-

» pler et prospérer ces îles. Vous observerez combien
» une pareille marche a dû faire propager le *concubi-*
» *nage*, dont les blancs veulent faire rejaillir maintenant
» la peine sur les fruits innocens qui en sont provenus.

» Plusieurs blancs ayant eu des enfans avec des filles
» de couleur, voulant s'arracher, eux et leurs enfans, à
» ce mépris injuste, s'établirent en France avec elles, et
» par un nouveau mariage, ils légitimèrent leurs en-
» fans. Qu'imagina *la jalousie des blancs ? On surprit* un
» arrêt du conseil qui défend ces mariages, *même en*
» *France;* et depuis, on vit des curés, à Paris, refuser
» de marier ici des hommes de couleur avec des blan-
» ches. »

« Que dire de l'arrêt du conseil, du 5 avril 1778
» (sous Louis XVI), par lequel — S. M. étant informée
» que quelques-uns des *noirs* de l'un et de l'autre sexe,
» qui se trouvaient *en France* avant l'édit du 9 août 1777
» (sous le même roi), par lequel *l'entrée* du royaume leur
» est *interdite*, se proposaient *de contracter mariage avec*
» *des blancs*, ce qui serait contraire au *bon ordre* de tolé-
» rer, *fait défense* à tous ses sujets *blancs*, de l'un et de
» l'autre sexe, *de contracter mariage avec les noirs, mu-*
» *lâtres, ou autres gens de couleur* [1].

On peut dire, comme on peut prouver par des actes

---

[1] M. Lepelletier de Saint-Rémy, tome 1er page 107, extrait du tome 5 des *Lois et constitutions des colonies*, page 821. Cet édit ou déclaration du 9 août 1777, fait connaître qui a *provoqué* de l'autorité royale la défense faite aux noirs et aux mulâtres d'entrer en France. Dans ses considérans, il est dit : « Il nous a donc paru qu'il *étoit de notre sagesse de déférer aux sollicitations*
» *des habitans de nos colonies, en défendant l'entrée de notre royaume à tous*
» *les noirs*, etc.

officiels, que le gouvernement royal a aggravé la condition des affranchis, et par conséquent celle des esclaves ; car si l'on ne voulait pas favoriser les premiers, c'était pour pouvoir river encore plus les fers des autres. Mais, il est avéré aussi, d'après le témoignage d'Hilliard d'Auberteuil, que les créoles blancs résidans en France, y poursuivaient les hommes de couleur de leur haine et de leurs préjugés. Au commencement de la révolution, les colons n'ont que trop redoublé d'intrigues pour égarer l'opinion publique qui s'y montrait favorable à l'émancipation politique de cette classe. C'est donc à ces colons, créoles ou Européens, devenus riches et puissans, enorgueillis de leur position sociale dans ces contrées où la main de l'esclave faisait fructifier les terres, que l'Africain et ses descendans ont dû leur avilissement.

Que les colons français aient trouvé l'esclavage établi *en fait* à Saint-Domingue déjà colonisé par les Espagnols, c'est ce que personne ne révoque en doute. Qu'ils aient profité de ce fait accompli, qu'ils l'aient maintenu et empiré, étant guidés par l'intérêt et la cupidité, c'est ce que personne ne peut non plus contester.

Moreau de Saint-Méry qui, dans son précieux ouvrage sur Saint-Domingue, a compati plus d'une fois au sort des esclaves et des affranchis, et qui s'est plu à citer des faits honorables pour les uns et pour les autres, dit aussi :

« La première observation qu'inspire l'existence de
» cette classe (les affranchis), c'est que ce fut au sein de
» la *France* qu'on fit des lois pour le maintien de la ser-
» vitude des Africains en Amérique ; que ce fut la *France*
» qui songea à s'approprier les produits du commerce de
» la traite des noirs qu'il est même interdit aux colo-

» nies de faire directement ; que le gain de ce privilége
» exclusif a été pour la *France*, et que les *colons* ne doi-
» vent qu'à eux seuls *l'idée de l'affranchissement*, de ce
» pacte heureux qui rétablit un esclave dans les droits
» de l'humanité, qui donne au maître le moyen de satis-
» faire sa justice ou un sentiment de générosité qui
» tourne au profit de l'esclave et qui ajoute à la force
» politique des colonies, etc. »

Si les colons français ont trouvé l'esclavage déjà établi par les Espagnols, ils ont trouvé aussi l'affranchissement en cours d'exécution, un siècle avant leur établissement à Saint-Domingue. Ce n'est donc pas à eux que l'on peut attribuer l'initiative de cette mesure réparatrice, qui rétablit un esclave dans *les droits* de l'humanité, mais aux Espagnols.

Mais, n'est-il pas vrai aussi que le code noir disait :

« Octroyons aux affranchis *les mêmes droits, priviléges*
» *et immunités* dont jouissent les personnes *nées libres;*
» voulons qu'ils méritent une liberté acquise, et qu'elle
» produise en eux, tant pour les personnes que pour
» leurs biens, *les mêmes effets* que le bonheur de la liberté
» naturelle cause *à nos autres sujets*. Déclarons les affran-
» chissemens faits dans nos îles leur tenir lieu de nais-
» sance dans nos îles ; et les esclaves affranchis n'avoir
» besoin de lettres de naturalité pour jouir des avanta-
» ges de nos autres sujets dans notre royaume, terres et
» pays de notre obéissance, encore qu'ils soient nés dans
» les pays étrangers. »

Ces dispositions libérales n'étaient autre chose que l'adoption par le monarque français, des dispositions des lois espagnoles du 15 avril 1540, 31 mars 1563, 26 octobre 1641.

Que voulait donc le code noir, dans cette partie si favorable à l'affranchissement des esclaves? Evidemment, la fusion des deux races d'hommes qui habitaient les colonies françaises, par les avantages accordés à ceux qui parvenaient à la liberté. En cela, ce code développait les principes du christianisme qui enseigne aux hommes à se considérer comme des frères; plusieurs de ses articles témoignent de cette louable préoccupation du législateur, notamment celui qui est relatif à l'observation des dimanches et des fêtes, où le maître ne pouvait, ou plutôt ne devait exiger aucun travail de ses esclaves, et celui qui prescrivait le mariage entre l'homme libre et la femme esclave dont il aurait eu des enfans.

Mais, si les premiers administrateurs des colonies se montrèrent disposés à seconder les vues du gouvernement royal à cet égard, leurs successeurs ne furent que trop empressés à adopter les préjugés nés dans ces pays lointains, par l'effet de cette corruption morale que l'esclavage engendre. La plupart d'entre eux, partageant les idées matérialistes qui ont signalé le siècle de Louis XV, étant grevés de dettes ou officiers sans fortune, avaient un intérêt puissant à favoriser les injustices des colons. On peut même dire qu'à mesure que les sentimens religieux perdaient de leur empire dans la nation française, tous les vices qui résultent de l'égoïsme, de la cupidité, de l'avarice, gagnaient les cœurs des dominateurs des colonies. Pour s'en convaincre, il suffit de comparer les colonies françaises à celles de l'Espagne, où les hommes de la race africaine ont toujours été mieux traités, par l'influence de la religion [1]. Et de nos jours, n'est-ce pas à

---

[1] « Il est bien constant que les Espagnols n'ont jamais connu les distinctions
» de couleur; car, dans les possessions espagnoles, les blancs, les hommes de

l'esprit religieux que la Grande-Bretagne a dû l'honneur d'être entrée si franchement, si libéralement dans la voie de l'émancipation de cette race? La commission française, formée en 1840, a démontré cette vérité d'une manière incontestable, dans son lumineux rapport de 1843. Mais, si les prêtres catholiques eux-mêmes, à Saint-Domingue, oublièrent leur mission sur la terre pour devenir possesseurs d'esclaves, pour pratiquer tous les vices qui régnaient dans cette colonie, il est pas étonnant que les gouverneurs, les intendans, les magistrats aient subi l'influence de l'atmosphère corruptrice où ils vivaient.

Lorsqu'on lit les réflexions judicieuses de Moreau de Saint-Méry, sur les actes qui honorent les hommes de la race noire, qu'il reconnaît susceptibles de sentimens élevés, en qui il démontre l'intelligence qu'on leur déniait [1], lorsqu'on lit les passages où cet esprit éclairé proclame l'utilité de ces hommes pour la prospérité matérielle des colonies, leur dévouement à la métropole et à Saint-Domingue même, on ne peut que déplorer l'aveuglement du préjugé de la couleur (qui dégrade encore plus ceux qui s'en font une sorte de religion politique que ceux qui en sont l'objet), en apprenant qu'il n'a pas montré dans sa conduite, en France,

---

» ... et les noirs libres parviennent indistinctement aux emplois civils,
» militaires, et même ecclésiastiques; car il y a *des noirs* revêtus de l'épiscopat
» dans leurs possessions de l'Amérique du Sud. » (Paroles de Sonthonax aux Débats, t. 2, p. 112.)

[1] « Des hommes, dit-il, tels que Lasneau (mulâtre) accusent de rigueur un
» *préjugé* qui ne leur permet jamais, ni à leur descendance, l'espoir de se con-
» fondre avec ceux dont une noble et généreuse hospitalité, et une conduite
» que tout le monde estime, les rapproche sans cesse. » (Description de Saint-Domingue, t. 2, p. 794.)

cette sensibilité dont il a fait preuve dans son ouvrage

En effet, Moreau de Saint-Méry s'est réuni aux autres colons du *club Massiac*, à Paris, et aux membres de la députation coloniale, pour s'opposer aux démarches que faisaient, auprès de l'assemblée nationale constituante, les commissaires des affranchis, dans le but d'obtenir leur assimilation aux blancs, comme le voulait le code noir. Dans le bureau de la députation particulière de Saint-Domingue, en 1789, il a protesté contre l'imputation qui lui avait été faite, de s'être montré favorable à l'abolition de la traite et à l'affranchissement des esclaves, en faisant remarquer qu'il n'avait pas fait la motion, *même pour améliorer leur sort*. Il s'est fait ensuite un mérite d'avoir réfuté le plaidoyer de l'abbé Grégoire en faveur de l'admission des gens de couleur à l'assemblée nationale ; il a encore publié des écrits contre la société des *Amis des noirs*, dans le même but.

Eh bien ! que prouve cette conduite indigne d'un homme éclairé ?

C'est que les colons, créoles ou Européens, comme nous l'avons dit, ont toujours été les persécuteurs de la race noire, les provocateurs des actes de la métropole par lesquels la condition malheureuse de cette race s'est de plus en plus aggravée.

Moreau de Saint-Méry était créole et député de la Martinique, membre du conseil supérieur de Saint-Domingue, propriétaire dans ces deux îles, par conséquent colon, d'un de ces privilégiés de la peau [1] qui,

---

[1] Dans l'avertissement mis en tête d'une adresse de la société des *Amis des noirs* à l'assemblée nationale, en date du 4 avril 1791, Clavière, membre de cette société, dit :

« Nous dévoilerons complétement *ce colon* (Moreau de Saint-Méry) *dont les*

malgré leurs lumières, subissaient l'influence du préjugé qu'il dénonçait lui-même à la raison, étant intéressé au maintien de la condition servile des opprimés : il n'admettait aucune transaction avec le siècle éclairé qui appelait tous les hommes à une complète régénération.

Moreau de Saint-Méry, enfin, était de la classe des Cocherel[1], des Boursel, des Hilliard d'Auberteuil, des Gouy d'Arcy, des Page, des Brulley, des Dillon, des Pons, etc., etc. Ce dernier disait, dans une brochure qu'il a publiée en 1790 :

« Les efforts de la société des *Amis des noirs*, dont
» l'enthousiasme mal entendu trouvait dans les *principes* de l'assemblée nationale, les moyens de propager
» sa doctrine, ajoutaient encore aux dangers auxquels
» nous étions exposés. Les colonies ne peuvent exister
» *sans la traite*; l'expérience a démontré que leur destruction totale serait la suite de *l'affranchissement des*
» *noirs...* »

C'était le règne des principes que redoutaient les colons ! Aussi ont-ils mis tout en œuvre pour faire comprendre à l'assemblée nationale constituante que la

---

» *traits du visage et la couleur de la peau font soupçonner une double trahison : celle des droits de l'homme et de ses frères* proprement dits..... » Et en note : « Si *le sang africain* ne coule pas dans les veines de M. Moreau, ce » qui est *problématique*, etc. »

[1] Brissot, adressant une lettre à Barnave, en novembre 1790, y dit :
« Il est tel député des îles à l'assemblée nationale (MM. Moreau de Saint-
» Méry et Cocherel, par exemple), qu'il est impossible de distinguer des *mulâtres*. On m'assure que dans les assemblées coloniales, et dans les places les
» plus distinguées, il existe de vrais sang-mêlés, mais qui ont su déguiser
» leur origine. Croirait-on que *ces frères des mulâtres* sont les plus ardens et
» les plus hautains de leurs ennemis?..... »

Cela se conçoit fort bien, parce que, déguisant leur origine, ils se montraient plus acharnés, pour que l'on ne pût pas les soupçonner : calcul infâme, mais logique!

déclaration des droits de l'homme ne pouvait être invoquée ni à Saint-Domingue ni dans les autres colonies françaises, sans les perdre à jamais. De même qu'ils importunaient de leurs cris, de leurs clameurs, l'autorité royale dans l'ancien régime, de même ils ont intrigué auprès des législateurs de la France, pour entraver les généreuses dispositions que beaucoup d'entre eux montraient en faveur des opprimés.

Les colons n'y ont que trop bien réussi pour leur malheur. Contre leur gré, aveugles et passionnés, ils sont devenus les instrumens de la Providence qui veillait au salut de ses créatures. Le triomphe de la race noire a été le résultat de la longue injustice du régime colonial. On l'a contrainte de recourir aux armes, et les colons, leurs propriétés et leurs richesses ont disparu de cette terre si longtemps abreuvée de larmes et de sang.

Tout y a disparu, même l'autorité, la souveraineté de la France !

Et à qui la faute ?...

Mais, n'anticipons pas sur les événemens. Les faits viendront en leur lieu démontrer les torts de l'entreprise qui a provoqué l'énergique résolution de rendre Saint-Domingue indépendant de la France ; et alors, loin de regretter qu'un méprisant défi ait été jeté ainsi à toute la race africaine jugée indigne de la liberté, nous applaudirons à cette pensée d'un Génie extraordinaire, irrésistiblement amené à faciliter l'accomplissement des desseins de la divine Providence sur cette race. Car, qui peut ne pas voir la volonté de Dieu dans les étonnantes mesures employées à cette époque ? D'ailleurs, est-il un seul peuple dans le monde qui soit parvenu à se régénérer, sans passer par des vicissitudes effroyables [1] ?

VIII.

Aux notions générales que nous avons exposées sur l'état politique de Saint-Domingue, et qui sont bien propres à faire concevoir que toutes les classes de la population devaient éprouver le désir d'un changement dans la situation des choses; aux aperçus que nous avons donnés sur la composition, sur les mœurs de cette population en général, sur son chiffre total, joignons les remarques particulières faites dans l'ancien régime, sur

---

[1] « J'ai à me reprocher une tentative sur cette colonie lors du Consulat. C'était une grande faute que d'avoir voulu la soumettre par la force; je devais me contenter de la gouverner par l'intermédiaire de Toussaint..... » L'Empereur avait d'autant plus à se reprocher cette faute, disait-il, qu'il l'avait vue et qu'elle était contre son inclination. Il n'avait fait que céder à l'opinion du Conseil d'État et à celle de ses ministres, *entraînés par les criailleries des colons*, qui formaient à Paris un gros parti, et qui de plus, ajoutait-il, étaient presque tous royalistes et vendus à la faction anglaise. » (Mémorial de Sainte-Hélène.)

« Une des plus grandes folies que j'aie faites, a continué l'Empereur, a été d'envoyer cette armée à Saint-Domingue. J'aurais dû ôter pour toujours la possibilité d'y parvenir. Je commis une grande erreur, une grande faute en ne déclarant pas Saint-Domingue libre, en ne reconnaissant pas le gouvernement des hommes de couleur..... Si je l'eusse fait, j'aurais agi d'une manière plus conforme aux principes de ma politique..... L'indépendance de Saint-Domingue une fois reconnue, je n'aurais pu y envoyer une armée pendant la paix; mais lorsque la paix fut signée, *les anciens colons, les marchands et les spéculateurs* m'assiégèrent continuellement de leurs demandes; en un mot, la nation avait *la rage* de recouvrer Saint-Domingue, et je fus forcé d'y céder. Mais si avant la paix j'eusse reconnu les noirs, je me serais trouvé autorisé par là à refuser de faire aucune tentative pour reprendre cette colonie, puisqu'en cherchant à la recouvrer j'agissais contre mon propre jugement. » (O'Méara, Napoléon dans l'exil.)

Ces aveux honorent la mémoire de l'Empereur Napoléon 1er : ils font savoir que les colons furent toujours les provocateurs des rigueurs employées contre la race noire.

De notre côté, nous prouverons que le régime de fer établi par Toussaint Louverture dès la fin de l'année 1800, sous l'inspiration des colons, contribua beaucoup à la conception de l'expédition de 1802.

l'état plus ou moins prospère de chacune des provinces de cette colonie, sur les inclinations et les idées régnantes dans chacune d'elles. Elles trouveront leur application dans la suite ; et peut-être expliqueront-elles les causes des événemens accomplis dans ces localités.

Complétons ces renseignemens par ceux fournis sur les productions, sur le commerce et sur les finances de cette colonie, en 1789.

Le territoire de Saint-Domingue français était divisé en trois parties ou provinces : celle du Nord, celle de l'Ouest et celle du Sud. Ce territoire comprenait une surface d'environ 2,000 lieues carrées, tandis que la colonie espagnole représentait une superficie de 3,200 lieues carrées. Il était subdivisé en 52 paroisses portant plus tard le nom de communes.

La partie du Nord était évaluée à 480 lieues carrées : il y avait 21 paroisses.

La partie de l'Ouest, à 820 lieues carrées, comprenant 17 paroisses.

La partie du Sud, à 700 lieues carrées, ayant 14 paroisses.

« La partie du Nord, dit Moreau de Saint-Méry, a des avantages réels sur celles de l'Ouest et du Sud. Il en est qui tiennent à la nature de son sol et de son climat, et d'autres qui sont dus à sa position géographique. Parmi les premiers, on doit compter celui d'avoir beaucoup de rivières, de ruisseaux, de ravins, et de recevoir des pluies réglées... Le sol de cette partie est généralement plus productif que celui des deux autres... Ce n'est pas qu'on ne trouve dans les parties de l'Ouest et du Sud, des terrains aussi fertiles que dans celle du Nord, mais ils veulent toujours l'arrosement... L'avantage géographique de la partie du Nord, c'est de se trouver placée au vent des deux autres... Le Cap reçoit et attire plus de bâtimens que les autres ports de la colonie... Les denrées y sont avantageusement vendues... La circulation du numéraire y est plus rapide qu'ailleurs, et l'industrie, quelque forme qu'elle veuille prendre, est presque sûre d'y être encouragée.

» La partie du Nord est la première que les Français aient établie, et elle est encore la plus importante par sa situation, militairement parlant, par ses richesses et par sa population. On peut y compter à peu près 16,000 blancs de tout âge, dont *plus des deux tiers* sont du *sexe masculin;* 9,000 gens de couleur libres, presqu'en nombre *égal dans chaque sexe;* et 170,000 esclaves, parmi lesquels le rapport des *nègres* est à celui des *négresses,* comme 9 est à 7. *Les nègres,* en général, *y sont plus industrieux et mieux traités.* La culture est aussi poussée plus loin dans le Nord, et l'art de fabriquer le sucre y a fait des progrès qu'on n'égale point encore dans le reste de la colonie. Il faut dire de plus, parce que c'est la vérité, qu'on y trouve *une plus grande sociabilité et des dehors plus polis.* Il y a même une sorte de *rivalité jalouse,* de la part de l'Ouest et du Sud à cet égard, et elle servirait, au besoin, de preuve à cette observation. La plus grande fréquentation des bâtimens européens y place les premiers succès de la mode; et partout où il y a des Français, la mode a ses adorateurs. Le luxe y a donc un culte très-suivi, et c'est du Cap, comme d'un centre, qu'il répand ses jouissances et ses maux...

» La partie de l'Ouest, contenant le Port-au-Prince, qui est la capitale de la colonie, elle renferme ainsi le siége principal du gouvernement et de l'administration générale...

» Si la partie de l'Ouest est obligée de reconnaître la supériorité de la partie du Nord sur elle, cette supériorité, elle l'exerce à son tour sur la partie du Sud. Moins éloignée qu'elle de l'abord des vaisseaux venant d'Europe; moins dangereusement placée durant la guerre, parce qu'elle n'est pas aussi voisine de la Jamaïque; plus et mieux cultivée; ayant dans son étendue le siège du gouvernement, la résidence d'une cour souveraine, la garnison habituelle d'un régiment, elle tire de ces circonstances, qui produisent une plus grande réunion d'individus, et par conséquent plus de consommateurs, des avantages dont la partie du Sud est privée...

» Les 820 lieues carrées de la surface de la partie de l'Ouest contiennent à peu près 14,000 blancs de tout âge, dont *deux tiers* sont du *sexe masculin*; 12,500 gens de couleur libres, dont *les neuf seizièmes* sont du *sexe masculin*; et 168,000 esclaves, parmi lesquels le rapport des *nègres* est à celui des *négresses*, à peu près comme 8 est à 7. Il résulte de ce calcul que la population totale de la partie de l'Ouest peut être considérée comme égale à celle de la partie du Nord, mais avec cette différence que cette dernière n'a que les trois cinquièmes de la surface de l'autre...

» La partie du Sud, prise en masse, a été la dernière établie des trois de la colonie... Aujourd'hui (1789) la partie du Sud a réellement un peu plus de 10,000 blancs, dont *les deux tiers sont mâles*; 6,500 affranchis [1],

---

[1] Au chiffre admis par Moreau de Saint-Méry pour la population de couleur, on trouve 28,000 âmes, tandis qu'il accuse 40,000 âmes pour la population blanche. L'intendant Marbois établissait pour la même année 1789, 26,600

dont *moitié* à peu près de chaque *sexe*; et 114,000 esclaves, dans la proportion de 8 *mâles* pour 7 femelles.

» Il est aisé de voir par ces résultats, que la partie du Sud n'est ni aussi peuplée ni aussi bien établie que les deux autres, puisqu'avec près de moitié de plus de la surface de la partie du Nord, elle n'a que les deux tiers de sa population, et qu'avec seulement un septième de surface de moins que celle de la partie de l'Ouest, elle n'a que les deux tiers de sa population. *L'opinion veut que son sol soit moins productif...*

» *Le fait vrai, c'est que la partie du Sud n'a jamais été aussi encouragée* que celles du Nord et de l'Ouest, et le désavantage de sa situation géographique sous le vent de ces deux autres et les dangers que le voisinage de la Jamaïque fait courir à son commerce pendant la guerre, *en sont les véritables causes...*

» C'est en quelque sorte au commerce *étranger* qu'elle doit ses premiers succès, et sans ce commerce, contre lequel les négocians de France ont poussé des cris, les avantages qu'ils vont maintenant y recueillir n'existeraient pas...

» L'espèce *d'abandon* où a été laissée la partie du Sud, y a produit des effets qui sont encore sensibles. La culture y est moins perfectionnée qu'ailleurs, parce

---

pour la première, et 35,400 pour la seconde. Celui-ci avouait 509,600 esclaves, et l'autre, seulement 452,000. Le fait est que le gouvernement colonial dissimulait toujours la population des affranchis et des esclaves, pour ne pas donner aux hommes éclairés parmi eux l'occasion de connaître leur vrai nombre. La société des *Amis des noirs* a prétendu, au contraire, que la classe des affranchis comptait de 40 à 45 mille âmes, et en cela elle a été d'accord avec les mulâtres instruits des faits et avec des blancs raisonnables qui ont écrit sur la matière, notamment le général Pamphile de Lacroix. M. Lepelletier de Saint-Rémy avoue également qu'on accusait un chiffre *volontairement erroné*, et il s'accorde avec celui fourni par Moreau de Saint-Méry.

que les forces cultivatrices y manquent et parce que les denrées n'y obtiennent pas un prix aussi avantageux...

» Les *mœurs* de la partie du Sud ont un caractère qui les fait *différer* en plusieurs choses, des mœurs du reste de la colonie. Il me semble qu'elles ont, surtout dans la bande méridionale, moins d'analogie avec ces dernières qu'avec celles des îles du Vent, et l'on peut faire la même observation dans *le langage créole*. Il est vrai qu'on trouve beaucoup de familles *martiniquaises d'origine* dans cette étendue. Les *nègres* y montrent aussi des *différences* dans leurs usages...

» *La plaine des Cayes* a un coup d'œil imposant... L'œil se promène avec plaisir sur une surface qui n'attend que *les regards du gouvernement* pour que ses produits accroissent de près des deux tiers... On ne peut se dissimuler que dans l'état présent des choses, la plaine des Cayes ne peut soutenir le parallèle avec les autres...

» *Les habitans de cette plaine* et ceux de toute la partie du Sud, *demandent* un conseil supérieur séant *aux Cayes*, et par conséquent le vœu de la colonie entière est d'en avoir *trois* au lieu d'un seul [1].

---

[1] Depuis 1701, il y avait deux conseils supérieurs ou cours de justice souveraines, l'un au Cap, l'autre à Léogane, et de là au Port-au-Prince. En 1787, celui du Cap fut supprimé et réuni à l'autre, sous le titre de *Conseil supérieur de Saint-Domingue*. Quelques velléités d'indépendance de la part de celui du Cap, sous le gouvernement de MM. de la Luzerne et de Marbois, avaient occasionné cette mesure provoquée par eux, d'accord avec M. de Lamardelle, procureur général au Port-au-Prince : de là l'irritation des colons du Nord contre ces trois personnages. En janvier 1790, l'assemblée provinciale du Cap le rétablit par l'initiative révolutionnaire. Excités par les anciens magistrats, des blancs de cette ville s'étaient rendus au Port-au-Prince, dès le mois d'octobre 1789, pour arrêter MM. de Marbois et de Lamardelle, qui eurent le temps de s'enfuir en France. M. de la Luzerne était alors ministre de la marine et des colonies. Les colons le dénoncèrent ensuite à l'assemblée nationale constituante.

» *Ils demandent* qu'on ajoute un 3ᵉ bataillon au régiment du Port-au-Prince, qui aura pour garnison les postes de la partie du Sud.

» *Ils demandent* aussi des écoles publiques et des moyens d'éducation.

» Et, s'il le faut, *ils offrent* de supporter la dépense que ces objets peuvent occasionner.

» *Ils observent*, à cet égard, que les octrois (droits d'exploration des denrées) perçus *aux Cayes*, s'élèvent à 800 mille livres, dont il ne reste que 280 mille livres dans la partie du Sud pour sa dépense, et que les frais de justice payés par elle *au Port-au-Prince*, s'élèvent à 300 mille livres, ce qui absorbe, et au-delà, la portion gardée. *Ils disent* que la dépense d'une cour souveraine et d'un bataillon donnerait *de la vie* à la partie du Sud et des convenances de plus d'un genre.... »

Voilà ce que constatait Moreau de Saint-Méry, des dispositions particulières à chacune des provinces de la colonie de Saint-Domingue, avant les premiers troubles occasionnés par la révolution de 1789.

On trouve encore dans un écrit anonyme, publié au commencement de 1790, et intitulé : *Lettre d'un citoyen du Port-au-Prince à un député à l'assemblée coloniale*, les passages suivans que nous transcrivons :

« Depuis que j'habite la colonie, j'entends, et ce n'est
» *pas sans raison*, tous les habitans de la partie du *Sud*
» *jeter les hauts cris...*

» ... Déterminez l'assemblée à porter un décret qui
» statue que toutes les denrées coloniales qui s'exporte-
» ront directement pour la métropole, des ports des

» Cayes, de Jérémie et de Saint-Louis, ne paieront que
» *le tiers* des droits imposés sur celles du crû des deux
» autres parties de la colonie...

» Je ne vois qu'une difficulté, c'est d'inspirer assez de
» *désintéressement* aux deux autres provinces de la colo-
» nie, pour les faire concourir à cet acte de *justice* en-
» vers celle du Sud. Mais, Monsieur, ne perdez pas de
» vue cette image agréable, — que la colonie ne forme
» qu'une famille composée de trois individus ; n'oubliez
» point que pendant la minorité de la cadette des filles,
» les tuteurs ont employé *tous les revenus* à doter les
» aînées ; aujourd'hui cette dernière a atteint sa majo-
» rité : *avant qu'elle le demande*, que les deux premières
» lui offrent un dédommagement qui lui fasse oublier
» *l'abandon* dans lequel on l'a laissée, et le peu de soins
» donnés à son éducation ; remarquez *qu'elle s'est aperçue*
» que depuis longtemps elle a très-peu participé *aux reve-*
» *nus communs*, et par un acte tel que celui que je vous
» propose, faites-lui oublier *ses prétentions* ou *ses droits ;*
» évitez *la scission ;* que les trois sœurs restent unies,
» qu'elles ne fassent qu'une maison, qu'un ensemble
» étroitement lié, et gémissez avec moi sur la colonie, si
» la dissension s'établissait, et si chacune d'elles voulait
» *régir ses biens à sa manière.* »

Suivant les états publiés par M. de Marbois, les principaux établissemens de Saint-Domingue présentaient, au
1ᵉʳ janvier 1789 :

451 habitations produisant 70 millions de livres pesant de sucre blanc.
341   »   93   »   de sucre brut.
2810   »   68   »   de café.
705   »   6   »   de coton.
3097   »   1   »   d'indigo.

Nous présentons ces chiffres de la production en nombre rond, en négligeant les autres produits.

La valeur totale des terres, bâtimens, plantations, etc., s'élevait à 1,500 millions de livres des colonies, valant un milliard de livres tournois.

La valeur totale des produits exportés de la colonie, s'élevait à 193 millions.

Celle des marchandises reçues de la métropole et des pays étrangers, particulièrement des Etats-Unis, montait à 200 millions.

Ce mouvement commercial occupait plus de 700 navires nationaux et autant de navires étrangers, mais ceux-ci d'un tonnage moindre que les premiers.

Les recettes diverses de la colonie, classées en différens chapitres, montaient à près de 15 millions de livres ou 10 millions de francs, sur lesquelles les droits d'octroi ou d'exportation des denrées, s'élevaient à 7 millions de livres.

Les dépenses générales étaient de 13 millions de livres.

Il était dû aux diverses caisses de la colonie, par les agens comptables retardataires, environ 9 millions de livres, et cet exercice de 1788 laissait à la disposition du trésor une somme de plus d'un million en réserve.

Lorsque M. Barbé de Marbois prit charge, en novembre 1785, les comptables devaient plus de 15 millions de livres : le désordre le plus complet régnait dans cette partie de l'administration coloniale. Cet homme éclairé, intègre et d'une fermeté inébranlable, réussit à débrouiller ce chaos, en contraignant les agens infidèles à rendre leurs comptes et à verser une portion notable de ce qu'ils devaient. Il put ainsi acquitter toutes les dettes de la colonie et payer tous les achats et les services divers au comptant, après avoir construit une foule d'édifices publics, élevé des monumens dans l'intérêt général. Mais il devint odieux à la plupart des comptables et à ceux qui profitaient de leur mauvaise gestion. Sa rigidité si louable, autant que la réunion des deux conseils supérieurs en un seul, contribua à lui valoir cette haine de la part des colons, ceux du Nord surtout, qui l'obligèrent à quitter Saint-Domingue.

Les corps populaires, municipalités, assemblées provinciales et assemblées coloniales, qui s'emparèrent alors de la direction des affaires, ne tardèrent pas à occasionner un gaspillage affreux des deniers publics. En septembre 1792, après trois années d'agitations et de troubles, il avait été déjà tiré, sur la métropole, des traites pour la valeur de 60 millions de livres.

On conçoit facilement que les événemens si graves qui s'accomplirent durant la période révolutionnaire, étaient peu propres à inspirer de l'intégrité aux administrateurs financiers de la colonie. La plupart d'entre eux s'en esquivèrent sans rendre aucun compte.

Ces données économiques nous suggèrent diverses observations.

D'abord, une chose qui frappe au premier coup-d'œil, c'est la disproportion qui existait dans la classe blanche, entre les hommes et les femmes, de même que parmi les esclaves, tandis que les deux sexes étaient presqu'en nombre égal dans la classe des affranchis : de là l'accroissement rapide de cette dernière classe, puisque les blancs étaient obligés d'y prendre des compagnes ou des femmes noires esclaves dont les enfans, nés de cette habitude, augmentaient la classe intermédiaire. Et si le régime colonial n'avait pas défendu et avili l'union légitime des blancs avec les femmes de la race noire, cette classe se serait accrue davantage ; car on sait toute l'influence du mariage sur la population. C'est ce résultat prévu qui y mit obstacle, indépendamment du préjugé : système qui condamne également les vues étroites et l'injustice du gouvernement de la métropole, et la jalousie et l'égoïsme des colons. Et quant aux esclaves, on sait que la cause de l'inégalité entre les deux sexes était dans l'insatiable désir des colons de produire une plus grande quantité des denrées cultivées dans les colonies, les hommes introduits par la traite y étant plus propres que les femmes.

En second lieu, nous remarquons que l'immense production de la partie du Nord, ses richesses, sa population agglomérée sur une surface plus circonscrite, y ayant occasionné une plus grande sociabilité et plus de politesse que dans l'Ouest et le Sud, et excité une rivalité de la part de ces deux provinces, le germe des dissensions intestines que nous verrons éclater plus tard se trouvait dans cette disposition des esprits, parmi la population blanche d'abord, et ensuite dans la population colorée, par l'effet naturel des traditions locales.

Qu'on ne croie pas, cependant, que le Nord fût exempt lui-même de jalousie contre l'Ouest et le Sud. Ce sentiment naquit à la fondation du Port-au-Prince, ville créée pour être la capitale de la colonie, à cause de sa position centrale ; elle devint dès lors le siége du gouvernement, jadis fixé au Cap, bien que le Petit-Goave et Léogane eussent eu tour à tour le nom de capitale, avant l'établissement du Port-au-Prince. Ni l'une ni l'autre de ces petites villes de l'Ouest ne pouvaient avoir l'avenir de prospérité qu'offrait le Port-au-Prince, par sa proximité de la riche plaine du Cul-de-Sac : de là cette jalousie du Cap et de tout le Nord. Et la preuve de cette assertion, c'est que si, par des considérations qui tenaient à la défense militaire de la colonie, les gouverneurs généraux devaient habiter le Cap en temps de guerre maritime, il leur était néanmoins enjoint, recommandé par l'autorité ministérielle, d'y passer au moins quatre mois dans l'année pendant la paix [1]. La jalousie du Nord était la cause de ces instructions. Elle éclata plus particulièrement à la suppression de son conseil supérieur dont les membres, riches et influens sur l'opinion, étaient obligés d'aller siéger au Port-au-Prince : disposition absurde que prit le gouvernement royal, alors que la prospérité de la colonie eût dû faire sentir, au contraire, la nécessité de la création d'un nouveau conseil supérieur aux Cayes, pour rapprocher la justice des administrés.

La jalousie du Sud contre le Nord, étendue contre l'Ouest, trouva un nouvel aliment dans les plaintes des habitans du Cap à l'égard du Port-au-Prince. Chacune de ces trois provinces en était arrivée au point de considérer, qu'elles avaient pour ainsi dire des intérêts distincts, oubliant alors que Saint-Domingue, colonie française, était nécessairement soumis à cette loi, à ce principe *d'unité* qui a constitué la force de sa métropole. Cette fermentation des esprits était arrivée à son apogée, lorsque survinrent en France les premiers troubles révolutionnaires. La formation de l'assemblée générale de Saint-Marc, composée des planteurs les plus influens, contribua à arrêter ce mouvement désordonné des esprits. Mais ce fut aux dépens de la métropole que cette assem-

---

[1] Moreau de Saint-Méry, tome 1er, page 494.

blée reconstitua l'union entre les trois provinces de la colonie. Sous prétexte de la réforme des abus du gouvernement colonial, elle ne visait qu'à la direction politique de Saint-Domingue en dehors de toute influence de la métropole, et même à son indépendance de la France, à l'instar des anciennes colonies anglaises de l'Amérique septentrionale.

Dès ses premiers pas dans cette voie, elle heurta tous ceux qui profitaient des abus de l'ancien régime. L'assemblée provinciale du Nord, siégeant au Cap, étant composée principalement des gens de justice, des employés du gouvernement et des commerçans, fut effrayée des tendances des planteurs. Par une lettre du 24 décembre 1789, elle les avait bien excités à prendre une position indépendante de l'assemblée nationale constituante; mais elle ne sut aucun gré à l'assemblée générale de prétendre à réformer les abus existans dans l'ordre judiciaire, dans l'administration des finances; ou plutôt, elle comprit que les planteurs ne justifieraient point leurs prétentions à cet égard. Une scission éclata entre ces deux corps populaires. Le gouvernement colonial saisit habilement cette circonstance et appuya l'assemblée provinciale du Cap. Celles de l'Ouest et du Sud, où dominaient d'autres planteurs, se dévouèrent entièrement aux vues de l'assemblée générale qui, croyant à la puissance de cet appui, ne mit aucune borne à ses prétentions.

De ce conflit, de cette division des esprits, résultèrent des mesures militaires de la part du gouvernement colonial, pour appuyer la dissolution de l'assemblée générale qu'il ordonna. Une simple démonstration suffit pour porter 85 de ses membres à s'embarquer pour se rendre en France et former leurs plaintes à l'assemblée nationale constituante.

Mais avant de se dissoudre, l'assemblée générale avait fait un appel à tous les habitans propriétaires. Ce furent ceux du Sud surtout qui se hâtèrent d'y répondre, en se confédérant avec quelques paroisses de l'Ouest, en se portant en armes jusqu'à Léogane, où ils apprirent le départ des membres de l'assemblée générale. De là, ils notifièrent au gouverneur, comte de Peinier, une sorte de protestation formulée en articles, contenant leurs conditions et leurs réserves. La modération de cet officier général, appuyée toutefois de la menace qu'il leur fit de diriger des forces contre eux, les porta à dissoudre leur armée; mais ils maintinrent le principe de leur confédération.

En remontant aux premiers temps de la colonie, on pourrait expliquer cette facilité, cette promptitude à s'armer, à se révolter contre le gouvernement colonial, de la part des habitans de ces localités, par les précédens qui eurent lieu lors de la révolte contre la compagnie monopoleuse des Indes, et à propos de la formation des milices, sous le prince de Rohan.

Eh bien! en observant encore le cours des événemens, ne voit-on pas naître de cette idée de *confédération armée*, dite *de Léogane*, le conseil *de sûreté et d'exécution de la Grande-Anse*, vraie confédération armée entre les paroisses de cette partie du Sud, organisée contre l'autorité nationale, suivant les erremens des planteurs de l'assemblée générale de Saint-Marc, et livrant la ville de Jérémie aux Anglais, en 1793 [1]?

---

[1] Voyez le 2ᵉ volume du Rapport de Garran, p. 517, sur la tendance du Sud à l'isolement.

Veut-on une preuve de plus, de l'influence des traditions locales ? Nous allons la fournir.

A ce sujet, on peut certainement ajouter aux observations de Moreau de Saint-Méry, sur les noirs de la partie du Nord, qu'il représente comme *plus industrieux* que ceux du reste de l'ancienne colonie, et *mieux traités* par les colons, que ces hommes participaient réellement de la sociabilité, de la politesse des blancs. Cela résultait aussi de ce que le Nord ayant été établi plus tôt que les deux autres provinces, la richesse des colons y étant plus grande, le commerce plus florissant, il s'ensuivit que les filles des planteurs furent recherchées en mariage, dans la métropole comme dans la colonie, par un grand nombre de nobles, chefs de ces familles considérables qui possédaient les plus belles propriétés de cette province. Le ton, les manières distinguées de ces nobles, leur luxe, leur politesse s'étendirent des maîtres aux esclaves, et furent encore plus imités par la classe plus éclairée des affranchis. De là ce ton, ces manières *aristocratiques* qu'on a toujours remarquées parmi les hommes du Nord, et qu'on a vues influer sur le gouvernement de Toussaint Louverture, sur celui de Henri Christophe surtout. Ces habitudes ont même exercé leur empire sur l'organisation de la révolte des esclaves du Nord, placés sous le commandement de Jean François et de Biassou. Ces deux chefs prirent des titres fastueux, se décorèrent de cordons, de croix de Saint-Louis, excités encore à ces étrangetés par les contre-révolutionnaires français et par les agens du gouvernement espagnol. Ogé acheta en France une croix de l'ordre de mérite du Lion de Limbourg, pour simuler celle des chevaliers de Saint-Louis.

Avant la révolution coloniale, on citait avec raison une foule de noirs parmi les affranchis du Nord, chefs de familles respectables, presque toutes liées en légitime mariage, offrant des sujets distingués, des hommes éclairés, ayant de la représentation, de la dignité dans les manières comme de la régularité dans les mœurs, mais ayant aussi des inclinations aristocratiques. M. de Saint-Méry parle avec éloge de plusieurs d'entre eux qui, à des titres différens, méritèrent toujours la considération publique même de la part des blancs. Il cite nommément deux noirs, Vincent Ollivier et Étienne Auba, qui, étant devenus capitaines des milices de leur couleur, dans les paroisses qu'ils habitaient, eurent la faculté de porter *l'épée du roi* (sic) jusqu'à leur mort arrivée à un âge avancé, et obtinrent même une pension viagère sur les fonds coloniaux [1]. Ces exemples vivans d'une respectabilité acquise par une conduite honorable, contribuèrent beaucoup à la pureté des mœurs que nous venons de signaler.

Mais dans l'Ouest et dans le Sud, où l'aristocratie des blancs avait moins de représentans, où les mulâtres étaient plus nombreux, c'est dans cette classe qu'on remarquait des hommes plus éclairés, des familles respectables par leurs mœurs, étant la plupart mariées comme les affranchis du Nord. Ce sont ces familles qui envoyaient le plus d'enfans en France pour recevoir une éducation libérale. Qu'on ne s'attende pas à trouver, dans l'ouvrage de M. de Saint-Méry, la mention de ces

---

[1] Vincent Ollivier mourut à la Grande-Rivière, à l'âge de 120 ans, et Etienne Auba, à l'âge de 98 ans. (Voyez M. de Saint-Méry, t. 1er, p. 179 et 224.) A cause de sa haute stature, Vincent Ollivier fut présenté à Louis XIV : il fit ensuite les guerres d'Allemagne, sous Villars.

individus. Par tout ce que nous avons dit de ce colon à la couleur douteuse (selon l'assertion de Clavière), agissant contre cette classe en France, on concevra facilement les motifs de son silence à cet égard. Il n'a fait que deux exceptions : celle de Lasneau que nous avons déjà citée, et en parlant de Julien Raymond, qui était habitant d'Aquin [1]. Il se garde, par exemple, de citer, entre beaucoup d'autres, ce Guillaume Labadie, vieillard septuagénaire, que des colons tentèrent de tuer, huit jours après avoir tranché la tête de Ferrand de Baudières. Guillaume Labadie, dans l'ancien régime même, était surnommé *le Vénérable*, à cause de la pureté de ses mœurs, de ses lumières [2], et de son hospitalité généreuse envers *les petits blancs*. Il avait été officier de milice vers le milieu du XVIIIe siècle; il se vit retirer son brevet et interdire la faculté de porter *l'épée du roi*, tandis que dans le Nord, le gouvernement colonial l'autorisait avec raison, avec justice, en faveur de deux noirs. Dans la même année 1768, où cette injustice fut commise envers Labadie, elle eut également lieu envers Jacques Boury, Jacques Delaunay, Davesne et plusieurs autres hommes de couleur qui avaient été, comme eux, officiers de milice.

Si, dans le Nord, les affranchis subissaient l'empire des idées *aristocratiques*, dans l'Ouest et dans le Sud, ils su-

---

[1] Tome 2, p. 618.
[2] « Cependant, dit Brissot dans une note de sa lettre à Barnave, en 1790, on peut dire aux blancs qu'il existe à Saint-Domingue même des mulâtres très-instruits, et qui ne sont jamais sortis de cette île. Je peux leur citer, par exemple, M. Labadie, vieillard respectable, qui doit à ses travaux et son intelligence dans la culture, une fortune immense. M. Labadie connaissait les sciences, l'astronomie, la physique, l'histoire ancienne et moderne, dans un temps où pas un blanc de la colonie n'était à l'A, B, C de ces sciences, etc.

bissaient celui des idées *démocratiques* que beaucoup d'entre eux avaient puisées dans leur éducation en Europe. C'étaient d'ailleurs les seules idées qui fussent conciliables avec leurs justes prétentions de parvenir à l'égalité des droits politiques dont jouissaient les blancs. Ils se pénétrèrent des principes de la révolution française dont *l'égalité* était la base, comme source de toute *justice*. Les chefs qu'ils se choisirent au début de la révolution avaient été presque tous élevés en France : ils étaient imbus de ces principes, d'abord en faveur de leur classe, pour arriver ensuite *graduellement* au même résultat, en faveur des esclaves de toutes couleurs. Cette marche méthodique leur était commandée par leur position, par la nature des choses, par les conseils de la société des *Amis des noirs*, pour ne pas effrayer, ni la métropole dont l'appui leur paraissait nécessaire, ni les colons eux-mêmes dont les intérêts menacés eussent été un obstacle invincible, puisque ces intérêts semblaient être liés à ceux de la France, pour la prospérité de son commerce et de sa navigation.

De ces observations fondées sur les faits antérieurs à la révolution, passons à un examen rapide de la conduite respective de Rigaud, homme du Sud, et de Toussaint Louverture, homme du Nord.

Que voyons-nous de la part de l'un et de l'autre?

A l'ancienneté de ses services dans la cause de la liberté, Rigaud avait réuni la mission de défendre la province du Sud contre les Anglais, sous le titre de *gouverneur général*. En l'autorisant encore, en l'excitant à arrêter Montbrun, *gouverneur général de l'Ouest*, Polvérel l'avait rendu en quelque sorte l'arbitre des événemens dans ces deux provinces : c'était du reste une nécessité des circonstances, quoiqu'il se fît un devoir de déférer aux ordres de Laveaux, officier européen, *gouverneur général de Saint-Domingue*. Mais Polvérel, dans sa méfiance contre Montbrun, et pour arriver à ce résultat, avait flatté inconsidérément, intentionnellement, la vanité et l'orgueil de Rigaud. Devenu simple *général de brigade* comme Bauvais, Toussaint Louverture et Villatte, mais toujours chargé de la défense du Sud, Rigaud s'est vu contraint de résister à l'injustice de Sonthonax qui, revenu en 1796 et par ressentiment contre les hommes de couleur en général, voulut le remplacer par Desfourneaux. Dans son étrange aveuglement, Sonthonax ayant élevé Toussaint Louverture, d'abord au grade de *général de division*, puis au rang de *général en chef* de l'armée coloniale, Rigaud, justement mécontent de cette partialité, s'est vu ensuite autorisé par Hédouville à désobéir à ce chef de l'armée. Pendant les dissensions qui s'ensuivirent entre ces deux rivaux, également ambitieux, également méritans par leurs brillans succès contre les ennemis de la France, Rigaud a encore vu une partialité coupable de la part de Roume pour son concurrent.

Subissant alors, malgré lui, peut-être même à son insu, l'influence de la jalousie traditionnelle du Sud contre le Nord; placé sous l'empire des principes démocratiques qui l'animaient, si Rigaud s'est cru légitimement autorisé à entrer en lutte avec son adversaire, Toussaint Louverture, à son tour, se prévalant avec raison de son titre de général en chef, n'a pas moins éprouvé l'impulsion des principes aristocratiques du Nord, des sentimens jaloux préexistans dans cette province contre les deux autres, alors qu'il avait encore des vues rétrogrades, liberticides : il faut le dire, parce qu'on pourra le prouver.

De là, la cause originelle, réelle, de cette guerre fratricide allumée entre eux, attisée encore, et par la haine implacable des colons et par la malveillance du Directoire exécutif contre la vraie population de Saint-Domingue. Guerre à jamais déplorable, inévitable peut-être, mais dont l'origine, la cause vraie, atteste l'influence des traditions locales sur les peuples.

Poursuivant nos observations, nous ferons remarquer qu'à une époque postérieure, on a encore vu Rigaud, échappé des mains de la police française et revenu dans son pays, réveiller la jalousie surannée du Sud contre l'Ouest : sentiment presque éteint par la transformation politique produite par l'indépendance d'Haïti et par l'administration de Pétion. Rigaud, toujours révolutionnaire, n'a pas reculé alors devant l'idée de prononcer la scission du Sud, du territoire soumis au Président de la République, malgré les funestes conséquences que cet événement pouvait avoir [1].

Enfin, plus tard encore, on a pu reconnaître une certaine influence de ces regrettables traditions locales, dans le mouvement révolutionnaire entrepris dans le Sud contre le gouvernement de Boyer ; et, après le renversement de ce chef, des troubles politiques renaissant sans cesse dans ce département [2].

---

[1] Dans un de ses actes, Rigaud disait aux citoyens de l'Ouest : « Ayez un sénat, si vous voulez ; mais que votre sénat soit celui de l'Ouest. Ayez un président, si vous voulez ; mais que votre président soit celui de l'Ouest, etc. »
Si l'on a bien voulu croire que dans la lutte entre Rigaud et Toussaint Louverture, il y avait antipathie entre le mulâtre et le noir, qu'on explique, si l'on peut, la scission du Sud par les mêmes motifs : Rigaud et Pétion étaient tous deux mulâtres.

[2] En entrant au Port-au-Prince, en 1843, Charles Hérard aîné, *chef d'exécu-*

On ne peut le nier, en effet : les populations subissent, sans le vouloir, sans s'en douter même, l'influence des habitudes, des mœurs, des idées, des principes, des sentimens, des traditions qui ont prévalu dans les localités qu'elles habitent. Elles agissent, pour ainsi dire, par instinct : il suffit de la moindre circonstance pour les entraîner à des résolutions souvent funestes.

Nous ne comprenons pas dans l'énumération des faits que nous citons ici de la part du Sud, l'insurrection commencée aux Cayes, dont le succès a occasionné la chute de Dessalines, parce que nous aurons à prouver que cette révolution eut pour moteur principal Henri Christophe lui-même qui en suggéra la pensée. Ce fait est acquis à l'histoire. C'est du Nord que sortit l'inspiration de cette prise d'armes.

En constatant donc les sentimens contraires, les principes opposés qui animaient *les supériorités* des deux classes colorées dans les trois anciennes divisions du pays, et la jalousie préexistante entre elles, on peut, selon nous, déduire avec justesse de cette opposition, l'antagonisme entre le système politique que suivait Toussaint Louver-

---

tion de l'armée populaire, disait : « Le gouvernement de la République est *un gâteau à partager.* » Ce citoyen du Sud exprimait ainsi la pensée-mère de cette révolution, du moins dans son esprit. Boyer et lui étaient deux mulâtres : ce n'était donc pas une question de couleur entre eux.

A son tour, Acaau, *chef des réclamations de ses concitoyens*, terminait par se proposer de mettre en pratique la doctrine communiste *du partage des propriétés* : partage bien autrement dangereux que celui dont goûta le chef d'exécution. Acaau disait aussi : « Tout mulâtre qui ne possède rien est nègre; tout » nègre qui possède des propriétés est mulâtre. » Cet audacieux voulait donc faire la guerre *à la propriété*, et non pas *à la couleur* des propriétaires. En France, tout récemment, les communistes n'en voulaient pas *à la couleur* des propriétaires, mais à leurs biens. Tous les hommes ne sont-ils pas sujets aux mêmes erreurs, aux mêmes tentations ?

ture et celui que suivait Rigaud : cause de la première guerre civile, accompagnée des autres motifs que nous venons de signaler ; et plus encore, l'antagonisme entre le système politique de H. Christophe et celui de Pétion, seule et unique cause de la seconde guerre civile qui se termina à la mort du premier de ces deux chefs.

C'est à tort que les étrangers ont cru voir dans ces deux guerres une querelle *de castes*, une lutte *de couleurs* : cette détestable question n'en fut point la cause réelle. Sans doute, ces mots de *nègres*, de *mulâtres*, ont été employés durant ces luttes désastreuses ; sans doute, des actes barbares ont donné lieu à égarer l'opinion des observateurs superficiels : des Haïtiens eux-mêmes, peu réfléchis, peu instruits des vrais motifs de ces dissensions intestines, l'ont cru aussi sur la foi des écrits publiés à ces époques reculées, surtout à l'étranger, sans songer que, de part et d'autre, les hommes des deux couleurs combattaient les uns contre les autres dans les rangs opposés, et qu'ils périrent également victimes de ces affreuses fureurs. Mais la vérité historique fondée sur des particularités incontestables fera justice de ces erreurs, accréditées absolument par l'ignorance des choses.

Résumons nos opinions, nées de l'observation consciencieuse des faits de notre histoire nationale.

Par tout ce que nous avons dit des habitans de chacune des anciennes divisions territoriales d'Haïti, de leurs dispositions respectives, des sentimens qui animaient ces hommes, des idées traditionnelles qui agissaient avec plus ou moins d'influence sur eux, on peut reconnaître que :

Dans le Nord, les principes aristocratiques dominaient :

ils prédisposaient naturellement les populations à subir le joug du pouvoir absolu, du despotisme, qui veut toujours être obéi aveuglément : de là la tendance constante de cette partie à la soumission passive, malgré les lumières de ses habitans.

Dans le Sud, c'étaient les principes démocratiques; mais avec un esprit d'agitation, ou, si l'on veut, d'opposition, dont la vivacité irréfléchie devait toujours disposer les populations à des mouvemens désordonnés, révolutionnaires.

Dans l'Ouest, c'étaient aussi les principes démocratiques; mais éclairés, tempérés par la pratique du gouvernement qui y a presque toujours résidé. Le caractère propre aux populations de cette localité exige cependant, de la part des chefs, un esprit libéral, de la modération, un sentiment de justice pour toutes les parties de l'Etat, pour tous les individus, sinon ils excitent leur mécontentement.

De cette comparaison entre l'esprit des trois anciennes divisions du pays, résulte encore l'explication de ce fait capital :

Que l'Ouest, par son tempérament, par ses idées, par ses principes modérés, peut-être plus en harmonie avec les besoins réels de la société haïtienne, par sa position centrale, par ses ressources, a exercé et exercera toujours une grande influence sur les destinées de cette jeune nation dont le génie politique de Pétion a préparé l'avenir.

Ce grand citoyen avait reconnu que toutes les classes de la population générale du pays, depuis 1791, ont constamment voulu posséder *la liberté et l'égalité*. Il avait pensé qu'en fondant le gouvernement républicain, il pourrait mieux leur en assurer la jouissance.

C'est certainement à ce système politique, à son administration libérale, que l'Ouest est redevable de son influence et des succès éclatans qui firent de la république d'Haïti un Etat paisible durant trente ans. Car, Pétion avait jeté les bases de ces succès par sa modération habituelle, surtout dans la pacification du Sud, après la mort de Rigaud.

Boyer, son successeur immédiat, continua le même système et acheva l'œuvre qu'il avait commencée. L'extinction de l'insurrection de la Grande-Anse, la réunion du Nord après la chute de H. Christophe, la réunion de l'Est, opérée aussi pacifiquement, constituèrent *l'unité politique* d'Haïti par *l'unité territoriale*. La pensée des héros de l'indépendance nationale fut réalisée en 1822. Leur glorieuse entreprise reçut enfin sa consécration définitive en 1838 : les usages du monde civilisé l'exigeaient ainsi.

C'est à la fin de ce gouvernement républicain qui, de 1807 à 1843, a rayonné successivement sur tout le territoire d'Haïti, que nous nous proposons d'arrêter nos études historiques, parce que là finit aussi la vie politique et militaire de l'homme dont la mémoire, chère à notre cœur, nous a fait prendre la plume.

Notre conclusion alors, nous pouvons le dire d'avance dans cette introduction, notre conclusion sera :

Que les Haïtiens doivent tirer de précieuses leçons de ce passé si plein de grands événemens; qu'une mutuelle indulgence leur est commandée, afin de se préserver des erreurs, des fautes, des torts respectifs de leurs devanciers.

Non, ne les imitons pas sous ce rapport ! Soyons, restons toujours unis ! C'est le gage de notre force, *c'est le secret d'être invincibles*, c'est le moyen le plus sûr de parvenir à la prospérité et à la civilisation de notre pays.

PÉRIODE FRANÇAISE.

PREMIÈRE ÉPOQUE.

LIVRE PREMIER.

CHAPITRE I.

Révolution en France. — Ses premiers effets à Saint-Domingue. — Députation des colons à l'assemblée nationale constituante. — Club Massiac à Paris. — Commissaires des hommes de couleur à Paris. — Assassinats commis sur ceux de la colonie. — Tentative de résistance de leur part. — Assemblée générale de Saint-Marc et ses actes. — Autres assemblées des colons et leurs actes. — Décrets de l'assemblée nationale, des 8 et 28 mars 1790. — Dissolution de l'assemblée de Saint-Marc par le gouverneur général, comte de Peinier.

Dans la première partie de cet ouvrage, nous avons suffisamment préparé nos lecteurs aux événemens qui vont surgir à Saint-Domingue, de la révolution opérée en France.

Ils ont vu quelle était la situation politique des diverses classes d'hommes qui composaient la population de cette belle et florissante colonie; ils ont vu quelles étaient les dispositions de chacune d'elles à accepter tout ce qui tendrait à amener un changement dans l'état des choses.

Naturellement, la classe blanche, en général plus éclairée que les autres, plus riche et privilégiée, était et devait être la première à profiter des événemens survenus dans la métropole, pour réaliser les désirs qu'elle formait depuis longtemps de se soustraire au despotisme du gouvernement colonial. Mais, divisée dans ses prétentions comme dans ses intérêts, ainsi qu'on la vu, elle devait aussi, inévitablement, faciliter les prétentions des classes colorées, par les conflits qui naîtraient dans son sein, bien que son intérêt dominant fût de les contenir dans la sujétion au régime colonial.

Il était également naturel que la classe des affranchis, que nous désignerons désormais par la dénomination d'*hommes de couleur*, plus éclairée que celle des esclaves, ayant un intérêt matériel distinct par l'effet de ce régime odieux, cherchât à profiter de la révolution de la mère-patrie pour améliorer sa position sociale et politique, trop humiliante, trop avilissante, pour des hommes qui possédaient des lumières, des capitaux et des propriétés.

Quant aux malheureux esclaves, courbés sous le joug des maîtres de toutes couleurs qui profitaient de leur labeur, plongés dans une profonde ignorance, ils n'avaient en quelque sorte à attendre que de la Providence une amélioration à leur sort affreux, quoique des actes réitérés, mais isolés, individuels, eussent prouvé en maintes occasions que de leur sein pouvaient sortir des chefs audacieux, énergiques, pour les diriger dans la conquête des droits qu'ils tenaient de la nature, comme leurs maîtres.

Ce secours providentiel ne leur manqua point; il fut le résultat de la lutte des passions orgueilleuses et des intérêts égoïstes qui animèrent la classe supérieure de la société coloniale. En vain a-t-elle essayé de profiter seule de la grande commotion produite par les lumières du XVIIIe siècle; cette révolution qui a régénéré l'empire français en appelant les masses en Europe, au partage de tous les droits, de tous les biens conquis par elle, cette révolution a produit les mêmes effets à Saint-Domingue que dans sa métropole.

Ainsi procède l'humanité dans sa marche ascendante vers la civilisation. Lorsque les nations se fatiguent des abus de leurs gouvernemens, ce sont toujours les classes supérieures qui, les premières, se mettent au premier rang pour les attaquer et les réformer. Souvent insuffisantes pour obtenir la victoire, elles ne tardent pas à appeler à leur aide les classes inférieures de la société : celles-ci posent alors leurs conditions de concours, ou agissent le plus souvent comme si elles n'avaient aucune arrière-pensée; et en définitive, elles profitent également de la victoire obtenue, si elles ne se substituent pas, par leur force et leur nombre, par l'effet de la désorganisation momentanée de l'autorité, à la position sociale des classes qui espéraient leur imprimer une direction arbitraire.

Tel a été l'heureux résultat des diverses révolutions opérées dans l'ancienne *Reine des Antilles*, en dépit des prétentions contraires de la race blanche, trop orgueilleuse, trop préoccupée du maintien de l'oppression séculaire qu'elle avait établie au détriment de la race noire.

Quoique la nouvelle de la convocation des Etats généraux, en France, eût produit une grande fermentation dans les esprits à Saint-Domingue, principalement dans la classe des grands planteurs, ce fut surtout en apprenant la prise de la Bastille par la population parisienne, que toutes les têtes s'enflammèrent. La révolution était faite en France; elle commença dès lors dans sa colonie.

Mais, déjà en 1788, les grands planteurs résidans en France avaient fait des tentatives auprès du gouvernement royal, pour obtenir la représentation de la colonie aux Etats généraux : en même temps, ceux de Saint-Domingue sollicitaient du gouvernement colonial la permission de s'assembler pour y nommer des députés [1]. Désappointés des deux côtés, ceux de la colonie ne persistèrent pas moins dans leur projet. Ils se réunirent en secret et nommèrent dix-huit députés pris dans leur sein : presque tous étaient nobles, comme ceux qui agissaient en France ; ils furent chargés de cahiers contenant leurs doléances, à l'instar de ce qui s'était fait dans la métropole pour les trois ordres qui devaient former les Etats généraux. Ces cahiers résumaient leurs prétentions aristocratiques : d'accord avec ceux qui résidaient en France, ils aspiraient à siéger dans l'ordre de la noblesse. Ils tenaient peu compte des autres blancs de la colonie.

Les députés nommés à Saint-Domingue dans ces assemblées privées parvinrent à se faire admettre à l'assemblée nationale, dans sa réunion au *Jeu de paume* ; c'est-à-dire qu'ils furent admis d'abord au nombre de douze, puis à six, les autres étant considérés comme suppléans, à raison de deux pour chacune des trois provinces de la colonie.

Toutefois, d'autres grands propriétaires résidans aussi en France, et qui n'avaient point concouru à ces nominations, se réunirent en une société qui tenait ses séances à l'hôtel Massiac, à Paris, d'où lui est venue ensuite la désignation de *Club Massiac*. Cette association, dès son origine, fut divisée de vues avec la députation admise à l'assemblée nationale.

La députation considérait la colonie comme représen-

---

[1] Le marquis Du Chilleau était alors gouverneur général. Il partit de la colonie en juillet 1789, et fut remplacé deux mois après par le comte de Peinier.

tée dans cette assemblée, par cela seul que ses membres en faisaient partie.

Le club Massiac, au contraire, aspirant à l'indépendance de la colonie, ne voulait d'aucune représentation dans le sein de l'assemblée souveraine, dont les principes libéraux lui paraissaient dangereux pour la colonie. Il voulait bien des députés *auprès de l'assemblée*, et non pas des députés *à l'assemblée*. Ces colons pensaient ainsi, pour pouvoir mieux agir dans leur projet du maintien absolu du régime colonial, quant à la servitude de la race africaine, sauf à introduire dans ce régime les modifications qui conviendraient aux vues des habitans blancs, pour le gouvernement et l'administration de la colonie et relativement aux rapports commerciaux à établir désormais entre la France et Saint-Domingue. Les colons, en général, étaient endettés envers le commerce français dont le monopole les écrasait; ils voulaient en secouer le joug.

Si le gouvernement royal fut aise de cette diversité de vues, de cette division entre la haute aristocratie coloniale, qui lui laissaient la perspective du maintien de son despotisme à Saint-Domingue, il s'entendait néanmoins avec elle pour la continuation de l'avilissement de tous les hommes qui tenaient à la race noire par la couleur, par les liens du sang. Ses agens dans la colonie dirigèrent leur conduite dans le même sens : ils s'entendirent avec tous les blancs pour maintenir cet état de choses.

Après avoir secrètement nommé des députés aux Etats généraux, les colons formèrent des municipalités dans chaque paroisse, des assemblées provinciales dans le Nord, dans l'Ouest et dans le Sud, et résolurent enfin de former une assemblée coloniale.

Tandis que les grands propriétaires se faisaient admettre à l'assemblée nationale, des hommes de couleur qui se trouvaient en France, se constituèrent commissaires de leur classe, et essayèrent de s'y faire admettre aussi ; mais ils ne purent y réussir, les intrigues de leurs adversaires naturels les ayant fait écarter. Le préjugé les repoussa.

Parmi ces commissaires, on distinguait Julien Raymond qui, comme on l'a vu, demeurait à Paris depuis 1784, et Vincent Ogé qui s'était rendu en France au commencement de 1789. Ils s'étaient adjoint un blanc nommé Dejoly, avocat au conseil du roi, qui leur prêta toute l'assistance d'un esprit éclairé et d'un cœur généreux. Ils étaient encore soutenus des avis, des conseils de la société des *Amis des noirs*, formée à Paris depuis 1787 : ses principaux membres étaient Brissot, Grégoire, Clavière, Mirabeau, Lafayette, Pétion, Condorcet, Robespierre, etc.

Ces commissaires se présentèrent vainement au club Massiac, pour essayer de gagner les sympathies des grands planteurs et les porter, par la raison, par la justice, par la prudence enfin, à ne pas entraver leurs démarches.

Dans une des séances de ce club où ils furent admis, le 7 septembre 1789, Vincent Ogé, s'adressant à ces aristocrates, leur dit ces paroles :

« Ce mot de liberté qu'on ne prononce pas sans en-
» thousiasme,.... cette liberté, le plus grand, le pre-
» mier des biens, est-elle faite pour tous les hommes?
» Je le crois. Faut-il la donner à tous les hommes. Je
» le crois encore. Mais comment faut-il la donner? Quel-
» les en doivent être les conditions?... »

Il n'hésita pas à déclarer tout ce qu'il prévoyait de funeste pour l'avenir de Saint-Domingue, si les colons persistaient à maintenir le régime colonial, tel que le temps l'avait fait; et en cela, il plaidait la cause des noirs, dans l'esclavage, contre tous les maîtres sans distinction de couleur. Mais cet aveu loyal, cette déclaration franche des droits de toutes les races à la jouissance de la liberté, échappés de la bouche de ce jeune homme ardent, *qui fut presque le seul colon qui daigna jeter un œil de pitié sur les esclaves noirs* [1], loin de persuader les membres du club Massiac, furent au contraire ce qui porta ces colons encroûtés de préjugés, à résister davantage aux réclamations des hommes de couleur, parce qu'ils reconnurent dès lors qu'il était impossible que ces hommes ne fussent pas amenés à agir en faveur des esclaves, dès que leurs propres prétentions auraient été reconnues fondées.

En même temps que ces commissaires agissaient en Europe en faveur de leur classe, les hommes de couleur, à Saint-Domingue, faisaient également des efforts pour être admis aux assemblées qui furent formées par les blancs.

Au Cap, un mulâtre nommé Lacombe, fut pendu par eux, pour avoir présenté une humble supplique où il réclamait l'application du principe *des droits de l'homme* en faveur de sa classe. Cette pétition fut jugée incendiaire, parce qu'elle commençait par ces mots : *Au nom du Père, du Fils et du Saint-Esprit*. Ainsi, cette formule religieuse que cet infortuné imagina pour les toucher, pour leur

---

[1] Rapport de Garran, tome 4, page 20. Ogé avait 33 ans alors.

rappeler qu'aux yeux de la Divinité tous les hommes sont égaux, cette formule fut son crime; car les blancs, devenus les dieux de Saint-Domingue, n'admettaient pas cette égalité proclamée par la religion du Christ.

Au Petit-Goave, un blanc doué de sentimens généreux, de principes libéraux, Ferrand de Baudières enfin, ancien sénéchal du lieu, vieillard respectable, eut la tête tranchée par des énergumènes, blancs comme lui, pour avoir rédigé une pétition pour les hommes de couleur de cette ville. Cette pétition ne demandait pas même l'égalité de droits avec leurs oppresseurs; le crime de ce magistrat était d'avoir compati au sort de cette classe!

A Aquin, huit jours après le meurtre de Ferrand de Baudières, sous le prétexte que G. Labadie avait une copie de cette pétition, une troupe de blancs cernèrent sa maison pendant la nuit : ils l'appellent, et au moment où il ouvre sa porte, ces forcenés font une décharge de coups de fusil. Un jeune esclave de Labadie est tué à ses côtés, lui-même reçoit trois blessures : en cet état, ce septuagénaire, cet homme vénérable est attaché à la queue d'un cheval et traîné à une longue distance!

Ainsi, dans le Nord, dans l'Ouest, dans le Sud, la fureur des blancs se signale par des assassinats. Sur tous les points de la colonie, d'autres faits vexatoires, inhumains, prouvèrent la haine de la classe blanche contre les hommes de couleur. Ces faits eurent lieu sur la fin de 1789.

L'année 1790 avait vu commencer de nouvelles atrocités contre eux.

Ceux des Vérettes, réunis au mois de janvier à Plassac, dans l'Artibonite, subirent des humiliations pour avoir refusé de prêter le serment civique, auquel on avait ajouté la formule du *respect envers les blancs*. Le comte de Peinier, gouverneur général, fit marcher contre eux un détachement du régiment du Port-au Prince, qui en arrêta plusieurs; ils furent mis à bord des vaisseaux de l'Etat, ou emprisonnés. Dans presque toutes les autres localités, ce serment exigé des hommes de couleur leur attira des vexations, des outrages inouïs.

Cependant, quelques actes isolés vinrent révéler à ces dominateurs superbes, qu'il suffirait d'une volonté énergique de la part de cette classe, pour arrêter leurs brigandages.

A Plaisance, un mulâtre, nommé Atrel, fut le premier à faire résistance à une troupe de forcenés qui voulaient l'arrêter pendant la nuit; il en blessa plusieurs, mais il fut tué. Son crime était d'être riche et d'avoir osé accepter une créance sur le président du comité de ce bourg.

Au Fond-Parisien, une nombreuse famille de mulâtres, les Desmares, les Poisson, les Renaud, propriétaires de belles habitations sucreries, fut contrainte aussi de résister aux vexations des blancs, à leur injustice; mais après en avoir tué plusieurs et blessé d'autres, ces hommes résolus furent forcés de se réfugier dans la colonie espagnole. Les blancs incendièrent leurs habitations. Ils donnèrent ainsi le signal de la destruction des propriétés, leur haine les empêchant de prévoir qu'ils seraient bientôt imités dans cette aveugle fureur.

A la nouvelle de la résistance de ces mulâtres du Fond-Parisien, il ne fut question, à l'assemblée de Saint-Marc, que d'une proscription générale contre cette classe tout entière.

« Il est des individus coupables dans cette classe, » dit le colon Suire ; mais je ne me serais jamais con- » solé d'une abomination de cette espèce, ordonnée *par* » *un tribunal de sang*, dont j'aurais eu le malheur d'être » membre [1]. »

Presqu'en même temps, l'assemblée provinciale du Sud faisait comparaître par-devant elle, les hommes de couleur des Cayes. Son président leur adressa un discours hautain, qu'il termina ainsi :

« Gardez-vous de faire des demandes qui seraient incompatibles avec l'état de *subordination* dans lequel *vous devez rester et persévérer* avec les blancs, et de la *déférence respectueuse que vous leur devez* ; et n'ayez pas l'orgueil ni le délire de croire que vous puissiez jamais marcher l'égal de vos patrons, de vos bienfaiteurs, vos anciens maîtres, ni de participer à toutes les charges publiques et tous les droits politiques... »

De quel côté étaient *l'orgueil et le délire ?*

De nouvelles vexations exercées contre ceux de l'Artibonite, les portèrent à se réunir de nouveau à Plassac, dans le voisinage de la ville de Saint-Marc. On déploya des forces considérables contre ce rassemblement : la plupart des mulâtres étaient sans armes. Dispersés, ils s'enfuirent, les uns dans les bois, d'autres dans la colonie espagnole, sans avoir tenté de résister à leurs persécuteurs, qui coupèrent la tête à tous ceux qu'ils atteignirent. Et cependant, ces hommes de couleur ne s'étaient réunis à Plassac, que pour délibérer entre eux sur les *outrages* qu'on leur faisait subir de toutes parts, et sur l'emprisonnement récent de l'un d'eux qui avait refusé de prêter un

---

[1] Débats, t. 3, p. 101. Suire était membre de l'assemblée générale de Saint-Marc et colon du Sud.

nouveau serment *de soumission, de respect aux blancs, et de verser pour eux jusqu'à la dernière goutte de son sang* [1].

A la Petite-Rivière de l'Artibonite, non loin de Plassac, un détachement de vingt-cinq blancs poursuivait un mulâtre : ne le trouvant pas, ils assassinent ses deux enfans en bas âge. Chez un autre, ils massacrent sans pitié et le père et les enfans.

Dans le même quartier, un frère de Vincent Ogé réfugié chez une de ses parentes, parce qu'il a été proscrit et que sa tête a été mise à prix dans sa paroisse, est lâchement assassiné par un blanc à qui cette femme avait donné l'hospitalité. C'est dans cet asile même où il est traité avec bonté et générosité par la veuve Bigeon et par sa victime, que cet ingrat commet ce crime horrible! Il a la cruauté encore de trancher la tête du cadavre, et se fait un mérite de la porter à ceux qui avaient promis une récompense pour de tels actes [1]!

Dans un autre lieu, un nègre libre qui prenait soin d'une vieille négresse, sa mère adoptive, revenant de la pêche qui l'aidait à remplir ce pieux devoir, est assassiné par des blancs qui le rencontrent fortuitement. Interrogé avant de mourir, il honora sa fin si triste par ces seules paroles, expression de ses pénibles sentimens : « Si je ne laissais pas dans la misère cette pauvre » vieille que je faisais vivre par ma pêche, je mourrais » sans regret. »

Dans la ville du Cap, à propos d'une injuste attaque contre un autre nègre libre, enrôlé, comme tous les au-

---

[1] Dans son rapport, Garran ne porte ce rassemblement qu'à 80 hommes, tandis que Rigaud, dans un mémoire publié en 1797, dit qu'ils étaient 300. L'un et l'autre conviennent qu'ils ne firent aucune résistance.

[2] Mémoire susdit de Rigaud, page 6.

tres affranchis de cette ville, sous les ordres des blancs, parce que ce nègre courageux met en fuite ses bourreaux, un massacre général a lieu immédiatement de tous les nègres et mulâtres libres, par les blancs qui les rencontrent dans les rues ou qui les atteignent dans leurs demeures.

Ces actes injustes et barbares, commis par des hommes qui se disaient civilisés, qui se croyaient supérieurs en intelligence et en vertus morales à ceux de la race noire, ces actes servent de signal à de nouveaux forfaits, sur tous les points de la colonie, contre les hommes de couleur : partout on met leurs têtes à prix ; et des assassins s'empressent de gagner cette honteuse récompense ! Le sang humain devient une sorte de marchandise qui est payée au poids de l'or !... La traite des noirs n'était-elle pas déjà un trafic de chair humaine ?

Nous avons parlé du club Massiac. Les planteurs qui le composaient étaient parvenus à s'entendre avec M. de la Luzerne, ministre de la marine, et à obtenir du gouvernement royal l'autorisation de former une assemblée à Saint-Domingue : elle devait se borner *à émettre des vœux et à faire connaître les besoins de la colonie*. Mais, en s'établissant, elle arbora le drapeau de toutes les prétentions des colons à se gouverner eux-mêmes. Réunie à Saint-Marc le 25 mars 1790, elle se constitua, le 15 avril suivant, en *assemblée générale de la partie française de Saint-Domingue.*

Ce titre avait été suggéré par l'assemblée provinciale du Nord, siégeant au Cap, dans une lettre adressée aux comités de l'Ouest et du Sud, en date du 24 décembre 1789. On y lit :

« Aujourd'hui, Messieurs, que vos vues et les nôtres s'accordent pour avoir une assemblée coloniale, nous devons entrer dans de plus grands détails sur le mode de convocation prescrit par le ministre aux administrateurs, et vous faire connaître nos principes, et, en quelque sorte, notre profession de foi, sur l'organisation et les pouvoirs de cette assemblée.

» Il faut une *assemblée générale* de la colonie, et cette tenue doit avoir lieu le plus tôt possible. Voilà le mot. Il faut donner aux colons une représentation parfaitement libre, pour qu'ils puissent *proposer* sans contrainte, et avec la plus entière confiance, ce qui leur paraîtra le plus avantageux aux intérêts de l'île; et en conséquence cette assemblée doit être uniquement composée de représentans des différentes paroisses et sénéchaussées librement élus. Voilà quel en est l'esprit.

» La colonie fait sans doute partie de la *confédération* qui unit toutes les provinces de l'empire français ; c'est donc comme *alliée*, et non comme *sujette*, qu'elle figure dans l'assemblée de la grande famille...

» La colonie a donc *le droit de faire elle-même sa constitution*, en tout ce qui regarde son régime intérieur : ce n'est que dans *ses rapports* avec la métropole, soit en ce qui touche les impositions, soit en ce qui concerne le commerce, ou enfin en tout ce qui tient à l'union commune et générale, que son droit se borne *à des propositions* qu'il dépendra de la métropole *d'accepter ou de refuser*; et à cet égard, on doit tout espérer, tout attendre de l'esprit de justice qui dirige l'assemblée nationale.

» Qu'importe, en effet, à la métropole que la colonie ait *un régime différent* de celui de toutes les autres provinces du royaume, pourvu qu'elle contribue comme elles à l'utilité générale? C'est là tout ce que la France *peut exiger*, parce qu'elle n'a pas intérêt *d'exiger autre chose*; car l'intérêt est la mesure des droits de *société à société*, comme il est la mesure des actions de particulier à particulier. »

Tels furent les principes qui guidaient les colons. Nous prions le lecteur d'en prendre note, à cause des remarques que nous aurons à faire, lorsqu'il s'agira de la constitution de Saint-Domingue, en 1801.

L'assemblée générale entra bientôt en lutte avec le gouvernement colonial, en rendant une foule de décrets pour réformer les abus de ce gouvernement; et sous le prétexte de ces réformes, prévoyant ou craignant que la déclaration des droits de l'homme, en France, amènerait tôt ou tard des modifications au régime colonial, en faveur de la race noire; agissant d'ailleurs suivant les inspirations du club Massiac, elle prit une attitude d'indépendance vis-à-vis de l'assemblée nationale constituante, en ne paraissant soumise qu'à l'autorité royale. Enfin, le 28 mai, elle décréta *les bases de la constitution* qu'elle prétendait donner à Saint-Domingue, en soumettant seulement cet acte à *l'acceptation* de l'assemblée nationale et du roi.

Dès le 20 avril, elle avait eu connaissance du décret dont nous parlerons bientôt, rendu le 8 mars par l'assemblée nationale; mais elle rusa, en ne l'enregistrant que le 10 juin, après avoir rendu son décret du 28 mai que voici :

L'assemblée générale, considérant que *les droits* de la partie française de Saint-Domingue, pour avoir été *longtemps méconnus et oubliés*, n'en sont pas moins demeurés dans toute leur intégrité;

Considérant que l'époque d'une régénération générale dans l'empire français, est la seule où l'on puisse déterminer, d'une manière juste et invariable, tous ses droits, dont les uns sont particuliers, et les autres relatifs ;

Considérant que le droit de statuer *sur son régime intérieur* appartient essentiellement et nécessairement à la partie française de Saint-Domingue, *trop peu connue de la France*, dont elle est séparée par un immense intervalle ;

Considérant que les représentans de Saint-Domingue ne peuvent renoncer à ce droit imprescriptible, sans manquer à leur devoir le plus sacré, qui est de procurer à leurs constituans des lois sages et bienfaisantes ;

Considérant que de telles lois ne peuvent être faites *qu'au sein même de cette île*, d'abord en raison de la différence du climat, *du genre de population*, des mœurs, des habitudes, et ensuite, parce que ceux-là seulement qui ont intérêt à la loi peuvent la délibérer et la consentir ;

Considérant que l'assemblée nationale *ne pourrait décréter les lois* concernant *le régime intérieur* de Saint-Domingue, sans renverser les principes qu'elle a consacrés par ses premiers décrets, et notamment par *la déclaration des droits de l'homme* ;

Considérant que *les décrets* émanés de l'assemblée des représentans de Saint-Domingue *ne peuvent être soumis à d'autre sanction qu'à celle du roi*, parce qu'à lui seul appartient cette prérogative inhérente au trône, et que nul autre, suivant la constitution française, ne peut en être dépositaire ; que conséquemment, le droit de sanctionner ne peut être accordé au gouverneur général, *étranger à cette contrée*, et n'y exerçant qu'une autorité précaire et subordonnée ;

Considérant qu'en ce qui concerne les rapports commerciaux et les autres rapports communs entre Saint-Domingue et la France, *le nouveau contrat* doit être formé d'après les vœux, les besoins, et le consentement *des deux parties contractantes* ;

Considérant que tout décret qui aurait pu être rendu par l'assemblée nationale, et qui *contrarierait* les principes qui viennent d'être exposés, *ne saurait lier Saint-Domingue*, qui n'a point été consulté, et n'a point consenti à ces mêmes décrets ;

Considérant enfin que l'assemblée nationale, si constamment attachée aux principes de justice, et qui vient de manifester le dessein d'assurer la prospérité des îles françaises de l'Amérique, n'hésitera pas *à reconnaître les droits de Saint-Domingue* par un décret solennel et authentique.

Après avoir délibéré dans ses séances des 22, 26, 27, et dans celle de ce jour, a décrété et décrète *à l'unanimité* ce qui suit :

Article 1ᵉʳ. Le pouvoir législatif, en ce qui concerne *le régime intérieur* de Saint-Domingue, réside dans l'assemblée de ses représentans, constitués en *assemblée générale* de la partie française de Saint-Domingue.

2. Aucun acte du corps législatif, en ce qui concerne *le régime intérieur*, ne pourra être considéré comme loi définitive, s'il n'est fait *par les représentans* de la partie française de Saint-Domingue, librement et légalement élus, et s'il n'est sanctionné *par le roi*.

3. Tout acte législatif, fait par l'assemblée générale dans le cas de nécessité urgente, et en ce qui concerne *le régime intérieur*, sera considéré comme loi provisoire ; et dans ce cas, ce décret sera notifié au gouverneur général qui, dans les dix jours de la notification, le fera promulguer et tiendra la main à son exécution, ou remettra à l'assemblée générale ses observations sur le contenu audit décret.

4. L'urgence qui déterminera l'exécution provisoire, sera décidée par un décret séparé qui ne pourra être rendu qu'à la majorité des deux tiers des voix prises par l'appel nominal.

5. Si le gouverneur général remet des observations, elles seront aussitôt inscrites sur le registre de l'assemblée générale. Il sera alors procédé à la révision du décret d'après ces observations. Le décret et les observations seront livrés à la discussion dans trois différentes séances ; les voix seront données par oui ou par non, pour maintenir ou annuler le décret. Le procès-verbal de la délibération sera signé par tous les membres présens, et désignera la quantité de voix qui auront été pour l'une ou pour l'autre opinion. Si les deux tiers des voix maintiennent le décret, il sera promulgué par le gouverneur général, et exécuté sur-le-champ.

6. La loi devant être le résultat du consentement de tous ceux pour qui elle est faite, la partie française de Saint-Domingue *proposera* les plans concernant *les rapports commerciaux et autres rapports communs ; et les décrets qui seront rendus à cet égard par l'assemblée nationale, ne seront exécutés dans la partie française de Saint-Domingue, que lorsqu'ils auront été consentis par l'assemblée générale de ses représentans.*

7. Ne seront point compris dans la classe des rapports communs de Saint-Domingue avec la France, *les objets de subsistance* que la nécessité forcera d'introduire ; mais les décrets qui seront rendus à cet égard par l'assemblée générale, seront aussi soumis à la révision, si le gouver-

neur général présente des observations sur le contenu auxdits décrets, dans le délai fixé par l'article 3 ; et seront au surplus observées toutes les formalités prescrites par l'article 5.

8. Tout acte fait par l'assemblée générale et exécuté provisoirement dans le cas de nécessité urgente, n'en sera pas moins envoyé sur-le-champ à la sanction royale ; et si le roi refuse son consentement audit acte, l'exécution en sera suspendue aussitôt que ce refus sera légalement manifesté à l'assemblée générale.

9. Chaque législature de l'assemblée générale sera de deux ans, et le renouvellement des membres de chaque législature sera fait en totalité.

10. L'assemblée générale décrète que les articles ci-dessus, comme *faisant partie de la constitution* de la partie française de Saint-Domingue, seront incessamment envoyés en France, pour être présentés *à l'acceptation* de l'assemblée nationale et du roi ; ils seront en outre envoyés à toutes les paroisses et districts de la partie française de Saint-Domingue.

Seront au surplus lesdits articles notifiés au gouverneur général [1].

L'esprit comme la lettre de ce décret, de même que tous ceux qui le précédèrent ou le suivirent, notamment celui qui suspendait les affranchissemens, celui qui ouvrait les ports au commerce étranger, celui qui licenciait les troupes de ligne, prouvèrent évidemment l'intention des colons grands propriétaires, de rendre Saint-Domingue indépendant de la métropole, et de ne lui conserver tout au plus qu'une apparence de suzeraineté à l'égard du pouvoir royal. Tous ces actes révélèrent la volonté de maintenir l'esclavage des noirs et la condition humiliante de la classe des hommes de couleur.

A l'exemple de l'assemblée générale de Saint-Marc, les assemblées provinciales des trois parties de la colonie, les municipalités formées dans les paroisses, redoublè-

---

[1] Ce décret fut rédigé principalement par Daugy et Larchevesque Thibaud, deux colons du Nord, où ils jouissaient d'une grande considération. Cette rédaction prouve leur capacité. Ils ont joué un rôle important dans les premiers temps de la révolution.

rent de fureur contre les esclaves, contre les hommes de couleur surtout : elles se distinguèrent à l'envi l'une de l'autre dans cette haine aveugle et imprévoyante. La classe des *petits blancs* se manifesta en tous lieux par son acharnement, empreint de toute la brutalité de ces hommes pour la plupart illettrés.

Habitués à cette domination tyrannique que depuis un siècle et demi ils exerçaient sur les hommes de la race africaine, les blancs ne se rappellent plus les prédictions des philosophes qui les avaient avertis des dangers qu'ils couraient ; ils ne pouvaient croire à ces paroles de l'orateur éminent de la révolution française : *Habitans des Antilles, vous dormez au pied du Vésuve !*

L'éruption du volcan a justifié les prévisions de Mirabeau ; mais elle n'a eu lieu que par les divisions entre les blancs eux-mêmes, les différentes catégories de cette classe ayant des intérêts distincts, ainsi que nous l'avons vu. Elle a eu lieu par l'injustice persévérante, et du gouvernement royal, et de ses agens à Saint-Domingue, et des assemblées des blancs, contre les affranchis ; car, s'ils avaient voulu reconnaître à ces derniers les droits à l'égalité politique, il est à présumer que l'esclavage des noirs eût été maintenu longtemps encore, par la coalition des intérêts de tous les hommes libres. Sans doute, un adoucissement eût été porté au sort des masses, les hommes de couleur ayant prouvé leurs désirs et leur intention à cet égard ; mais on n'y aurait procédé qu'avec lenteur.

La liberté et l'humanité doivent donc se féliciter de cette injustice qui a accéléré l'émancipation des noirs. La Providence veillait pour eux.

Cependant, l'assemblée nationale avait rendu son décret du 8 mars, par lequel elle définissait les pouvoirs qu'elle accordait aux assemblées coloniales dans toutes les possessions françaises. Ce décret avait été concerté entre les colons, à Paris, et le fameux Barnave qu'ils gagnèrent à leur cause et qui influença le comité colonial dont il était un membre distingué par ses talens.

Voici ce décret :

L'assemblée nationale déclare que, considérant les colonies comme une partie de l'empire français, et désirant les faire jouir des fruits de l'heureuse régénération qui s'y est opérée, elle n'a cependant jamais entendu les comprendre *dans la constitution* qu'elle a décrétée pour le royaume, et *les assujettir à des lois qui pourraient être incompatibles avec leurs convenances locales et particulières* [1].

Article 1er. Chaque colonie est autorisée à faire connaître *son vœu* sur la constitution, la législation et l'administration qui conviennent à sa prospérité et au bonheur de ses habitans, à la charge de se conformer aux principes généraux qui lient les colonies à la métropole, et qui assurent la conservation de leurs intérêts respectifs.

2. Dans les colonies où il existe des assemblées coloniales, librement élues par les citoyens, et avouées par eux, ces assemblées seront admises à exprimer le vœu de la colonie ; dans celles où il n'existe pas d'assemblées semblables, il en sera formé incessamment pour remplir les mêmes fonctions.

3. Le roi sera supplié de faire parvenir, dans chaque colonie, une instruction de l'assemblée nationale, renfermant, 1° les moyens de parvenir à la formation des assemblées coloniales, dans les colonies où il n'en existe pas ; 2° les bases générales auxquelles les assemblées coloniales devront se conformer, dans les plans de constitution qu'elles présenteront.

4. Les *plans* préparés dans lesdites assemblées coloniales, *seront soumis* à l'assemblée nationale, *pour être examinés, décrétés par elle, et présentés à l'acceptation et à la sanction du roi.*

5. Les décrets de l'assemblée nationale sur l'organisation des mu-

---

[1] C'est-à-dire, en d'autres termes, que *les principes de la déclaration des droits de l'homme* n'étaient pas applicables aux hommes de la race noire.

nicipalités et des assemblées administratives seront envoyés auxdites assemblées coloniales, *avec pouvoir* de mettre à exécution *la partie* desdits décrets *qui peut s'adapter aux convenances locales,* sauf la décision définitive de l'assemblée nationale et du roi, sur les modifications qui auraient pu y être apportées, et la *sanction provisoire* du gouverneur pour l'exécution *des arrêtés* qui seront pris par les assemblées administratives.

6. Les mêmes assemblées coloniales énonceront leur *vœu* sur les modifications qui pourraient être apportées *au régime prohibitif du commerce* entre les colonies et la métropole, pour être, sur leurs pétitions, et après avoir entendu les représentations du commerce français, statué par l'assemblée nationale, ainsi qu'il appartiendra.

Au surplus, l'assemblée nationale déclare qu'elle n'a entendu rien innover dans aucune des branches du commerce soit direct, soit indirect de la France avec ses colonies; *met les colons et leurs propriétés sous la sauvegarde spéciale de la nation; déclare criminel, envers la nation, quiconque travaillerait à exciter des soulèvemens contre eux:* jugeant favorablement des motifs qui ont animé les citoyens desdites colonies, *elle déclare qu'il n'y a lieu contre eux à aucune inculpation;* elle attend de leur patriotisme, le maintien de la tranquillité, et une fidélité inviolable à la nation, à la loi et au roi.

C'était implicitement reconnaître à l'assemblée coloniale de Saint-Domingue, comme à celles des autres colonies, le droit d'écarter les hommes de couleur de toutes les assemblées administratives, de toutes les municipalités, à plus forte raison des assemblées coloniales. La sanction provisoire réservée au gouverneur, agent du pouvoir exécutif, pour les arrêtés des assemblées administratives, donnait une nouvelle force à cette disposition, puisque cet agent suivait les instructions du roi qui voulait, selon les antécédens, le maintien du préjugé de la couleur, qui était, de même que l'esclavage, *dans les convenances locales.*

Les commissaires des hommes de couleur, alarmés de

ces dispositions du décret du 8 mars, adressèrent des réclamations à l'assemblée nationale et à son comité colonial. Alors Barnave prépara *les instructions* qui devaient accompagner le décret : ces instructions furent décrétées le 28 mars. Leur article 4 portait :

« Immédiatement après la proclamation du décret et
» de l'instruction, *toutes les personnes* âgées de 25 ans
» accomplis, *propriétaires d'immeubles*, ou, à défaut d'une
» telle propriété, *domiciliées* dans la paroisse depuis
» deux ans, et payant une *contribution*, se réuniront
» pour former l'assemblée coloniale. »

Lors de la discussion de ces instructions dans l'assemblée nationale, le colon Cocherel, membre de la députation de Saint-Domingue, proposa *d'exclure formellement les hommes de couleur*, de la classe des citoyens actifs. Sa couleur équivoque lui dictait cette injure.

Mais, quoique les termes de l'article 4 ci-dessus eussent pu largement favoriser les prétentions de ces hommes, Grégoire, après avoir vu repousser la proposition de Cocherel, demanda au contraire l'insertion d'un amendement formel à cet égard, se défiant de la ruse et de l'injustice des colons et du gouvernement. Barnave et les députés de Saint-Domingue eurent la mauvaise foi de lui répondre *que c'était le résultat nécessaire de l'article 4, et qu'on ne devait pas y mettre une énonciation qui pourrait faire supposer que le droit des hommes de couleur était contestable et contesté*. Sur cette déclaration publique, faite en présence de toute l'assemblée, Grégoire retira son amendement.

Or, dans les colonies françaises, le régime qui avait prévalu ne considérait pas les mulâtres et les nègres libres comme *des personnes* : à peine leur reconnaissait-on la qualité d'*hommes*, puisque, dans tous les actes qui pouvaient produire des effets civils, on employait toujours la désignation de mulâtre, de quarteron libre, de nègre libre. L'édit de 1685, non abrogé, leur reconnaissait certainement la qualité de *personnes*, mais depuis longtemps il était foulé aux pieds.

Aussi la députation des colonies, dans l'assemblée nationale, et les colons du club Massiac, combinant leurs intrigues avec le gouvernement royal, écrivirent-ils aux colons de Saint-Domingue de se prévaloir des usages établis et des termes ambigus des deux décrets du mois de mars, pour ne pas exécuter celui du 28 à l'égard des hommes de couleur.

Le gouverneur général, qui n'avait pas reçu *officiellement* ces décrets [1], ou qui, probablement, les reçut du ministre avec injonction de ne pas les exécuter en faveur de cette classe, en les promulguant, n'admit pas non plus les hommes de couleur à faire partie des assemblées. Il écrivit aux marguilliers des paroisses, chargés de les convoquer : « A l'égard de l'interprétation que l'on » donne à l'article 4 des instructions qui accompagnent » le décret du 8 mars, *elle est sans fondement; et si les* » *gens de couleur se présentaient à l'assemblée de paroisse,* » *vous êtes en droit de ne les y pas recevoir.* »

Comment l'assemblée coloniale, à qui l'on donnait le pouvoir de mettre à exécution la partie des décrets qui pouvait s'adapter aux convenances locales, aurait-elle admis les hommes de couleur dans les municipalités et les assemblées administratives, lorsque le gouvernement lui-même les repoussait?

[1] Rapport de Garran sur J. Raymond, en 1795, pages 14 et 20. — Rapport de Tarbé, en 1791, page 9.

Comment ces colons, imbus des injustes préjugés de la couleur, auraient-ils pu être justes envers les mulâtres et les nègres libres, puisque ces préjugés les portèrent à refuser, même *aux blancs mésalliés,* la qualité de *citoyens actifs* [1]?

Et l'assemblée nationale elle-même, cette constituante souveraine, en mettant, par l'article 6 du décret du 8 mars, les colons et leurs propriétés sous la sauvegarde spéciale de la nation, en déclarant criminel, envers la nation, quiconque travaillerait à exciter des soulèvemens contre eux, l'assemblée nationale ne maintenait-elle pas le régime colonial dans toute son intégrité? Cette disposition comminatoire n'avait-elle pas pour but d'effrayer les hommes de couleur, s'ils avaient l'intention de s'armer contre les blancs ou d'unir leur cause à celle des noirs? N'était-elle pas encore à l'adresse de la société des *Amis des noirs,* accusée par les colons de rêver au soulèvement des esclaves? La secrète intention de cette assemblée n'était donc pas de favoriser les justes prétentions des hommes de couleur.

Les colons se voyaient ainsi rassurés contre toute entreprise de leur part. Ils recevaient alors un bill d'indemnité pour tous les excès, pour tous les forfaits commis par eux, depuis plusieurs mois, contre les esclaves et contre les hommes de couleur. Placés désormais sous la sauvegarde spéciale de la nation, ils n'avaient plus de ménagement à garder envers les opprimés.

En vertu de ce décret, l'assemblée générale appela les habitans blancs à confirmer ses pouvoirs. Son propre décret du 28 mai flattait trop leurs prétentions, pour

---

[1] Rapport de Garran, tome 2, pages 29 et 30.

qu'ils ne cédassent pas à ce vœu. Le 13 juillet, il reçut sa sanction dans les assemblées paroissiales.

Mais le comte de Peinier, irrité par les actes orgueilleux de l'assemblée générale, qui annulaient son autorité, prononça sa dissolution le 27 juillet. L'assemblée provinciale de l'Ouest et le comité du Port-au-Prince, s'agitant contre cette proclamation de dissolution, le gouverneur ordonna à Mauduit, colonel du régiment de cette ville, de dissoudre le comité par la force des armes. Cet événement eut lieu dans la nuit du 29 au 30. Mauduit y enleva les drapeaux de la garde civique des blancs, qu'il fit porter chez lui. Cet outrage, fait aux blancs du Port-au-Prince, dont plusieurs périrent dans l'action, lui valut une haine implacable de leur part. Nous verrons ce qu'il en recueillit.

Le gouverneur et Mauduit avaient imaginé déjà la formation d'un corps de contre-révolutionnaires, composé principalement des fonctionnaires publics. Ils lui donnèrent un signe de ralliement, en faisant porter à ses membres un *pompon blanc*. Les partisans de l'assemblée de Saint-Marc se distinguèrent par un *pompon rouge*, comme signe de la révolution coloniale. La *cocarde tricolore* fut dès lors négligée.

CHAPITRE II.

Vincent Ogé et Jean-Baptiste Chavanne. — Premiers combats des hommes de couleur contre les blancs. — Emprisonnement des principaux d'entre eux.

Cependant, c'est pour réclamer l'exécution du décret du 28 mars, que Vincent Ogé prit la résolution de quitter la France et de retourner à Saint-Domingue. Il avait été témoin, ainsi que les autres commissaires des hommes de couleur, de la déclaration faite par Barnave sur le sens de l'article 4 de ce décret; et il savait que malgré cette assurance donnée à Grégoire, au nom du comité colonial, les hommes de couleur étaient encore repoussés des assemblées.

Contrarié dans son généreux dessein par le ministre de la marine qui, d'accord avec les planteurs, donna ordre dans les ports de ne laisser partir aucun homme de couleur; forcé de prendre un autre nom que le sien, de passer d'abord en Angleterre et de là aux États-Unis, il arriva de Charleston au Cap, le dimanche 16 octobre 1790[1], à onze heures du matin; il y débarqua dans

---

[1] J'avertis le lecteur que tout ce que je vais citer de l'entreprise d'Ogé et de Chavanne, repose sur des documents authentiques que j'ai en ma possession. En 1828, je fus à Santo-Domingo où je restai deux mois : le général

la soirée, pour ne pas être reconnu, attendu que les blancs se préparaient à le pendre aussitôt son arrivée. Après avoir passé peu d'heures au Cap, il se rendit chez lui, au Dondon.

Son retour dans la colonie ne put être longtemps un mystère. Avis en fut donné aux autorités du Cap où dominait l'assemblée provinciale du Nord : des dispositions furent aussitôt prises pour opérer son arrestation [1]. Averti du sort qu'on lui réservait, il se rendit à la Grande-Rivière, chez Jean-Baptiste Chavanne, son ami, l'un de ces braves mulâtres qui s'étaient enrôlés pour l'expédition de Savannah, en Géorgie, sous les ordres du comte d'Estaing.

En se concertant sur les mesures qu'il fallait prendre pour atteindre son but, Ogé trouva en Chavanne un esprit plus clairvoyant, plus déterminé que le sien ; car, convaincu de la forte organisation que possédaient les blancs, tous d'accord entre eux, depuis le gouverneur général jusqu'au dernier des petits blancs, pour le maintien de la servitude et du préjugé contre tous les hommes de la race africaine, Chavanne lui proposa de soulever immédiatement les esclaves, afin d'arriver avec

---

Borgella, commandant de l'arrondissement, habitait le palais national, ancienne demeure des gouverneurs espagnols, où se trouvaient les archives du gouvernement de cette colonie, restées intactes, malgré la succession des différens pouvoirs dans cette partie. Mon frère, C. Ardouin, y avait découvert déjà l'instruction suivie par Don Joachim Garcia contre Ogé, Chavanne et leurs compagnons, outre une infinité de documens relatifs aux troubles de Saint-Domingue. Nous eûmes la curiosité de traduire les principaux interrogatoires et de faire l'analyse de cette procédure : nous copiâmes également les opinions émises au sujet de l'extradition des accusés. Je pris ensuite quelques-uns de ces documens, par l'autorisation du général Borgella.

[1] Débats sur les colonies, tome 1er, page 254. Voyez ce que dit Verneuil de l'ordre donné pour arrêter Ogé : celui-ci l'intercepta et le fit lire à ce colon furibond, alors son prisonnier, qu'il traita avec beaucoup de ménagemens, d'après son propre aveu : il le relâcha ensuite.

sûreté à la liberté des masses et à l'égalité de tous avec les blancs.

Mais, Ogé, qui avait vu en France des hommes généreux, éclairés, puissans sur l'opinion publique, compatir sincèrement au sort des mulâtres et des nègres et publier de nombreux écrits en leur faveur, où ils exposaient la justice des réclamations des hommes de couleur, la nécessité de l'abolition de la traite des noirs pour parvenir graduellement, sans secousse, sans troubles, à la liberté générale des esclaves; Ogé, qui savait qu'en Angloterre, des hommes non moins généreux s'efforçaient de produire de semblables résultats; Ogé ne pouvait pas, ou plutôt ne croyait pas pouvoir adopter les vues révolutionnaires de son compagnon. Cette considération doit grandement l'excuser aux yeux de la postérité.

D'autres motifs venaient à l'appui de la promesse que peut-être il avait faite aux *Amis des noirs*. Il n'ignorait pas que les hommes de couleur étaient en nombre égal à la population blanche, plus aptes à supporter les fatigues d'une guerre, s'il fallait la subir; et *il croyait peut-être pouvoir renouveler avec eux les merveilles que l'amour de la liberté avait opérées en France contre les privilégiés* [1]. Mais, depuis son départ pour l'Europe, la tyrannie des blancs contre les hommes de couleur avait tellement augmenté, ils prenaient de telles précautions pour se préserver des entreprises de cette classe, qu'elle était contrainte à une grande prudence.

Chavanne avait donc raison : il fallait, dans cette

---

[1] Rapport de Garran, tome 2, page 46.

actualité suprême, répondre à la haine des blancs, à leur barbare injustice, par le soulèvement soudain de deux cent mille esclaves dans le Nord. Un tel *décret* eût mieux valu que tous ceux de la métropole; il eût annulé glorieusement l'article 6 de celui du 8 mars qui déclarait criminel quiconque travaillerait à exciter des soulèvemens contre les colons : car, presque toujours *le droit n'est respecté que lorsqu'il est appuyé par la force.* Les événemens ultérieurs l'ont prouvé, et l'assemblée nationale n'est devenue *juste,* que par ces considérations.

Obéissant à ses idées préconçues, Ogé adressa une lettre au comte de Peinier, en date du 21 octobre [1], qu'il terminait ainsi : « Non, non, monsieur le comte, nous
» ne resterons point sous le joug, comme nous avons
» été depuis deux siècles : la verge de fer qui nous a
» frappés est rompue. Nous réclamons l'exécution de
» ce décret; évitez donc, par votre prudence, un mal
» que vous ne pourriez calmer. Ma profession de foi
» est *de faire exécuter le décret* que j'ai concouru à ob-
» tenir; *de repousser la force par la force,* et enfin de
» faire cesser un préjugé aussi injuste que barbare. »

Chavanne en adressa une également au gouverneur général, probablement dans le même sens. Nous re-

---

[1] Dans la procédure suivie à Santo-Domingo, il est fait mention de la lettre du comte de Peinier, du 2 novembre, accusant réception à Ogé, de la sienne en date du 21 octobre. Garran dit que c'est le 25 qu'il écrivit, les colons ayant établi en fait qu'il n'arriva que le 23; mais dans son interrogatoire du 5 novembre, Ogé dit les choses de manière à faire admettre qu'il était arrivé le dimanche 16 octobre, pour pouvoir écrire le 21. — Voyez le Rapport de Garran, tome 2, page 61, où il est question d'un *arrêté,* rendu le 22 octobre par l'assemblée, *au moment de l'arrivée d'Ogé.* Une lettre de Saint-Domingue, insérée sur le Moniteur universel du 25 décembre 1790, dit qu'il arriva le 17 octobre.

grettons de ne pouvoir transcrire ici l'expression de ses idées. Chavanne avait vu sur le champ de bataille, aux États-Unis, que les blancs n'étaient pas des hommes supérieurs aux mulâtres, en bravoure et en courage ; cependant, au mois de mai 1790, il avait dû fuir les persécutions des blancs, pour avoir réuni chez lui quelques hommes de couleur, et il se réfugia à Hinche où il resta deux mois et demi : Chavanne a dû tenir au comte de Peinier un langage non moins énergique que celui d'Ogé, en raison de ces persécutions.

Ces deux lettres furent expédiées au Port-au-Prince, par Joseph Ogé, l'aîné des frères de Vincent, qui lui rapporta également la réponse du comte de Peinier ; mais celle-ci ne lui parvint qu'après sa défaite dont nous allons parler.

Le gouverneur général employa une feinte modération envers Ogé, parce que dans sa lutte avec l'assemblée de Saint-Marc et les colons en général, qui visaient à l'indépendance de Saint-Domingue, il avait senti la nécessité de flatter les hommes de couleur par quelques témoignages de bienveillance, pour les porter à se rattacher et à être fidèles à la métropole : il convenait donc à sa politique d'exhorter Ogé et Chavanne à être plus calmes. Mais, outre qu'il savait que la force organisée au Cap, et la configuration topographique du Nord laissaient peu de chances de succès à une prise d'armes des hommes de couleur de cette partie, il s'empressa d'écrire à toutes les municipalités, en leur envoyant copie des lettres d'Ogé et de Chavanne, et les engageant à *suspendre* toutes discussions pour pouvoir se défendre contre *l'ennemi commun*.

Ogé avait donné aussi à son frère une lettre pour les

hommes de couleur du Mirebalais, par où il devait passer pour se rendre au Port-au-Prince, et une autre qu'il adressait à ceux de cette capitale, les priant d'aider et de faciliter le messager dans sa mission. Les uns et les autres lui répondirent, en le félicitant d'avoir contribué à obtenir, lui disaient-ils, le décret du 28 mars favorable à leur cause ; car ils le comprenaient ainsi. Ceux du Port-au-Prince ajoutèrent, cependant, que son projet d'armer les hommes de couleur était *prématuré.* Placés sous les yeux du gouvernement, qui venait récemment de triompher du comité de l'Ouest, que le colonel Mauduit avait dissous, de l'assemblée de Saint-Marc qui avait dû s'embarquer sur le vaisseau le *Léopard,* et de la confédération de Léogane : triomphe que le gouvernement avait obtenu par le concours même qu'ils lui avaient donné, en se ralliant sous ses ordres pour renverser cette faction si hostile à leur classe ; les hommes de couleur du Port-au-Prince voyaient ce gouvernement trop puissant en ce moment, pour compromettre leur position par une entreprise intempestive : éprouvant d'ailleurs quelque ménagement de sa part, ce langage prudent était de circonstance.

Mais Ogé était déjà contraint à prendre les armes, pour ne pas être arrêté. Depuis plusieurs jours, il était chez Chavanne, après avoir visité divers habitans de couleur et reçu d'autres chez lui, au Dondon. Tous ceux de cette paroisse et de la Grande-Rivière, sachant son arrivée et ses intentions, se préparaient à la lutte, quand ils interceptèrent une lettre écrite par le président de l'assemblée provinciale du Cap, au président de la municipalité de la Grande-Rivière, qui lui prescrivait d'appeler les hommes de couleur *à prêter serment,* afin de trouver le moyen de les arrêter, ainsi qu'Ogé lui-même.

Dans la nuit du 27 au 28 octobre, une vingtaine de blancs vinrent chez Chavanne pour s'assurer si Ogé y était : ils y trouvèrent une dizaine de mulâtres qui se présentèrent à eux, armés ; Ogé se tenait dans une pièce particulière. Dans ses interrogatoires, il déclara qu'il dormait dans ce moment et qu'on ne le réveilla pas : Chavanne confirma cette déclaration. Les blancs se retirèrent sans rien faire d'offensif ; mais l'un d'eux déclara à madame Chavanne que leur but était d'arrêter Ogé seul. Informé de cette circonstance, après qu'ils se furent retirés, Ogé résolut de commencer le désarmement de tous les blancs de la Grande-Rivière ; et au jour, cette opération eut lieu. Sa troupe se grossit dans la journée du 28 et fut portée, le lendemain, à environ 250 hommes, selon la déclaration de Chavanne.

Dans ce désarmement, les hommes de couleur ne firent aucun mal aux blancs qui remirent leurs armes ; mais l'un d'eux, un boucher nommé Sicard, ayant opposé de la résistance, fut tué. Ce fut un assassinat. Vincent Ogé n'y prit personnellement aucune part ; ce crime ne fut point commis en sa présence, et il le blâma.

Le sang avait coulé, la guerre était commencée !...

Et cependant, quand des mulâtres et des nègres libres étaient naguère assassinés lâchement dans leurs demeures, eux et leurs enfans, cette classe d'hommes n'avait pas considéré la guerre commencée entre eux et leurs ennemis ! Mais ici, il s'agissait d'un privilégié de la peau : le crime était irrémissible !

C'est alors, le 29 octobre, qu'Ogé adressa sa lettre au président de l'assemblée provinciale du Nord, et celle qu'il écrivit à M. de Vincent, commandant militaire de cette province. Dans l'une et l'autre, il demandait l'exécution du décret du 28 mars.

« Messieurs, disait-il à l'assemblée, un préjugé trop
» longtemps soutenu va enfin tomber. Je vous somme
» de faire promulguer dans toute la colonie le décret de
» l'assemblée nationale du 28 mars, qui donne, sans
» distinction, à tous les citoyens *libres*, le droit d'être
» admis dans toutes les charges et fonctions. Mes pré-
» tentions sont justes, et j'espère que vous y aurez égard.
» *Je ne ferai pas soulever les ateliers ;* ce moyen est indi-
» gne de moi.

» Apprenez à apprécier le mérite d'un homme dont
» l'intention est pure. Lorsque j'ai sollicité à l'assemblée
» nationale un décret que j'ai obtenu en faveur des
» colons américains, connus anciennement sous l'épi-
» thète injurieuse de *sang-mêlés, je n'ai point compris,*
» *dans mes réclamations, le sort des nègres qui vivent dans*
» *l'esclavage.* Vous et nos adversaires avez empoisonné
» mes démarches pour me faire démériter des habitans
» honnêtes. Non, non, Messieurs, *nous n'avons que ré-*
» *clamé pour une classe d'hommes libres,* qui étaient sous
» le joug de l'oppression depuis deux siècles. Nous vou-
» lons l'exécution du décret du 28 mars. Nous persistons
» à sa promulgation, et nous ne cessons de répéter à
» nos amis, que nos adversaires sont injustes, et qu'ils
» ne savent point *concilier leurs intérêts avec les nôtres.*

» Avant d'employer *mes moyens*, je fais usage de la
» douceur. Mais si, contre mon attente, vous ne me
» donniez pas satisfaction de ma demande, je ne réponds
» pas du désordre où pourra m'entraîner ma juste ven-
» geance.

» Les deux dragons de Limonade ont fait ce qu'ils ont

» pu pour remettre la lettre dont vous les avez chargés,
» pour annoncer des troupes qui étaient prêtes à voler
» contre nous. S'ils m'ont remis la lettre à M. Lambert,
» ils y ont été contraints par une force majeure ; leur
» vigilance mérite des égards et des éloges de votre parti.
» Ils sont porteurs de la présente. »

« Nous exigeons, disait-il à M. de Vincent, la promul-
» gation du décret du 28 mars : nous nommerons des
» électeurs, nous nous rendrons à Léogane, nous nous
» fortifierons, nous repousserons la force par la force, si
» l'on nous inquiète. L'amour-propre des colons se
» trouverait insulté si nous siégions à côté d'eux ; mais
» a-t-on consulté celui des nobles et du clergé pour redres-
» ser les mille et un abus qui existaient en France ? »

Examinons ce manifeste d'Ogé, et disons franchement ce que nous en pensons. Le devoir de celui qui étudie l'histoire de son pays et qui s'efforce d'en faire jaillir la vérité, toujours utile à la postérité, consiste à aider cette postérité dans le jugement qu'elle doit porter sur les hommes et les choses. C'est par là qu'il peut recommander son œuvre et inspirer de la confiance en ses propres sentimens. L'impartialité fait le mérite de l'historien : alors même qu'il se trompe dans ses appréciations, le lecteur lui sait gré de sa loyauté.

Nous dirons donc que nous trouvons dans ces lettres d'Ogé une présomption que nous blâmons : le *moi* humain y apparaît trop ouvertement. Sans doute, c'est le langage de celui qui se fait le chef de son parti ; mais ce langage était-il autorisé par les circonstances ? Réduit à précipiter sa prise d'armes, sans avoir eu le temps de s'entendre avec toute la classe de couleur, à n'avoir sous ses ordres que deux à trois cents hommes, quelle que fût sa confiance en lui-même, ne pouvait-il pas, ne devait-il pas parler au nom de cette classe tout entière, plutôt qu'en son propre nom? Pourquoi a-t-il omis les autres commissaires qui, en France, concoururent avec lui à réclamer contre les dispositions du décret du 8 mars? Nous aurions aimé, de sa part, un langage plus modeste, moins empreint de personnalité. Nous l'en excuserions, s'il avait adopté la proposition de Chavanne : à la tête de milliers d'hommes, pouvant imposer la loi à toute la classe blanche et dicter ses volontés, il eût eu l'approbation, la sanction de l'histoire. Ogé avait évidemment de l'ambition, et ce n'est pas ce que nous blâmons en lui; car, sans une noble ambition on ne fait rien d'utile, rien de grand. Mais cette passion des âmes ardentes eût été plus louable en ce jeune homme, si, à ce moment décisif, il se fût placé à la tête de tous les hommes de la race noire, pour les mener à la liberté et à l'égalité politique.

Toutefois, en faisant cette déclaration de guerre qui semble, au premier abord, exclure tout sentiment de sympathie pour les esclaves, Ogé était loin d'être contraire à leur émancipation; il restait seulement conséquent avec la mission qu'il s'était donnée; il restait fidèle, peut-être trop fidèle aux antécédens de sa conduite en France, aux engagemens qu'il avait pris avec J. Raymond, dominé par les mêmes idées, avec les *Amis des noirs* qui avaient facilité ses réclamations. Dans sa fougueuse ardeur, il ne put croire que les colons auraient poussé l'injustice et l'imprévoyance, au point de persévérer dans leur résistance à reconnaître aux hommes de couleur les droits de citoyens actifs; car, malgré l'ambiguïté des décrets, s'ils avaient voulu céder, les désastres qui s'en sont suivis ne seraient pas arrivés. Ogé sentait que si les hommes de couleur parvenaient à jouir des mêmes droits politiques que les blancs, ils influenceraient facilement les résolutions de toutes les assemblées de la colonie, pour améliorer le sort des esclaves et parvenir graduellement à leur émancipation complète. Le langage qu'il tient à l'assemblée provinciale du Nord, après son discours au club Massiac une année auparavant, prouve, non son égoïsme comme propriétaire d'esclaves, mais le raisonnement d'un homme qui cherche à désarmer les colons de leurs préventions, par leur propre intérêt. Car, enfin, quelle était la cause prépondérante du régime colonial? N'était-ce pas l'intérêt qu'avaient les blancs à posséder des esclaves dont le travail les enrichissait?

« Il est vrai, dit Garran, qu'Ogé pensait en 1790, avec
» les philosophes les plus respectables, et les *Amis des*
» *noirs* eux-mêmes, qu'on ne pouvait pas donner tout
» d'un coup la liberté aux esclaves; il ne croyait pas que
» cette tentative fût alors praticable; et il fallait toute
» l'étendue de notre révolution pour que ce grand acte
» de justice naturelle pût être effectué si promptement,
» tant les plus horribles iniquités deviennent difficiles à
» détruire en s'invétérant. Mais *Ogé était bien éloigné de*
» *méconnaître les droits des nègres*, et de vouloir, comme
» les deux assemblées coloniales, que leur éternel escla-
» vage fût la base de la constitution des colonies : *il avait*
» *senti la nécessité d'adoucir leur sort*, dans le mémoire
» qu'il eut l'imprudence de présenter au club Massiac [1]. »

[1] Rapport de Garran, tome 2, page 55. Dans la séance du 11 floréal an III (Débats, tome 5, page 157.), Sonthonax a dit de V. Ogé, qu'*il est mort pour la liberté de ses frères* (les hommes de couleur) *et même pour la liberté des*

Dans leur adresse à l'assemblée nationale, publiée en mars 1791, les *Amis des noirs* disaient *sur l'esclavage*, pages 75 et 76 :

> « Dans tous les pamphlets, dans tous les libelles qui ont été publiés contre nous, on nous a, sans preuve et *malgré nos démentis* perpétuels, accusés de demander *l'affranchissement subit de tous les esclaves*. Nous le répétons, c'est un odieux mensonge. — Nous croyons bien que tous les hommes naissent libres et égaux en droits, quelle que soit la couleur de leur peau, quel que soit le pays où le sort les fasse naître... Mais nous croyons aussi *que cet acte de justice exige de grands ménagemens*. Nous croyons *qu'affranchir subitement les esclaves noirs*, serait une opération, *non-seulement fatale pour les colonies*, mais que, dans l'état d'abjection et de nullité où la cupidité a réduit les noirs, *ce serait leur faire un présent funeste...* »

Dans le même mois de 1791, les commissaires des hommes de couleur restés à Paris adressèrent une pétition aussi à l'assemblée nationale, où ils disaient, page 7 :

> « *Les citoyens de couleur* ne voient qu'avec déchirement *le triste sort des noirs esclaves*; mais ils sentent, comme vous, *la nécessité de ne précipiter aucune innovation à leur égard*; vous les verrez, *puisqu'ils sont malheureusement possesseurs d'esclaves* comme les blancs, vous les verrez concourir les premiers à tous les moyens que

noirs. On peut en croire Sonthonax qui eut l'honneur de proclamer, le premier, la liberté générale des esclaves.

» votre sagesse et votre humanité vous dicteront, *pour*
» *adoucir leur sort, en attendant que vous brisiez leurs*
» *fers.....* »

Quoi qu'il en soit, à la nouvelle du désarmement des blancs par Ogé et sa troupe, l'assemblée provinciale du Nord, concertant ses mesures avec les chefs militaires du Cap, fit marcher M. de Vincent contre eux avec 6 à 800 hommes, et mit à prix la tête d'Ogé pour 500 portugaises, ou 4,000 piastres. Un premier engagement eut lieu, dans lequel les hommes de couleur repoussèrent les blancs avec avantage; quatre ou cinq de ces derniers furent tués dans le combat, et du côté opposé, un nègre libre : une douzaine de blancs furent faits prisonniers et relâchés ensuite par Ogé, après avoir promis, sous serment, de concourir à l'exécution du décret du 28 mars.

Ce succès des insurgés porta l'assemblée provinciale à retirer le commandement des troupes à M. de Vincent, pour le donner à M. de Cambefort, colonel du régiment du Cap, qui marcha contre eux avec 1,500 hommes munis, cette fois, de canons. Un second combat décida du sort des hommes de couleur qui furent vaincus, non sans avoir résisté avec bravoure à leurs ennemis. La troupe d'Ogé avait déjà diminué, après le premier engagement, par des désertions. On fit plusieurs prisonniers qui furent conduits dans les prisons du Cap.

Vaincu par des forces supérieures, Ogé se porta au Dondon avec une soixantaine d'hommes pour en retirer sa mère et sa famille : là, ils échangèrent encore quelques coups de fusils avec les blancs qui s'y trouvaient.

Ogé, en organisant sa faible armée, avait été reconnu

par elle au grade de *colonel général*[1]. Il s'était muni d'avance de deux épaulettes d'or, qu'il porta sur une veste d'uniforme de la garde nationale de Paris, dans laquelle il s'était incorporé pendant son séjour en cette ville. Il était en outre décoré d'une croix de l'ordre de mérite du Lion de Limbourg, qu'il s'était procurée en France.

J.-B. Chavanne, son lieutenant dans cette mémorable entreprise, avait le rang et le titre de *major général* : un des frères d'Ogé était *adjudant major*, d'autres étaient reconnus *capitaines, lieutenans*, etc., etc.

Du moment qu'il revenait à Saint-Domingue avec l'intention d'armer les hommes de couleur, s'il y était obligé, pour opposer la force à la force et contraindre les blancs à l'exécution du décret du 28 mars, Ogé avait dû se préparer au rôle de *chef militaire* : de là sa prévoyance à se munir d'épaulettes d'or, comme signe du commandement.

Il est vraisemblable que, sachant l'importance des insignes de la noblesse à Saint-Domingue, il aura jugé également convenable de se procurer la croix de l'ordre du Lion de Limbourg qui, aux yeux de beaucoup d'hommes de sa classe, pouvait être considérée comme l'équivalent de la croix de Saint-Louis, si commune dans la colonie. Cette décoration n'était pas indispensable; elle ne pouvait même être d'aucune utilité. Nous disons de plus que nous pensons qu'elle était une pauvre conception de la part de Vincent Ogé, qui venait réclamer

---

[1] Le 7 novembre 1789, il avait écrit de Paris à l'une de ses sœurs qui était à Bordeaux, qu'il était *colonel*. Interrogé à ce sujet, il déclara que c'était pour flatter la vanité de ses sœurs et de sa mère. Le brevet qui lui accordait la croix du prince de Limbourg lui donnait cette qualité.

les droits *à l'égalité civile et politique pour ses frères et ses égaux*, surtout après la mémorable séance de l'assemblée nationale où les titres de noblesse furent abolis en France. Cette vanité de sa part aurait pu avoir une fâcheuse influence parmi les siens, s'il avait eu le succès qu'il se promettait. Les principes de la révolution française, dont il poursuivait la réalisation à Saint-Domingue, étaient basés *sur l'égalité des conditions parmi les hommes*, c'est-à-dire *sur la justice;* c'était cette précieuse égalité que les affranchis voulaient conquérir : il ne fallait donc pas la fausser au début de cette révolution sociale et politique.

Mais, si le lecteur se rappelle ce que nous avons dit, dans la première partie de cet ouvrage, sur les idées qui caractérisaient les hommes de la province du Nord, il trouvera dans ce fait que nous reprochons encore, à regret, à la mémoire de cet intrépide jeune homme, l'explication naturelle de cette erreur, de cette faiblesse. Ogé a eu cela de commun avec Jean François, Biassou et Toussaint Louverture, déterminés par les mêmes idées, à prendre des décorations de noblesse. Les mulâtres et les nègres libres de l'Ouest et du Sud se sont également insurgés contre les blancs; mais on ne vit dominer parmi eux que les principes républicains, et ils n'adoptèrent que les grades militaires que comportent ces principes.

A part les deux reproches que nous faisons à Ogé et que nous croyons justes, on ne peut que louer sa conduite. Il s'est montré digne de sa mission, généreux et même chevaleresque dans ses procédés envers les vaincus qu'il a eus en son pouvoir, courageux dans son immortelle entreprise, brave sur le champ de bataille. Cédant au grand nombre de ses ennemis; vaincu par la puissante organisation militaire qui existait au Cap, par l'union qui régnait entre l'assemblée provinciale et les agens du gouvernement colonial, par l'impossibilité où il se trouvait de se concerter avec tous les hommes de couleur de la colonie, dans le peu de temps qu'il passa au Dondon et à la Grande-Rivière, il se réfugia avec Chavanne et plusieurs autres de leurs compagnons, sur le territoire espagnol où ils pénétrèrent le 6 novembre : un plus grand nombre, au moment d'y passer, changèrent de disposition et restèrent dans la colonie française où ils durent se cacher. Séparé bientôt de son brave lieutenant qui s'égara dans la route, Ogé fut arrêté à Hinche, tandis que Chavanne l'était à Saint-Jean [1]. On les achemina tous à Santo-Domingo, où ils furent déposés dans les cachots de la Tour de cette ville. La mère d'Ogé et ses autres parentes restèrent à Banica.

Les fugitifs, devenus prisonniers, étaient :

Vincent Ogé et trois de ses frères : Joseph Ogé, l'aîné de tous, Jacob Ogé, ou Jacques dit Jacquot, et Alexandre Couthia, frère utérin des autres.

Jean-Baptiste Chavanne, Hyacinthe Chavanne, son frère, et Joseph Chavanne, fils de ce dernier.

Ensuite : Pierre Angomard, Jean-Pierre Angomard et Joseph-Louis Angomard, trois frères ; Pierre Joubert aîné, Armand Joubert et Jean-Baptiste Joubert jeune, trois autres frères ; Louis Suar, Alexis Barbault, dit Boi-

---

[1] Un procès-verbal dressé à Hinche, le 20 novembre, fait ainsi le signalement de V. Ogé : Un homme de 5 pieds 3 pouces, de couleur brune, cheveux crépus, nez aquilin, grands yeux, manquant une dent dans la mâchoire supérieure, etc.
Interrogé ensuite par Don Garcia, V. Ogé déclara être *Français*, âgé de 34 ans (en 1790), célibataire, de la religion catholique, apostolique et romaine.
J.-B. Chavanne déclara être âgé de 42 ans et marié. On ne fit point son signalement.

ron, Pierre Arceau, Toussaint Parvoyé; Jean-Baptiste Grenié, Louis Grégoire, Jean-Baptiste Chevrier, Joseph Palmentier, Louis Labonté, Jean Picard et François Miot: plus, l'esclave Louis, appartenant à Ogé, et l'esclave Nicolas-François Olandes, appartenant à Jean-Baptiste Chavanne.

Le 11 novembre, étant à Banica, Ogé rédigea une lettre qu'il adressait au gouverneur de la colonie espagnole, mais qui ne fut pas expédiée : elle se trouva parmi d'autres papiers, dans une cassette. On trouva aussi plus de deux cents pièces manuscrites ou imprimées dans sa valise qu'avait Chavanne, à Saint-Jean.

Par la lettre qu'Ogé écrivait au gouverneur, et qui ne fut qu'un *projet*, il offrait, en son nom et au nom de ses compagnons en fuite, de prêter serment de fidélité et de vasselage au roi d'Espagne. Cette offre était commandée par leur position de fugitifs. Ils n'ignoraient pas que le gouvernement colonial demanderait leur extradition; et pour ne pas être livrés à leurs bourreaux, ils voulaient avoir recours à ce moyen qu'ils croyaient propre à inspirer la sympathie des Espagnols. D'un autre côté, ils savaient que les hommes de couleur du Fond-Parisien et d'autres de l'Artibonite avaient trouvé refuge et protection sur le territoire espagnol; ils pouvaient donc espérer d'être traités aussi favorablement.

Etait-ce un tort de leur part, d'ailleurs, de concevoir l'idée de changer de patrie, de se soumettre à un autre gouvernement, à un autre souverain, lorsque leur pays ne leur offrait qu'humiliations et injustice? Le droit naturel de l'homme n'est-il pas de renoncer à sa nationalité, quand la tyrannie lui en fait en quelque sorte un devoir?

Ce que peut tout un peuple, un homme ne le peut-il pas aussi ?

Les colons firent à Ogé un reproche outré de son projet de lettre au gouverneur espagnol ; mais il n'appartient pas aux tyrans, qui ne savent que proscrire et tuer, non, jamais il ne leur appartiendra d'apprécier ce sentiment vivace qui attache l'homme à son pays natal, le citoyen à sa patrie.

Du reste, ce moyen qu'imagina Ogé pour échapper à ses persécuteurs n'était pas sérieux ; et Faura, qui a émis une opinion si bien raisonnée en cette circonstance importante, l'a démontré dans son admirable argumentation. Ogé était trop enthousiaste de la révolution et de la nation française, pour avoir conçu sincèrement le désir de devenir le sujet du roi d'Espagne [1].

Le gouverneur Don Joachim Garcia procéda lui-même à l'interrogatoire des fugitifs, dévoués d'avance aux plus horribles supplices. Cette procédure qu'il fit spontanément, pour préparer celle à laquelle ces infortunés allaient être bientôt soumis dans la partie française, commencée le 23 novembre par l'interrogatoire de Jean-Baptiste Chavanne, arrivé le premier à Santo-Domingo, fut achevée le 12 décembre par l'interrogatoire de Jacob Ogé. Diverses confrontations eurent lieu entre V. Ogé et plusieurs de ses compagnons. Ses réponses, comme celles des autres, n'exprimaient aucune crainte, ni même aucune haine contre les blancs de la colonie française ; ils avouèrent tous le but de leur prise d'armes, qui était de

---

[1] Voyez l'énergique défense que Sonthonax a présentée en faveur d'Ogé, dans le tome 3 des Débats, page 47 et suivantes. Il a soutenu le droit d'Ogé et de ses compagnons de changer de patrie, pour fuir la tyrannie des colons.

contraindre les colons à l'exécution du décret du 28 mars :
tous, ils honorèrent leur captivité, leur infortune.

Chavanne étant sur le point d'être retiré de son cachot
pour passer à un autre, apprit d'une sentinelle la prochaine arrivée d'Ogé qui devait y être mis à sa place :
avant d'en sortir, il traça au charbon, sur le mur, quelques notes pour servir de renseignemens à son ami, à
celui qu'il appelait son chef.

Noble cœur ! ce n'est pas le seul trait que nous ayons à
enregistrer en ton honneur !

En effet, ce caractère altier, cet esprit logique qui devançait son époque, par ses idées révolutionnaires qui lui
faisaient entrevoir l'heureux moment où tous les hommes
de la race noire, à Saint-Domingue, jouiraient de la liberté et de l'égalité ; Chavanne adressa, du fond de son
cachot, lui captif, deux lettres au gouverneur espagnol,
l'une le 28 novembre, l'autre le 2 décembre, pour lui
dire fièrement *que le gouverneur n'avait pas le droit de le
retenir aux fers ;* qu'il était venu, ainsi que ses compagnons, réclamer la protection de l'Espagne et un asile
sur son territoire, contre les blancs français rebelles à la
volonté de l'assemblée souveraine de la France.

Cette protestation honore la mémoire de Chavanne :
la postérité doit lui en savoir gré. On ne peut refuser
son estime, son admiration, à un homme, quel qu'il
soit, qui, combattant pour les droits sacrés que l'espèce
humaine tout entière a reçus de la nature, proteste contre l'injustice de ses ennemis, alors même qu'il est
vaincu. Et lorsqu'on sait encore que Chavanne, sur l'échafaud, a montré le courage du martyre, on ne peut
que regretter, et regretter amèrement, que l'esprit méthodique de son célèbre et malheureux compagnon n'ait

pas saisi, comme le sien, l'avenir de sa race infortunée sur cette terre, où tant de victimes devaient être immolées avant que les décrets de l'éternelle Providence fussent accomplis.

Mais, peut-être fallait-il ce sacrifice humain pour sceller ces décrets. Dans l'enfantement de leur liberté, les peuples ne peuvent se soustraire à la nécessité de verser du sang; l'histoire de toutes les nations atteste cette vérité. Dans l'ordre des idées morales, la liberté est une religion politique qui veut des victimes pour s'asseoir et se développer. Le christianisme, qui a tant influé sur la liberté des hommes, a compté également de nombreux martyrs.

La chaleur et le dévouement que montrait Ogé, à Paris, pour la défense de la cause des hommes de couleur; les menaces, peut-être imprudentes, que ce caractère ardent y faisait, de se rendre à Saint-Domingue pour faire un appel aux armes à sa classe, avaient porté les colons du club Massiac, dès le mois de février 1790, à avertir ceux de la colonie de ses projets, pour l'arrêter et le tuer. Le 12 avril suivant, le baron de Cambefort, qui a commandé les troupes vainqueurs de la petite armée d'Ogé, écrivit au commandant de Monte-Christ pour le prier de l'arrêter, en cas qu'il y débarquât, et l'envoyer au Fort-Dauphin. Pareil avis, pareille réquisition furent adressés à tous les commandans des bourgades de la partie espagnole, sur les frontières, par d'autres autorités françaises. Elles les renouvelèrent aussitôt la prise d'armes de la Grande-Rivière et après la défaite d'Ogé. Le marquis de Rouvray, grand planteur de la paroisse du Trou, écrivit également à cet effet. Alors, l'assemblée provinciale du Nord et le nouveau gouverneur de la partie française, le général Blanchelande, s'empressèrent d'écrire à Don Garcia, pour réclamer son extradition et celle de ses compagnons [1].

Blanchelande était au Port-au-Prince pendant l'insurrection : en ce moment, il recevait les rênes du gouvernement colonial, des mains du comte de Peinier qui partit pour la France le 8 novembre. Sa lettre du 16 disait à Don Garcia, qu'elle lui serait remise par M. de Négrier, commandant de la corvette la *Favorite,* qui se rendait à Santo-Domingo pour recevoir à son bord *ces mulâtres insurgés ;* elle lui parlait d'une autre, écrite par lui-même à ce gouverneur dont M. Deslignéris, capitaine au régiment du Port-au-Prince, était porteur : c'était par cette dernière qu'il réclamait l'extradition des insurgés. Ainsi, Garran se trompe, faute de documens, quand il dit que ce fut l'assemblée provinciale qui fit cette réclamation, *en prenant sur elle d'emprunter le nom du gouverneur.* C'est à M. Deslignéris que remise fut faite des prisonniers, au nombre de 26, le 21 décembre : ce même jour, il signa un acte, après avoir prêté serment, par lequel il promit *que l'on observerait les formes légales* dans le procès à instruire contre eux.

Blanchelande adressa également, le 18 novembre, la lettre suivante, écrite tout entière de sa main, au commandant de Las Caobas. Nous la transcrivons pour donner une idée à nos lecteurs, des sentimens de ce gouverneur qui servit si bien les passions des colons, dans cette circonstance et dans tant d'autres. Nous copions textuellement :

---

[1] Nous possédons ces lettres originales que nous avons prises dans les archives de Santo-Domingo.

Au Port-au-Prince, le 18 novembre 1790.

« *A Don Arrata, commandant a Caoba.*

» Monsieur,

» J'apprends que le nommé Ogé, *chef des brigands* qui ont manifestés une révolte dans la partie française du Nord et que l'assistance de nos bons voisins ont fait arrêter, est encore avec quelques-uns de ses complices dans les prisons de Banica ou vous commandés ; j'écris, Monsieur, au juge ou alcade de Banica pour le prier d'acheminer *ces brigands* pour San-Domingo ; j'ay fait partir une corvette du Roy et j'ay envoyé un officier a San-Domingo pour réclamer auprès de son Excellence le gouverneur de la partie espagnole tous *ces révoltés* pour en faire *bonne justice.* J'ay l'honneur de vous prier, Monsieur, de vouloir bien donner protection et escorte pour faire arriver a San-Domingo *ces criminels* le plutôt qu'il sera possible. Sans cette précaution, je craindrais fort que ceux des complices de *ces brigands* qui sauroient qu'ils sont encore a Banica n'aillent en force pour les délivrer, ce qui seroit très désagréable pour vous, Monsieur, et encore plus pour la tranquillité de la partie françoise de l'isle, je compte beaucoup sur votre prudence et vos bons secours.

» J'ay l'honneur d'être avec beaucoup de considération et une parfaite estime,

Monsieur,
Votre très humble et très obéissant serviteur,

BLANCHELANDE.

» Je vous prieray, Monsieur, de permettre lorsque je sauray tous *nos brigands* rendus à San-Domingo, que je fasse addresser *une recompense* aux troupes et personnes qui les auront escortés. »

Ne commentons pas cette lettre de Blanchelande ; car les colons, pour prix de sa condescendance à toutes leurs cruautés, l'ont accusé auprès des terroristes et fait tomber sa tête sur l'échafaud où tant d'illustres victimes ont péri en 1793.

Cependant, Don Garcia, qui exigea un serment et

une déclaration écrite de M. Desligneris, qu'on observerait les formes légales envers les prisonniers, employa lui-même *des formes* avant de les livrer : il soumit la question de l'extradition à l'examen des personnages qui devaient concourir avec lui à en juger.

Le 19 décembre, le fiscal oidor (procureur du roi) émit une opinion motivée et conclut à la remise des prisonniers : il se nommait Fonserada. Cette opinion se fondait sur l'intérêt qu'avaient les puissances qui ont des colonies, à ne pas favoriser les prétentions des hommes de couleur de devenir les égaux des blancs; elle réclamait aussi l'application du traité de police passé entre la France et l'Espagne, pour l'extradition des criminels.

Le 20, Vicente Antonio de Faura, avocat, assesseur du gouverneur, lui remit aussi une opinion motivée, concluant à ne pas livrer les prisonniers et à attendre les ordres de la cour d'Espagne, à qui rapport en serait fait. Cette opinion, fondée sur les plus hautes considérations politiques (en raison des circonstances où se trouvait la colonie française, et de la grande révolution survenue en France qui avait modifié et restreint l'autorité royale), mettait en doute la question de savoir si la cour d'Espagne voudrait maintenir le traité de police, de 1777, contracté avec le roi de France, pour l'extradition des criminels de l'une et l'autre colonie. Elle rappelait au gouverneur Garcia, qu'*en fait*, le traité n'était déjà plus observé dans la colonie voisine, puisqu'en une circonstance récente on avait vainement réclamé des criminels espagnols, qui y avaient trouvé refuge. Faura faisait encore remarquer que la réclamation faite contre Ogé et ses compagnons portait qu'ils avaient conspiré contre la sûreté des deux colonies, et que pour ce motif il fallait les garder, afin d'instruire contre eux. Il déguisait ainsi la sympathie que ces infortunés lui inspiraient [1].

Le 21, après une séance de plus de six heures, présidée par Don Garcia, où « ce gouverneur déclara *verba-* » *lement* à l'audience royale, l'importante *nécessité et* » *l'utilité de remettre les criminels* au gouvernement colo- » nial, pour éviter beaucoup de funestes consé- » quences, » l'audience royale, qui rappelle ce fait, étant consultée, émit son opinion pour la remise des prisonniers. Elle déclara que sur les trois oidors ou juges qui la composaient, deux partageaient l'avis du gouverneur-président, et que le troisième concluait à faire rapport à la cour d'Espagne et à attendre ses ordres. Comme le fiscal, l'audience royale rappela le traité de police, et cita une réclamation adressée par le gouvernement de Porto-Rico à celui de Saint-Thomas, pour un cas de *fausse-monnaie*, dans laquelle les accusés furent remis. Telle fut l'analogie forcée qu'elle employa pour prouver qu'il fallait livrer Ogé et ses compagnons. Le régent de cette cour royale se nommait Urisar, et les deux oidors Catani et Brabo : le document n'indique pas les opinions personnelles de ces juges.

Ainsi, sur les cinq personnages consultés par Don Garcia, trois étaient du même avis que lui. Cet avis prévalut ; la politique et le préjugé l'emportèrent sur

---

[1] Nous regrettons d'être forcé à une simple analyse de cette opinion de Faura, où il a donné des preuves d'un esprit solide et étendu, en même temps que de ses sentiments d'humanité. Faura était un homme respectable par ses mœurs et par ses lumières. Quand la cour d'Espagne connut son opinion, elle l'approuva, non à cause de sa sympathie pour les prisonniers, mais par les considérations politiques que Faura avait exposées ; elle l'éleva à des charges supérieures.

l'humanité, sur le droit naturel et positif; car les droits de ceux que l'on qualifiait de *criminels* reposaient sur des titres incontestables.

Mais, était-il capable d'apprécier ces hautes considérations, ce gouverneur qui eut la bassesse, en livrant ces infortunés, de témoigner le désir d'avoir la croix de Saint-Louis pour *récompense?* L'infâme! il osa la demander!

Et l'assemblée provinciale du Nord écrivit à cet effet, à l'assemblée nationale et à Louis XVI. Une décoration instituée pour être la récompense d'actions honorables, devint le prix du sang humain!

Et de tels hommes se croyaient autorisés à mépriser les nègres et les mulâtres!...

Le 5 janvier 1791, M. Desligneris adressa, du Cap, une lettre à Don Garcia où il lui annonça l'arrivée de la *Favorite* dans ce port, le 29 décembre 1790. Il y plaisanta du *général Ogé* qui était attendu, dit-il, *comme les Juifs attendent le Messie.* Il ajouta qu'il y avait près de trois cents complices dans les prisons, au nombre desquels se trouvaient quatre *blancs sans aveu ou mésalliés*; et que *leur affaire se poursuivait vigoureusement. Je crois,* dit-il, *qu'ils ne languiront pas longtemps.*

En effet, livrés à leurs juges, au Conseil supérieur du Cap, ils subirent une instruction ténébreuse, en présence de commissaires nommés par l'assemblée provinciale, pour y assister et veiller à ce que les victimes ne pussent échapper. Cette précaution était inutile.

Ogé demanda vainement un défenseur : on le lui refusa. Cette demande était également inutile. Pouvait-il espérer qu'aucun blanc de la colonie de Saint-Domingue eût voulu, eût osé le défendre? Ne savait-il pas qu'il était destiné aux gémonies?...

Après deux mois de procédure, « Vincent Ogé et Jean-
» Baptiste Chavanne furent condamnés à avoir les bras,
» jambes, cuisses et reins rompus vifs, sur un échafaud
» dressé à cet effet, *au côté opposé à l'endroit destiné à*
» *l'exécution des blancs,* et à être mis par le bourreau sur
» des roues, *la face tournée vers le ciel,* pour y rester tant
» qu'il plairait *à Dieu* leur conserver la vie ; ce fait, *leurs*
» *têtes coupées et exposées sur des poteaux ;* savoir, celle de
» Vincent Ogé sur le grand chemin qui conduit au Don-
» don, et celle de Jean-Baptiste Chavanne, sur le che-
» min de la Grande-Rivière, en face l'habitation Pois-
» son. » Leurs biens furent en outre confisqués au profit
du roi.

Tels furent les termes de cette sentence de mort.

Ces deux martyrs furent exécutés le 25 février 1791 :
ils périrent courageusement. Les traditions du pays attestent qu'ils honorèrent leur fin tragique par une résignation héroïque [1].

Toutefois, Chavanne, qui avait une foi ardente dans
l'avenir de sa race, Chavanne, en montant sur l'échafaud, en appela à la postérité pour venger leur mort.

[1] Bryand Edwards dit que *Chavanne subit son sort avec une fermeté rare, sans se permettre un soupir pendant toute la durée de ses tortures ;* mais que *la force d'Ogé l'abandonna entièrement, qu'il implora miséricorde, les larmes aux yeux,* etc., *et qu'il avait un secret important à communiquer,* etc. Mais tout ce qu'il dit de V. Ogé prouve qu'il le confond avec *Jacques Ogé.* Un colon, commentateur de l'histoire de Bryand dit seulement qu'on fut forcé de hâter le supplice de V. Ogé, parce qu'étant condamné, il refusa de prendre toute espèce de nourriture. Après Bryand Edwards, Malenfant prétendit qu'*Ogé demanda un sursis le matin du jour de l'exécution, en représentant qu'il pouvait rendre les plus grands services,* etc. Il ne dit pas qu'il montra aucune faiblesse. Sa narration prouve qu'il a confondu également V. Ogé avec Jacques Ogé dont les blancs prétendent avoir reçu un testament de mort, et à l'exécution duquel ils avaient sursis.

Dans la même année, cette hâtive postérité accomplit son vœu!

Leurs bourreaux avaient voulu qu'ils eussent la face tournée vers le ciel. Le ciel leur envoya des vengeurs!

Le Dieu dont ils consignèrent le nom auguste dans leur atroce jugement, en recueillant le dernier soupir de ces victimes de la haine coloniale, fit sortir du Dondon et de la Grande-Rivière des hommes impitoyables qui remplacèrent les têtes d'Ogé et de Chavanne par de nombreuses têtes de blancs exposées à leur tour sur des poteaux.

Ces hommes énergiques se rappelèrent le généreux dessein de Chavanne à leur égard. C'étaient des noirs!

Les membres de l'assemblée provinciale du Nord assistèrent en corps à cette affreuse exécution : ils voulurent repaître leurs yeux du spectacle de douleurs qu'occasionnerait la mort de deux hommes auxquels le bourreau brisa les membres tout vivans!

Douze années plus tard, dans cette même ville du Cap, ce fut un autre spectacle qui attira les regards de ces Européens qui se flattent de leur civilisation avancée. Cette fois, ce n'étaient pas *des mulâtres*, mais *un nègre* qui fut dévoré vivant par des dogues affamés!...

Et quand des mulâtres, quand des nègres eurent assouvi leurs vengeances par des actes cruels, atroces, les Européens les accusèrent de barbarie! Ne sont-ce pas les Européens qui tracèrent ce criminel exemple?...

Deux jours après l'exécution d'Ogé et de Chavanne, un autre fut rompu vif, comme eux, et vingt-un pendus : treize autres furent condamnés aux galères perpétuelles, et d'autres encore à des peines différentes.

Jacques Ogé ne fut condamné que le 5 mars, à la

même peine que Vincent. Il fut exécuté le 10 du même mois. Il paraît qu'il eut la faiblesse de dénoncer beaucoup d'hommes de couleur, si toutefois on peut se rapporter aux procès-verbaux de ses juges, intéressés à y consigner, dans les ténèbres de cette procédure, tout ce qui pouvait motiver l'arrestation et la mort des nouveaux accusés dont plusieurs résidaient dans l'Ouest [1].

Le procès fut fait aux contumax; et durant plusieurs mois, on exécutait tous ceux qui étaient arrêtés et qui avaient été condamnés à la peine de mort.

Ainsi se termina la glorieuse entreprise d'Ogé.

« Sa conduite, dit Garran, fut imprudente à bien
» des égards. Il fut vaincu et sacrifié... Quelque opinion
» donc qu'on puisse avoir sur la témérité des démarches
» d'Ogé; si l'on se porte aux premières années de la
» révolution, si l'on se rappelle que les blancs de la
» colonie lui avaient montré l'exemple de s'armer les
» uns contre les autres, et qu'il ne réclamait même les
» droits les plus légitimes contre des autorités illégales,
» à 2,000 lieues de la métropole, qu'en se fondant sur les
» décrets de l'assemblée nationale, on ne pourra refuser
» des larmes à sa cendre, en abandonnant ses bourreaux
» au jugement de l'histoire. »

Et encore : « La catastrophe de cet infortuné ne servit
» pas moins la cause des noirs, que celle des hommes
» de couleur; comme si la nature, par une sorte d'ex-
» piation, eût voulu du moins attacher à sa mémoire
» la régénération de l'espèce humaine dans les An-
» tilles. »

---

[1] Voyez ce que dit Sonthonax aux Débats, tome 3, pages 48 et 50, sur la fausseté de ce testament.

Nous avons suivi, sans interruption, toutes les opérations d'Ogé et de Chavanne dans le Nord, jusqu'à leur mort. Nous avons dit que le premier écrivit aux hommes de couleur du Mirebalais et à ceux du Port-au-Prince, et que les uns et les autres lui répondirent, ne partageant pas son opinion sur l'opportunité d'une prise d'armes dans le moment.

Mais ceux de l'Artibonite formèrent un rassemblement aux Vérettes, contre lequel Mauduit fut envoyé par le comte de Peinier, avec un détachement du régiment du Port-au-Prince. Le système de ménagement qu'ils employaient alors envers cette classe, les porta à user de persuasion pour dissiper ce rassemblement, plutôt que de l'emploi des armes.

En même temps, ceux de quelques paroisses du Sud se réunirent sur l'habitation Prou, à la Ravine-Sèche, dans la plaine des Cayes : ils y formèrent un camp sous les ordres d'André Rigaud, l'un des mulâtres qui, comme J.-B. Chavanne, avaient fait la campagne de Savannah. Rigaud avait pour ses lieutenans Faubert, J. Boury, Hyacinthe et Guillaume Bleck, Rémarais et N. Rollin, et comptait dans sa petite armée environ 500 hommes. Destiné à devenir le plus grand personnage militaire parmi les hommes de couleur, il débuta dans cette carrière en repoussant les blancs des Cayes, qui marchèrent contre le camp Prou après avoir arboré le *drapeau rouge* : ils abandonnèrent, en fuyant, leurs canons et leurs munitions.

Cette affaire se passait au mois de novembre, au moment même où Ogé venait d'être vaincu. Si ce dernier avait pu se maintenir seulement quelques jours, il est à présumer que sa résistance et le succès de Rigaud auraient donné de la résolution aux hommes de couleur des autres quartiers. Mais la défaite d'Ogé porta le découragement parmi eux, même dans le camp Prou.

Immédiatement après avoir terminé ses arrangemens avec ceux des Vérettes, Mauduit partit pour les Cayes, à la tête de quatre cents hommes. Il les débarqua au Port-Salut, le 28 novembre. Poursuivant le plan de modération calculée de Peinier, adopté par Blanchelande, il laissa sa troupe et se porta de sa personne au camp Prou, avec quelques officiers, sans doute pour ne pas s'exposer à une résistance de la part des hommes de couleur. Cependant il leur adressa le discours suivant, empreint de morgue et de menace : « Gens de couleur, leur dit-il, je vous
» parle au nom de la nation, de la loi et du roi. Vous
» avez été égarés *par de folles prétentions*. Vous ne devez
» *jamais* espérer de franchir la ligne de démarcation qui
» vous sépare des blancs, *vos pères et vos bienfaiteurs*.
» Rentrez dans le devoir... Je vous porte d'une main la
» paix, et de l'autre la guerre. »

Rigaud et ses camarades mirent bas les armes. Mais bientôt après, Mauduit opéra l'arrestation de Rigaud et des principaux chefs secondaires de cette troupe, qu'il envoya dans les cachots du Port-au-Prince, par ordre de Blanchelande[1].

Là se trouvaient déjà P. Pinchinat, Labastille, J. Rebel, Daguin et quelques autres, emprisonnés par Blanchelande, pour avoir correspondu avec Ogé. P. Pinchinat, natif de Saint-Marc, est devenu le chef politique de sa

---

[1] Dans son Mémoire, Rigaud prétend que Mauduit leur fit mettre bas les armes, plutôt par la voie de la persuasion que par le développement des forces qui l'accompagnaient. Le fait est que Rigaud agit avec prudence en cette occasion, pour éviter une lutte intempestive.

classe, l'âme des conseils des hommes de couleur. C'est dans cette communauté de malheur que commencèrent ses liaisons intimes avec Rigaud.

Dans les révolutions, souvent les hommes destinés à exercer une grande influence sur le sort de leurs semblables, doivent passer par les épreuves de la persécution, pour acquérir le droit de les diriger. Nous verrons si Pinchinat et Rigaud comprirent leur mission.

CHAPITRE III.

Revue des actes de l'assemblée générale de Saint-Marc. — Fuite d'une partie de ses membres en France. — Décrets de l'assemblée nationale constituante, du 12 octobre 1790, 1ᵉʳ février et 15 mai 1791. — Discours de l'abbé Maury. — Résistance des colons, et formation d'une nouvelle assemblée coloniale. — Conseil politique des hommes de couleur dans l'Ouest. — Préparatifs de la lutte de 1791.

Revenons sur les actes de l'assemblée générale de Saint-Marc.

Nous avons parlé de ses décrets réformant les abus du gouvernement colonial, de celui du 28 mai 1790 qui constituait Saint-Domingue indépendant de l'assemblée nationale constituante. Ces actes avaient suffi pour ouvrir la lutte entre elle et le gouvernement. L'intention de rendre la colonie indépendante, même de la France, avait encore percé dans la réception d'un paquet venant de la Jamaïque et adressé au président de l'assemblée générale [1]. Prévoyant la résistance qu'opposeraient à ce projet, et la métropole et son gouvernement à Saint-Domingue, les colons s'étaient ménagé dès lors la protection de l'Angleterre. Cette intrigue paraît même avoir commencé dès 1789, en Europe, par les planteurs du

---

[1] Rapport de Garran, tome 1ᵉʳ, page 146.

club Massiac qui envoyèrent à Londres l'un d'eux, le comte de Guiton. La Grande-Bretagne ne pouvait laisser échapper cette occasion de se venger de la perte de ses colonies de l'Amérique septentrionale, soutenues dans leur rébellion par la France surtout.

C'est cette circonstance qui fut cause du rapprochement opéré entre le gouverneur de Peinier et l'assemblée provinciale du Cap, qui voulait bien que la législature coloniale fût indépendante de l'assemblée nationale, mais pourvu que Saint-Domingue restât attaché à la France. Cette assemblée était composée en partie de gens de loi, d'officiers du gouvernement et de commerçans, tandis que dans l'assemblée de Saint-Marc dominaient les planteurs. Ceux-ci, dans leurs vues d'indépendance absolue avaient encore pour motifs l'excès de leurs dettes envers le commerce national, l'espoir de s'en libérer, et le désir de secouer le joug du monopole qu'exerçait ce commerce dans la colonie.

Le comte de Peinier sentit alors la nécessité de quelques ménagemens envers la classe des hommes de couleur, dont le nombre balançait celui des blancs, et qui devait, par politique, embrasser le parti du gouvernement colonial, puisqu'en concourant à maintenir la dépendance de la colonie envers la France, elle devait espérer d'obtenir la reconnaissance de ses droits de la justice de l'assemblée nationale, tandis qu'elle n'avait rien à attendre des colons dont la haine antérieure s'était accrue dès le commencement de la révolution. On verra les hommes de couleur persévérer dans cette conduite, qui s'accordait avec les conseils qu'ils recevaient de J. Raymond, et que leur bon sens leur indiquait d'ailleurs, quels que fussent les torts du gouvernement colonial envers eux. La suite des événemens prouvera que sans eux Saint-Domingue eût échappé entièrement à sa métropole.

La puissance d'opinion qu'exerçait l'assemblée de Saint-Marc, n'étant pas assez forte pour triompher de l'organisation du gouvernement colonial, qui se fit encore aider de la classe des petits blancs, elle fut vaincue. A l'approche des troupes sorties du Cap sous les ordres de M. de Vincent, et de celles du Port-au-Prince, sous les ordres de M. de Mauduit, quatre-vingt-cinq de ses principaux membres prirent la résolution de se rendre en France, sur le vaisseau le *Léopard*, dont ils subornèrent l'équipage. Mais, en apprenant sa dissolution par le gouverneur de Peinier, elle avait fait un appel à tous les habitans blancs. Ceux du Sud et de quelques paroisses de l'Ouest se confédérèrent et se réunirent à Léogane, ainsi que nous l'avons dit dans l'introduction à cet ouvrage.

Avant de se mettre en campagne, les blancs des Cayes tranchèrent la tête à M. de Codère, major pour le roi dans cette ville. Ils promenèrent cette tête comme un triomphe sur le parti du gouvernement colonial.

Les *Léopardins* étaient déjà rendus en France, et l'assemblée nationale rendait un décret, le 12 octobre, au moment où Ogé allait débarquer au Cap.

Ce décret, tout en cassant l'assemblée de Saint-Marc, dont il annula les actes; tout en ordonnant la formation d'une nouvelle assemblée coloniale, ne maintenait pas moins à celle-ci les pouvoirs qu'attribuait à l'ancienne le 5ᵉ article du décret du 8 mars. Le roi y était prié de donner ses ordres pour l'exécution de celui-ci et des instructions du 28 mars, et MM. de Peinier, de Mauduit et de Vincent, et l'assemblée provinciale du Nord furent loués pour leur conduite.

Mais Barnave, qui s'était entièrement dévoué à la cause des colons, et qui était l'âme du comité colonial à l'assemblée nationale, rédigea ce décret du 12 octobre et fit déclarer :

« Que pour calmer les alarmes des colonies, l'assem-
» blée nationale avait annoncé d'avance l'intention d'en-
» tendre leurs vœux sur toutes les modifications qui
» pourraient être proposées aux lois prohibitives du com-
» merce, et *la ferme volonté* d'établir comme article *con-*
» *stitutionnel* dans leur organisation, *qu'aucunes lois sur*
» *l'état des personnes ne seraient décrétées pour les colonies,*
» *que sur la demande précise et formelle de leurs assemblées*
» *coloniales.* »

Quel que soit le soin que prend Garran, de défendre l'assemblée constituante, il est impossible d'admettre que la *majorité* de ce corps n'ait pas compris tout ce que comportait une telle déclaration de sa part. Sans doute, un grand nombre de ses membres était favorable aux hommes de couleur et aux noirs ; mais la majorité savait bien ce qu'elle faisait en rendant le décret du 12 octobre qui confirmait les pouvoirs précédemment attribués à l'assemblée coloniale de Saint-Domingue. Elle ne pouvait ignorer comment, à la faveur du décret du 8 mars, cette assemblée avait dénié aux hommes de couleur tous droits politiques ; comment elle les avait fait persécuter ; comment les assemblées provinciales et les municipalités, et le gouverneur lui-même, s'étaient tous entendus pour ne pas les admettre à exercer ces droits réclamés si justement.

Et la preuve de ce que nous faisons remarquer ici, c'est que le décret du 12 octobre disait également, qu'en attendant que de nouvelles lois eussent été substituées aux anciennes, celles-ci continueraient à être exécutées. Or, nous avons fait voir déjà qu'en vertu de l'ancienne législation coloniale, les hommes de couleur ne pouvaient exercer aucun droit politique. De plus, dans la séance du 12 octobre où ce décret fut rendu, l'assemblée nationale *interdit toute discussion*, lorsque Pétion, Mirabeau et Grégoire voulurent réclamer contre les droits exorbitans que ce décret allait de nouveau conférer à l'assemblée coloniale [1]. Ces défenseurs de la cause des noirs et des mulâtres prévoyaient tous les maux qui allaient naître de l'injustice des colons; ils voulaient que l'assemblée souveraine de la France imposât son autorité tutélaire pour contraindre ces despotes à être justes : ils ne furent pas écoutés.

Bientôt on apprit en France la tentative d'Ogé et de Chavanne, et le procès qu'ils subissaient. L'assemblée nationale rendit un décret, le 1er février 1791, par lequel « le roi était prié d'envoyer dans la colonie de
» Saint-Domingue trois commissaires civils chargés d'y
» maintenir l'ordre et la tranquillité publique, à l'effet
» de quoi il leur serait donné tous pouvoirs à ce néces-
» saires, même celui de *suspendre*, s'ils l'estimaient con-
» venable, *les jugemens des affaires criminelles* qui au-
» raient été intentées à raison des troubles qui avaient
» eu lieu dans cette colonie, ainsi que *l'exécution*
» de ceux desdits jugemens qui auraient pu être ren-
» dus. »

Non-seulement il eût été trop tard pour empêcher la

---

[1] Rapport de Garran, tome 1er, page 291.

mort d'Ogé et de ses compagnons, mais à quelle époque ces commissaires furent-ils envoyés? Au mois d'octobre, huit mois après le décret! Les intrigues des colons présens à Paris avaient empêché leur départ : le gouvernement cédait à ces intrigues! Ce gouvernement pouvait-il avoir de la compassion pour ces mulâtres rebelles, lorsqu'il envoya la décoration de la croix de Saint-Louis à Don Garcia, pour le récompenser de les avoir lâchement livrés à leurs bourreaux?

Suivant toujours leur odieuse tactique, d'accord avec Barnave, qui a tant servi leurs passions et qu'ils ont envoyé aussi à l'échafaud des terroristes, les planteurs étaient sur le point d'obtenir de l'assemblée nationale la consécration de toutes leurs prétentions, quand la nouvelle de l'exécution d'Ogé et de ses compagnons parvint en France. Ces supplices horribles, infligés à des hommes qui réclamaient un droit créé en leur faveur d'une manière assez claire, par l'article 4 du décret du 28 mars, excitèrent les sympathies de plusieurs sociétés populaires. Celles d'Angers, de Châlons, de Bordeaux, s'adressèrent à l'assemblée nationale et réclamèrent en faveur des hommes de couleur. J. Raymond lui-même adressa une lettre pathétique à cette assemblée.

Ces exécutions barbares firent réfléchir aux représailles, aux vengeances que pourraient exercer contre les blancs les hommes de couleur, aussi nombreux qu'eux. La déclaration même que fit Ogé dans ses lettres, *qu'il ne ferait pas soulever les esclaves*, prouva que cette classe tenait dans ses mains un levier dont elle pourrait se servir pour renverser le régime colonial et bouleverser Saint-Domingue. Alors, l'assemblée nationale comprit le danger d'une telle situation : elle *tran-*

sigea avec les circonstances ; elle *céda* dans le moment, pour revenir sur ses pas dans la même année, traçant ainsi une ligne de conduite à une législature postérieure qui ne rougit pas de retirer à la race opprimée tous les droits qui lui avaient été reconnus, pour complaire à ses éternels ennemis.

On en vint donc à la concession qui se trouve dans les dispositions du décret du 15 mai 1791, mais avec la pensée bien arrêtée de laisser une grande latitude à l'assemblée coloniale, dans une cause où elle était juge et partie. Il fut dit que : « le corps législatif *ne délibére-*
» *rait jamais* sur l'état politique *des gens de couleur qui*
» *ne seraient pas nés* de père et de mère libres, *sans le vœu*
» *préalable, libre et spontané des colonies;* — que les
» assemblées coloniales actuellement existantes *subsiste-*
» *raient*, mais que les gens de couleur *nés de père et mère*
» *libres* seraient admis dans toutes les assemblées parois-
» siales et coloniales *futures*, s'ils avaient d'ailleurs les
» qualités requises. »

Ainsi que le remarque Garran : « Tout respire dans
» ce décret l'affection la plus paternelle pour les colonies,
» et la *condescendance* la plus grande *pour les préjugés des*
» *blancs.* » Et pour mieux prouver cette condescendance, l'assemblée souveraine de la France, loin de dicter la loi qu'elle était en droit de donner à ses possessions coloniales, se crut obligée de se justifier en quelque sorte d'avoir rendu cet acte : elle fit un exposé de ses motifs, qu'elle publia, peu de jours après, le 29 mai.

On y lit que : « *Tous les citoyens libres* qui habitent les
» colonies doivent prendre part à l'élection des assem-
» blées destinées à exercer pour eux le droit d'initiative;

» que c'est là le vœu de la raison, de l'édit de 1685 [1],
» du décret du 28 mars qu'il ne dépendait pas des légis-
» lateurs de ne pas prendre ;... que l'assemblée nationale
» aurait pu repousser la proposition d'une classe inter-
» médiaire et se renfermer dans *le sens littéral* du décret
» déjà rendu *sur les personnes libres* (celui du 28 mars);
» mais qu'elle avait préféré de traiter les *représentans des*
» *fondateurs* des colonies (les blancs, successeurs des fli-
» bustiers) comme une mère tendre, qui non-seulement
» veut le bien de ses enfans, mais se plaît à le faire de la
» manière dont *ils ont contracté l'habitude;* qu'elle a con-
» senti à former la classe intermédiaire que *sollicitaient*
» les colons blancs... Elle ajoute et fait remarquer en-
» core, dit Garran, dans cet exposé, qu'en assurant aux
» colonies l'initiative des personnes *non libres*, elle leur
» garantit leurs moyens de culture, le point *fondamental*
» et le seul véritablement important... L'assemblée con-
» stituante, continue Garran, s'efforçait de justifier ce
» dernier acte de condescendance, en observant qu'il ne
» s'agissait que *d'individus d'une nation étrangère* (les nè-
» gres) qui, par leur profonde ignorance, les malheurs de
» leur expatriation, la considération de leur *propre intérêt*,
» l'impérieuse loi de la *nécessité, ne pouvaient espérer que*
» *du temps, du progrès de l'esprit public et des lumières, un*
» *changement de condition*, qui, dans l'état actuel des cho-
» ses, *serait contraire au bien général*, et pourrait leur de-
» venir également funeste. »

---

[1] L'édit de 1685 voulait que même les *affranchis* fussent *égaux en droits, priviléges*, etc., aux *blancs*. L'assemblée du XVIIIe siècle n'accordait donc pas autant que le despote du XVIIe. Quelle maladresse de la part de cette assemblée, d'avoir cité cet édit de Louis XIV qui condamne ses décrets!

Lorsque l'autorité souveraine transige ainsi avec ses droits, elle autorise à les méconnaître.

Aussi ce décret du 15 mai et cet exposé de motifs ne furent-ils jamais envoyés *officiellement* à Saint-Domingue [1]. Le gouvernement royal voulait trop bien le maintien du préjugé de la couleur et de l'esclavage, pour ne pas condescendre à son tour au vœu des colons. Il n'en fut pas de même du décret du 24 septembre 1791, dont nous parlerons bientôt, qui abrogeait celui du 15 mai d'une manière formelle, en retirant la faible concession faite aux droits des hommes de couleur.

Remarquons, en passant, que lorsque les esclaves, *ces individus d'une nation étrangère*, se furent soulevés ; lorsque les mulâtres, destinés à former la classe intermédiaire, eurent enfin pris les armes contre les colons, que les assemblées nationales de France se sont vues *obligées* de reconnaître, de proclamer les droits des uns et des autres à la liberté et à l'égalité avec les blancs, et que ceux-ci, trahissant les intérêts politiques et commerciaux de *leur patrie*, livrèrent la plus riche de ses colonies à une puissance rivale, ce sont *ces mêmes individus d'une nation étrangère et leurs descendans* qui surent conserver à la France cette belle possession, par leur fidélité et leur courage. Sans doute, il est arrivé un moment où la France les *a contraints* eux-mêmes de prononcer l'indépendance absolue de Saint-Domingue de sa métropole ; et alors, si le Héros Libérateur prédit par Raynal a déclaré à la face du monde, *que les Français sont étrangers aux hommes de la race africaine, qu'ils ne sont pas leurs frères, qu'ils ne pourront jamais le devenir*, la postérité

---

[1] Rapport de Garran, t. 2, page 91, et Rapport sur J. Raymond, page 20.

n'aura-t-elle pas trouvé une excuse pour ces expressions exclusives dans les termes mêmes dont se servit la puissante assemblée dont nous citons les actes? Pourquoi, s'inclinant devant la volonté des colons, a-t-elle tracé ce fâcheux exemple?

Ce décret du 15 mai et l'exposé de ses motifs furent encore le fruit des intrigues de Barnave avec les planteurs. Dans la séance de l'assemblée nationale du 13 mai, où ces questions furent discutées avec beaucoup d'agitation, Barnave reçut le concours du talent remarquable de l'abbé Maury, toujours au service du privilége. Nous avons sous les yeux son opinion imprimée à cette époque. Elle se fondait sur la législation coloniale des Anglais, sur celle des Etats-Unis où les hommes de couleur, encore moins les nègres, ne pouvaient jouir d'aucun droit politique. On y remarque ces passages :

« J'observerai d'abord, dit l'abbé Maury, que *les nègres libres* sont beaucoup plus intéressans à mes yeux que *les mulâtres*, ou hommes de couleur. Un nègre libre est un homme qui a mérité personnellement par sa bonne conduite, par son travail, par les services qu'il a rendus à son maître, d'obtenir de sa reconnaissance l'inappréciable bienfait de l'affranchissement. Les hommes de couleur, au contraire, sont tous, ou presque tous, *les fruits honteux du libertinage* de leurs maîtres... Ce sont les descendans des maîtres et des esclaves, qui, par un mélange coupable, ont engendré *cette race intermédiaire* entre les blancs et les noirs. Ils doivent tous leur liberté à ces mêmes hommes blancs qui les ont *généreusement* affranchis.

» Le décret national qui établirait aujourd'hui cette

égalité politique entre les hommes de couleur et leurs anciens maîtres serait du plus grand danger pour les blancs. Vous me demandez quel est ce danger? Hélas! il est bien facile de le découvrir, quand on le cherche sans prévention, et avec le courage si rare de la bonne foi. Le danger d'établir sur le même niveau politique les hommes de couleur et les hommes blancs, vient d'abord de ce que *la plupart de ces affranchis ont encore leurs parens, leurs oncles, leurs neveux, leurs frères* et peut-être *leurs pères,* dans les ateliers de *l'esclavage...* J'examine *loyalement* s'il ne serait pas infiniment *dangereux* d'appeler tous les mulâtres à l'exercice de ces droits politiques, qui finiraient par mettre nos colonies *entre leurs mains...* J'en conclus invinciblement, que ces hommes de couleur, qui domineront *par le nombre* dans toutes les assemblées électives, dès que vous les aurez reconnus citoyens actifs, seront incessamment *les maîtres de vos colonies*, et qu'ils auront bientôt tous les blancs à leur merci... Les blancs ne pourront jamais se recruter ainsi, en nombre suffisant, pour balancer l'inévitable multiplication des hommes de couleur. Ceux-ci deviendront *les rois de nos colonies...* Si vous appeliez soudainement tous les hommes de couleur aux priviléges de citoyens actifs,... vous forceriez tous les blancs à *s'expatrier.* Le séjour de vos colonies leur deviendrait *intolérable,* dès qu'ils se verraient sous le joug de leurs anciens esclaves...

» Le jour où vos îles ne seront plus habitées et administrées *par des blancs,* la France n'aura plus de colonies ; elles ne seront plus peuplées que d'une classe *de nègres et de mulâtres, qui ne sont pas,* quoi qu'on en dise, *de véritables Français,* puisqu'ils n'ont pas même *vu la France. Ces insulaires, dont l'Afrique est la véritable patrie,* mourront peut-être *de faim* dans le pays le plus fertile de l'univers, en se livrant à l'incurie, à l'imprévoyance, à l'impéritie et à l'incurable paresse de leur caractère...

» Que des hommes qui ont à peine brisé les fers de l'esclavage, soient revêtus indistinctement, le même jour, de toute la puissance politique du droit de cité, sur leurs concitoyens, sur leurs anciens maîtres, sur des hommes dont ils sont les rivaux, sur cinquante mille *Français* qu'ils pourraient à chaque instant exterminer, *en se mettant à la tête* d'une armée de six cent mille *nègres, leurs véritables concitoyens*, j'ose le dire : ce n'est point là une mesure que *des législateurs français* puissent *jamais* adopter... Imaginez, Messieurs, que la nation française met dans ce moment une balance entre vos mains. Dans l'un des bassins, je vois cinquante mille *blancs*; et dans l'autre j'aperçois sept cent mille *noirs ou hommes de couleur*. Si vous ne vous hâtez de mettre du côté des blancs *les prérogatives de la puissance politique*, il n'y a plus d'équilibre...

» Une *révolution* dans vos colonies ! mais une révolution dans vos colonies en serait *l'indépendance*, c'est-à-dire l'anéantissement. Une révolution y serait *un changement de domination*; elle ferait rentrer tous les esclaves dans la jouissance de leur liberté, tous les hommes de couleur dans l'exercice inouï, mais peu durable, de leurs droits politiques ; et *tous les blancs, proscrits par cette insurrection inévitable, dépouillés de leurs propriétés*, esclaves de leurs esclaves, n'auraient plus à opter qu'entre l'émigration, la servitude ou la mort... Vous leur substitueriez *des indigènes étrangers à la nation, des hommes qui ne vous sont unis par aucun nœud, ni par l'habitude du climat, ni par les liens du sang, ni par les relations du patriotisme*; des hommes enfin que l'éblouissement de ce nouveau privilége rendrait *trop dangereux* pour que vous deviez leur accorder prématurément une loi, *peut-être juste en elle-même*, mais *très-impolitique* dans les circonstances actuelles. »

Soyons *juste* nous-même envers l'abbé Maury. Il était impossible que les colons trouvassent un défenseur plus adroit, plus habile que lui, et l'assemblée constituante un jurisconsulte plus capable de résoudre la question posée devant elle. Aussi cette éloquente péroraison, dont l'effet a dû être prodigieux sur une assemblée française par le débit oratoire de cet homme éminent, obtint-elle tout le succès désiré.

Mais déplorons, en même temps, l'influence du préjugé de la couleur sur un esprit aussi vaste, qui reconnaissait la *justice* des réclamations portées à ce haut tribunal, et qui ne put cependant se décider à y satisfaire. Cette étonnante sagacité dont il fit preuve en cette occasion, n'aurait-elle pas dû lui faire découvrir que la justice était le seul moyen d'éviter tous les malheurs qu'il prévoyait si bien ? La vraie politique ne peut-elle donc pas s'accorder avec la justice ? Cette science n'est-elle pas, du moins ne doit-elle pas être, en grande partie, la morale appliquée au gouvernement des États ; et y a-t-il une morale sans justice ? *La base de la politique ou art social doit être l'honnête et le juste !...*

Reconnaissons encore que, dans ce plaidoyer en faveur du privilége de la peau, le savant abbé aperçoit, indique d'une manière admirable, mais contrairement à ce qu'il désire, quel sera le résultat de l'injustice persévérante des colons, ce que les temps consacreront par l'injustice de la métropole elle-même : — *l'identité des intérêts qui doivent unir un jour les nègres et les mulâtres, l'intimité de leurs affections, fondée sur les liens du sang, de la parenté, du malheur de leur condition servile sous le joug des blancs.*

N'en déplaise à la mémoire de l'abbé Maury ; mais son discours du 13 mai 1791 dictait d'avance à Dessalines la page mémorable du 1ᵉʳ janvier 1804, où ce Soldat valeureux (malheureusement cruel) a consacré les droits, a proclamé l'Indépendance, la Souveraineté des *Indigènes d'Haïti*, en faisant remarquer à ses concitoyens qu'ils n'ont rien de commun avec leurs adversaires qui se firent volontairement leurs ennemis. *Ces insulaires dont l'Afrique est la véritable patrie, ces indigènes étrangers à la nation française, ces hommes qui ne lui sont unis par aucun nœud, ni par l'habitude du climat, ni par les liens du sang, ni par les relations du patriotisme*, se sont vus dans l'impérieuse nécessité de se constituer *seuls* dans leur état politique, puisqu'on les a constamment repoussés avec dédain, avec mépris ; puisqu'on n'a pu se faire à l'idée d'être juste et humain envers eux ; puisque après avoir défendu la souveraineté de la France sur Saint-Domingue contre des puissances rivales, ils se sont encore vu traiter en *étrangers*, dignes seulement des fers honteux de l'esclavage.

Cependant, quoique le décret du 15 mai eût limité les prétentions de la classe des hommes de couleur ; quoique cet acte de justice *incomplète* fût de nature à mécontenter tous ceux qui n'étaient pas *nés libres*, ils l'acceptèrent avec reconnaissance : pas une plainte ne fut élevée de leurs rangs.

Mais, il n'en fut pas de même du côté des blancs : tous jurèrent de ne pas l'exécuter, de ne pas souffrir que *cette race bâtarde* vînt prendre siége à côté d'eux.

Alors fut repris, de leur part, le projet de livrer Saint-Domingue à la Grande-Bretagne, si la France persistait à vouloir exécuter ce décret. L'assemblée provinciale du Nord en informa l'assemblée constituante et le roi, en menaçant de résister à leur volonté souveraine. Le gouverneur Blanchelande abonda dans le même sens; il en informa le ministre de la marine et des colonies. Il fit plus : il déclara publiquement que si ce décret lui était envoyé *officiellement*, il en suspendrait l'exécution.

Excusons encore ce faible gouverneur, qui se vit par la suite accuser par les colons, pour avoir refusé l'exécution de ce décret [1] : ses représentations n'étaient nullement nécessaires, car il n'était pas dans la pensée du gouvernement de la métropole de le faire exécuter.

Avec le dessein pervers de livrer la colonie aux Anglais, recommencèrent les persécutions contre les hommes de couleur, contre les noirs.

Ce fut dans les derniers jours de juin 1791, que parvint la nouvelle du décret du 15 mai : toutes les paroisses de la colonie s'occupèrent alors des élections pour la formation de la nouvelle assemblée coloniale qui devait remplacer celle de Saint-Marc. La plus grande partie des anciens membres de celle-ci furent réélus en haine du décret; et d'autres colons, qui s'étaient prononcés contre toutes concessions en faveur des hommes de couleur, y obtinrent aussi une place, en cette considération : tels furent Bauvois et Page.

De leur côté, les hommes de couleur de l'Ouest, qui prirent la direction des affaires et des destinées de leur

---

[1] Rapport de Garran, tome 3, page 158.

classe, se préparaient méthodiquement à ce rôle honorable. Agissant d'après les conseils de Pinchinat, dont les lumières étaient supérieures à celles de ses frères « et » qui, dit Garran, dans une carrière si neuve pour lui, » n'a cessé de montrer, avec le patriotisme le plus re- » commandable, une sagesse et des connaissances qui » démentent bien tout ce que les colons blancs répan- » daient en France sur l'ignorance et l'incapacité des » hommes de couleur, » ils le nommèrent *président* d'un conseil composé d'une quarantaine d'entre eux, dont le siége principal était dans la paroisse du Mirebalais [1].

Cette paroisse avait été préférée par eux, à cause de sa position toute militaire et de la force numérique de sa population de couleur. D'autres hommes supérieurs par leur intelligence étaient membres de ce conseil politique : c'étaient Bauvais, André Rigaud, Labastille, Daguin, Marc Borno, Renaud Desruisseaux, Desmares, Faubert, J. Boury, etc. Plusieurs d'entre eux étaient du Sud.

Ceux du Nord ne pouvaient rien en faveur de leur classe : ils étaient contenus sous le joug de la puissance militaire du Cap, où se trouvait le gouverneur Blanchelande, et par les échafauds dressés en permanence, depuis la mort d'Ogé et de Chavanne.

Ceux du Sud, dispersés depuis la dissolution du camp Prou, ayant leurs chefs dans l'Ouest, étaient également réduits à attendre les événemens.

---

[1] Pierre Pinchinat, né à Saint-Marc, le 12 juillet 1746, fut envoyé en France où il reçut une brillante éducation. Il parlait avec beaucoup de facilité et écrivait fort bien. Il revint dans la colonie en mars 1790, pour prêter à ses frères l'appui de ses connaissances dans leurs réclamations. Il était d'une taille avantageuse et d'un physique agréable, d'un caractère doux, patient, mais ferme. Sa haute intelligence le faisait toujours incliner vers la modération. Il était sincèrement attaché à la France.

Tous les efforts de cette classe étaient donc concentrés dans l'Ouest, dont la situation topographique et la population supérieure en nombre étaient une condition de succès.

Une lutte sérieuse allait commencer. Les contumaces de l'affaire d'Ogé et de Chavanne influèrent néanmoins sur la révolte des noirs du Nord dont ils devinrent d'ardens auxiliaires. Cette révolte coïncida avec la prise d'armes des mulâtres dans l'Ouest, et l'insurrection s'étendit bientôt après dans le Sud.

Mais avant de parler des actes politiques et guerriers qui signalèrent plus particulièrement l'insurrection des hommes de couleur de l'Ouest, que le lecteur nous permette de l'entretenir de la naissance et de la jeunesse d'un homme qui va prendre rang dans cette levée de boucliers, pour servir constamment son pays pendant cinquante-deux années consécutives. Nous suivrons ensuite cette vie militaire et politique, à travers tous les événemens qui ont marqué les différentes époques de notre histoire nationale, et nous tâcherons de faire ressortir ce que son caractère et ses principes ont eu de remarquable, pour lui attirer l'estime et la considération générale dont il a joui sous tous les chefs qui ont gouverné notre pays.

CHAPITRE IV.

Naissance de Borgella. — Examen des reproches faits aux mulâtres par les colons. — Occupations de Borgella pendant sa jeunesse. — Éducation de l'homme de couleur. — Borgella abandonne le toit maternel pour commencer sa carrière militaire.

Jérôme-Maximilien Borgella naquit au Port-au-Prince, le 6 mai 1773, d'un blanc et d'une quarteronne. La nature qui, dans l'union entre les deux races, européenne et africaine, se plaisait souvent à combiner ses couleurs de manière à confondre l'orgueil de la première, fit du jeune Maximilien un être dont le physique était en tout semblable à celui des blancs. Devenu homme public, il eut quelquefois occasion de rectifier l'erreur où se trouvaient, à ce sujet, des Européens qui visitèrent le pays.

Son père, Bernard Borgella, grand planteur, avocat au conseil supérieur du Port-au-Prince, devint maire de cette ville au commencement de la révolution, et fut ensuite président de l'assemblée centrale de Saint-Domingue, sous le gouvernement de Toussaint Louverture, dont il était le principal conseiller. C'était un homme d'une grande capacité : nous trouverons occasion d'en parler encore.

La mère de Maximilien se nommait Cécile La Mahautière [1], d'une famille respectable de cette classe de couleur, vouée au mépris de la classe blanche. M. Borgella n'eût pu l'épouser sans *se mésallier* et perdre les droits que lui donnait son origine européenne. Les mœurs du temps, le besoin d'une protection faisaient ces alliances naturelles que les blancs, auteurs des lois coloniales, flétrissaient ensuite. On a vu plus avant ce qu'ils disaient du concubinage que leurs passions déréglées et l'absence de femmes européennes les avaient portés à établir dans la colonie.

Maximilien était donc un enfant naturel, un *bâtard*, selon l'expression en usage à cette époque. Il ne fut pas, et il ne pouvait être reconnu par son père : celui-ci ne fit même aucun cas de lui dans son enfance. Mais quand ses qualités personnelles l'eurent fait distinguer, quand sa bravoure sur le champ de bataille eut été remarquée, découvrant alors que son sang n'avait pas dégénéré dans les veines de ce mulâtre, M. Borgella l'aima assez pour saisir l'occasion de le protéger auprès de Toussaint Louverture.

Maximilien, qui n'était pas autorisé par la loi civile à porter le nom de Borgella, l'a pris cependant, comme l'ont fait la plupart des mulâtres, lorsque la loi du 4 avril 1792 eut établi la parfaite égalité entre tous les hommes libres de la colonie : en cela, ils voulaient plutôt humilier l'orgueil des blancs, qui les contraignaient auparavant à porter des noms *africains*, que s'abaisser eux-mêmes. Toutefois, le jeune Borgella, en voyant son père le rechercher, après les premiers suc-

---

[1] Elle était la fille naturelle de M. Duvivier de La Mahautière, membre du conseil supérieur du Port-au-Prince.

cès des hommes de couleur, lui rendit affection pour affection : il respecta celui dont il honorait déjà le nom qu'il devait honorer encore plus dans la suite. Il arriva un temps où il étendit son affection sur des sœurs blanches, habitant Bordeaux ; il fut généreux envers elles, en leur faisant parvenir des moyens pécuniaires : ce fut dans les années qui suivirent 1815, époque du rétablissement des relations entre Haïti et la France.

C'est ici le lieu d'examiner s'il y a eu quelque chose de fondé dans les reproches amers adressés par les colons de Saint-Domingue aux mulâtres de cette colonie qui revendiquaient leurs droits politiques, d'après l'ordonnance de 1685 et les principes de la déclaration des droits de l'homme, publiée en France par l'assemblée constituante.

Ils leur reprochèrent d'être *des fils dénaturés*, qui méconnaissaient leurs *pères*, leurs *bienfaiteurs*, auteurs de leur *liberté* et de leur *fortune;* ils les insultèrent, en leur disant qu'ils étaient *les fruits honteux du libertinage*, une *race bâtarde* qui ne pouvait pas, qui ne devait pas aspirer à être leurs égaux ; ils prétendirent enfin que les blancs avaient droit à leur *respect*, à leur *soumission;* et ils firent de cette prétention inique le texte d'un serment qu'ils voulurent exiger d'eux, dès le début de la révolution, en persécutant ceux qui se refusèrent à le prêter.

Ces reproches, ces injures, nous venons de les voir consignés dans le discours de l'abbé Maury ; nous les retrouverons bientôt dans les actes officiels de Blanchelande, ce faible et coupable gouverneur qui encourut lui-même tant de reproches fondés.

Eh bien! ces hommes orgueilleux qui érigèrent en système l'avilissement perpétuel des mulâtres, pour en former une classe intermédiaire entre eux et les esclaves, avaient-ils le droit de parler ainsi aux descendans des noirs? Si les lois coloniales, provoquées par eux, exécutées par eux avec tout l'acharnement du préjugé de race, leur défendaient de se marier avec les femmes noires ou de couleur, et de reconnaître, même comme *enfans naturels*, ceux qu'ils avaient de leur cohabitation avec ces femmes; si ces lois défendaient à ces enfans de porter leurs noms, les blancs pouvaient-ils dire avec raison, avec justice, qu'ils étaient leurs pères? Et qu'importe que, dans l'origine de l'établissement colonial, ils aient donné l'affranchissement aux mères et aux enfans, qu'ils leur aient fait obtenir des terres du domaine public, alors qu'il était si facile d'en avoir? Le bienfait de la liberté, qui appartient à tous les hommes, qui est un droit de la nature, violé par les blancs au détriment des nègres; celui de la propriété, qui n'est pas moins un droit naturel, n'étaient-ils pas compensés par les services que leur rendait la race noire? Ces bienfaits si vantés, si cruellement reprochés, acoordés comme une sorte de réparation aux injustices auxquelles elle était en butte, pouvaient-ils racheter l'humiliation, l'avilissement, le mépris qui étaient le partage de cette race?

Sans doute, on conçoit tout ce que la morale et la religion prescrivent dans les relations du père et de l'enfant, tout ce que la nature inspire à celui-ci de respect et d'attachement pour l'auteur de ses jours; mais, à quelle condition? C'est à la condition que le père lui-même n'oublie jamais tout ce qu'il doit de tendresse et d'affection à celui qu'il a procréé. Dans l'ordre de la nature comme dans l'ordre social, le père est le premier instituteur de son fils; il lui doit l'exemple des bonnes mœurs, de la justice, de tous les bons sentimens que Dieu a placés dans le cœur de l'homme. On peut même dire que la piété filiale ne saurait jamais égaler la sollicitude incessante de la tendresse paternelle, et c'est la nature qui le veut ainsi; car, sans ce dernier sentiment, comment concevoir la propagation, la conservation de l'espèce? Est-il permis à l'homme de s'affranchir de ce que l'on admire dans toutes les espèces d'animaux? A leur tour, ses enfans rempliront le même devoir envers les familles qu'ils se créeront. Ce devoir, ce sentiment est tellement inhérent à la nature humaine, que, dans les saints commandemens de Dieu, on ne voit pas un précepte dicté aux pères pour leurs enfans, mais bien aux enfans pour leurs parens : du code sacré, ce précepte a passé au code civil.

Lors donc qu'un père méconnaît ses obligations au point de mépriser son fils, de lui refuser son nom, de lui interdire à jamais de le porter; lorsqu'il le condamne à être éternellement dans la dégradation civile et politique; lorsqu'il ajoute à ces injustices un profond mépris pour sa mère, bien autrement chère et respectable aux yeux de l'enfant qu'elle a porté dans son sein, qu'elle a nourri de son lait, qu'elle a constamment entouré de soins dévoués, cet enfant n'est-il pas autorisé, par l'exemple odieux de son père, à se croire dégagé de tout devoir de respect, de soumission et de reconnaissance envers celui qui a mésusé de sa position sociale et politique, pour enfreindre les lois les plus sacrées de la nature, et qui couvre ensuite sa mère, lui-même et tous ses descendans, d'opprobre et d'ignominie?

Mais, est-il bien vrai que les mulâtres des colonies aient manqué, dans leurs relations privées, au respect et à la reconnaissance qu'ils sentaient devoir aux blancs qui leur donnèrent le jour? De ce que, comme une classe notable de la population de ces pays, ils ont aspiré à jouir des droits qui leur étaient garantis par les lois naturelles et positives, s'ensuit-il qu'ils étaient des ingrats, des fils dénaturés? Si, d'un côté et malgré le préjugé politique, il y a eu incontestablement de bons pères parmi les blancs colons, de l'autre n'y a-t-il pas eu aussi de bons fils parmi les mulâtres? Ce que nous venons de relater de la part de Maximilien Borgella, en est une des mille preuves que nous pourrions administrer. Que les colons aient persévéré dans leur affreux système, en dépit des lumières du siècle, il n'était pas raisonnable qu'ils exigeassent de la part des hommes de couleur le renoncement à tout sentiment de leur propre dignité, alors que cette classe, accrue par sa propre reproduction, s'était éclairée et avait acquis des richesses par son industrie.

Concluons donc que rien ne fut plus injuste que les reproches adressés à ces hommes par les colons.

Le jeune Borgella n'avait qu'un an quand il perdit sa mere. Celle-ci avait une sœur, Fillette La Mahautière, qui prit soin de son neveu avec toute la tendresse maternelle : elle le mit à l'école de bonne heure. En 1783, son pupille ayant atteint sa dixième année, elle quitta le Port-au-Prince pour aller habiter les Cayes. Elle voulait l'y emmener avec elle, mais la grand'mère de cet enfant, Olive Lebeau, ne put consentir à l'éloignement de l'orphelin qui lui rappelait une fille chérie. Cohabitant avec un blanc, M. Ithier, qui était procureur-gérant de plusieurs sucreries au Cul-de-Sac, et qui demeurait sur l'habitation Lathan, elle le garda auprès d'elle. Le jeune Borgella y passa trois autres années, continuant à apprendre à lire de M. Ithier, qui était son parrain, et qui, à ce titre vénéré dans les colonies, devint son protecteur, un vrai père. Les principes d'honneur de cet homme de bien passèrent au cœur de l'orphelin délaissé par son père naturel : cette éducation de famille y germa avec fruit.

Sa constitution robuste se fortifia, pendant son séjour à Lathan, par des exercices journaliers : il y apprit à conduire un cheval, à le maîtriser. Aussi ses premières armes furent-elles dans la cavalerie; il en devint un officier remarquable.

En 1786, M. Ithier résigna ses fonctions à cause de son âge avancé : il fut alors habiter la Croix-des-Bouquets. Le jeune Borgella n'ayant que 13 ans, il le fit continuer à apprendre à lire, écrire et calculer. Ce digne homme eût-il voulu faire davantage pour son protégé, qu'il ne l'aurait pu : le régime colonial n'admettait pas qu'il y eût à Saint-Domingue des établissemens d'instruction publique où l'intelligence des mulâtres et des nègres pût se développer. En violant, à leur égard, tous les droits de la nature, on devait arriver fatalement à ce système infâme, mais logique; car, pour perpétuer l'esclavage et le préjugé de la couleur, il fallait dégrader ces hommes par l'ignorance, les empêcher de s'éclairer afin qu'ils ne découvrissent pas l'horreur de leur situation infime dans la société.

Toutefois, l'effet des révolutions étant de développer

promptement l'esprit des hommes, par les innovations qu'elles engendrent, on a vu les mulâtres et les nègres, anciens et nouveaux libres, acquérir une expérience dans les affaires, un jugement sûr pour les mener à leurs fins, qui étonnèrent les blancs eux-mêmes. Borgella fut un de ces hommes qui se distinguèrent sous ce rapport : il était doué d'un bon sens qui vaut autant que l'esprit développé que donne une instruction supérieure.

Par les entraves que le régime colonial mettait au développement de l'intelligence des mulâtres et des nègres, le complément obligé de leur éducation était de savoir un métier quelconque. Cette nécessité était dans la logique des faits. Du moment que les affranchis ne devaient point prétendre à l'exercice des droits politiques et aux emplois, aux charges qui en dérivent; du moment que certaines professions même leur étaient interdites, il était convenable qu'ils se livrassent à l'exercice des arts et métiers par lesquels l'homme libre parvient, dans la société, à la richesse, à la propriété, partant à l'indépendance personnelle. Le travail, d'ailleurs, honore toujours celui qui occupe ses bras pour gagner honnêtement son existence; il moralise les peuples, il accélère leur civilisation, il devient une sorte de sanction des lois divines et humaines, qui ont pour but la conservation et le progrès incessant des sociétés. Un pays où le travail ne serait pas honoré par les classes les plus intelligentes, est condamné à périr dans l'anarchie. Chacun se doit à lui-même de rechercher ce qui est plus dans ses aptitudes, pour concourir à la prospérité générale, par la sienne propre. Ce n'est donc pas sous ce rapport qu'il faut condamner le régime colonial; mais, parce qu'en même temps il s'opposait à l'établissement d'institutions propres à développer l'intelligence des affranchis, de toute la race noire qui habitait les colonies, afin de perpétuer leur asservissement. Il faut le condamner, comme ayant été le résultat de sentimens haineux envers les opprimés.

D'après cette nécessité du temps, Borgella fut placé, à seize ans, à l'apprentissage du métier de charpentier, sous un blanc qui ne savait ni lire ni écrire. Cet homme était de la classe des *petits blancs*, et Européen. C'était une circonstance propre à n'occasionner à son apprenti aucune humiliation, puisqu'il reconnaissait par là qu'en Europe même, il y avait une portion du peuple qui n'était pas mieux partagée que les affranchis des colonies. Mais le désagrément du préjugé de la couleur était que ce maître charpentier se croyait, à cause de sa peau blanche, de son origine, un homme bien supérieur à cet apprenti qui, à un teint identique au sien, joignait du moins l'avantage de posséder les premiers élémens des connaissances humaines. Borgella devint enfin le commis de son maître ouvrier, il lui faisait ses écritures. Que de fois ce maître ne dut-il pas sentir intérieurement son orgueil humilié, étant contraint de recourir à la plume de ce jeune homme !

Nous venons de constater l'effet moral de l'habitude du travail imposée aux affranchis ; mais elle produisait aussi un effet tout physique, dont ils surent tirer parti dans leur lutte armée contre les dominateurs de la colonie. Le travail les fortifiait, en les rendant propres à supporter les plus rudes fatigues. C'est ainsi que le service qu'on exigeait d'eux dans la maréchaussée ou gendarmerie, pendant trois ans, leur donnait l'habitude des armes et la facilité à les manier : ils se servirent encore de cet avantage, dans les combats qu'ils livrèrent pour la conquête de leurs droits naturels. En général, ces hommes étaient d'excellens chasseurs ; et Moreau de Saint-Méry lui-même, à qui nous avons reproché ses préjugés au commencement de la révolution, reconnaissait, avant cette époque, l'utilité dont ils pourraient être pour la défense de la colonie [1]. C'est à cette aptitude incontestable reconnue aux hommes de couleur, que l'on dut l'idée, suggérée sans doute par le comte d'Estaing, ancien gouverneur de Saint-Domingue, qui en a fait enrôler six cents d'entre eux pour faire partie de son expédition en Géorgie, lorsque la France soutenait les colonies anglaises insurgées contre leur métropole [2].

Sous le même maître charpentier qui enseignait le métier à Borgella, il y avait un autre jeune homme de couleur, de l'une des familles du Fond-Parisien qui, en avril 1790, résistèrent aux blancs. Ce jeune homme se sauva de la Croix-des-Bouquets pour aller avertir ses parens des dispositions que l'on faisait au Port-au-Prince contre eux. Avant de partir, il confia son intention à son compagnon, et Borgella en garda le secret. Lorsqu'il vit passer, à la Croix-des-Bouquets, le détachement qui allait au Fond-Parisien, il éprouva une vive indignation de l'injustice qui armait ces blancs. Ses idées

---

[1] Moreau de Saint-Méry, Description de la partie française, tome 1er, page 625, et tome 2, pages 41, 42 et 55.

[2] Avant cet enrôlement, qui eut lieu en 1779, il y en avait eu un autre formé par M. de Belzunce, en 1762, à la fin de la guerre dite de 7 ans : alors ces chasseurs de couleur étaient au nombre de 550. (Moreau de Saint-Méry, tome 1er, page 172.) Le comte d'Estaing succéda à M. de Belzunce, et les trouva encore réunis, en 1764, dans un camp formé dans la paroisse du Trou, dans le Nord. En 1783, M. de Bellecombe composa un nouveau corps de chasseurs de couleur pour la défense de la colonie : la paix survint, et il fut licencié.

s'exaltèrent ; et dès lors il soupirait après le moment où les hommes de sa classe pourraient faire un appel à cette jeunesse qu'elle comptait dans ses rangs. Le moment arriva, il le saisit et abandonna le toit maternel et le métier, pour commencer celui des armes qu'il professa jusqu'à sa mort.

Dans le chapitre suivant, nous allons voir comment fut amenée la prise d'armes des hommes de couleur, mulâtres et nègres libres.

CHAPITRE V.

Organisation des hommes de couleur dans l'Ouest. — Prise d'armes de Diègue, dans le canton de la Charbonnière. — Combats de Néret et de Pernier. — Concordats du 7 septembre 1791 avec la paroisse de la Croix-des-Bouquets, — du 11 septembre avec celle du Port-au-Prince, — du 22 septembre à Saint-Marc, — dans d'autres localités du Sud. — Traité de paix du 23 octobre, entre 14 paroisses de la province de l'Ouest, à Damiens, dans la plaine du Cul-de-Sac.

Pendant le procès suivi contre Ogé et ses compagnons d'infortune, en février 1791, des hommes de couleur du Mirebalais qui avaient correspondu avec eux, s'étaient adressés à Blanchelande pour réclamer de la justice du gouvernement colonial l'exécution du décret du 28 mars 1790. Leur pétition, rédigée en termes modérés, prouva néanmoins qu'ils ne s'étaient point laissé abattre par l'insuccès de la tentative de ces martyrs de leur cause. Mais, loin d'avoir égard à ces réclamations, le gouverneur général leur avait répondu par une lettre aussi méprisante que menaçante : il traitait d'*absurde et criminelle* leur prétention de confondre la *caste* des hommes de couleur avec la *classe* des blancs, leurs *bienfaiteurs*. Sa lettre se terminait ainsi : « Je sévirai avec la plus inflexible
» rigueur contre ceux qui s'écarteront du *respect* que les
» lois leur commandent *envers les blancs*, et les tribunaux

» feront justice de ceux qui oseront troubler l'ordre
» public. »

Il était alors au Cap et ne tarda pas à se rendre au Port-au-Prince.

Bientôt survint dans cette dernière ville l'assassinat de Mauduit par les blancs, et la fuite de Blanchelande dans le Nord. La veille de ce crime, où la fureur des blancs contre cet ardent contre-révolutionnaire égala celle qu'ils mettaient à poursuivre les hommes de couleur, Pinchinat, Rigaud et les autres mulâtres que Blanchelande et Mauduit avaient emprisonnés, furent relaxés en même temps que des blancs, également détenus. Ces mulâtres profitèrent de ce moment d'enthousiasme anarchique, pour s'éloigner de ce foyer d'atrocités et se rendre, soit à la Croix-des-Bouquets, soit au Mirebalais où ils se trouvaient plus en sûreté.

Nous avons dit que, le 30 juin, la nouvelle du décret rendu le 15 mai par l'assemblée constituante était arrivée au Cap, et que, dans le mois de juillet, les hommes de couleur du Mirebalais avisèrent à l'organisation d'un conseil politique qui aurait la direction des démarches qu'ils feraient pour obtenir l'exécution *des décrets nationaux*, et qui inspirerait l'organisation militaire à laquelle ils étaient résolus de recourir pour réclamer et appuyer leurs droits.

Ce fut le 17 ou le 23 juillet, qu'ils se rassemblèrent au Mirebalais [1]. Le 7 août, réunis à l'église de ce bourg, ils constituèrent leur conseil dont les membres prirent la qualification de *représentans de la commune*. L'acte de constitution de cette représentation de la classe de couleur

---

[1] D'après Sonthonax, c'est le 17 (Débats, tome 3, page 215); d'après un Mémoire du 2e bataillon du régiment de Normandie, c'est le 23 (page 13).

lui donna les pouvoirs les plus étendus, et plaça ses membres sous la sauvegarde immédiate de tous les hommes de couleur, qui s'engagèrent à la soutenir de toutes leurs forces et de toutes leurs facultés. Cet acte, rédigé dans ce saint lieu, se terminait par une invocation à l'Être Suprême qui les voyait et qui les entendait : ils jurèrent en sa présence de le maintenir, et de rester inviolablement fidèles *à la nation, à la loi et au roi*, c'est-à-dire à la France [1].

Le premier acte extérieur du conseil politique fut d'adresser à Blanchelande, alors au Cap, une copie de celui de sa constitution, avec une lettre pleine *d'énergie, de raison et de respect*, dit Garran. Ses membres se plaignirent à lui-même de la partialité qu'il montrait pour leurs ennemis en révolte ouverte contre les décrets de la nation, manifestant hautement leurs projets de scission et d'indépendance ; ils lui rappelèrent que c'était à lui de faire exécuter ces décrets. Leur lettre portait la date du 11 août.

Le 22, Blanchelande leur répondit qu'il désapprouvait leur conduite et leur assemblée *illicite*; il leur enjoignit de se séparer et d'attendre *avec résignation et paisiblement* la promulgation de toutes lois qui pourraient les concerner, et surtout *de ne jamais oublier les égards, le respect et la vénération qu'ils devaient aux blancs, auteurs de leur liberté et de leur fortune*.

De leur côté, les colons, qui avaient juré de ne pas exécuter le décret du 15 mai, effrayés de l'attitude des hommes de couleur, essayèrent partout de semer la divi-

---

[1] Rapport de Garrran, tome 2, page 130 e suivantes.

sion entre eux, en tenant à ceux qui ne se trouvaient pas compris dans le bénéfice de cet acte (parce qu'ils n'étaient pas nés de pères et mères libres), des paroles propres à les aigrir contre les autres. Ce fut en vain. Ils eurent le bon sens de reconnaître le piége colonial, tandis que ceux qui étaient favorisés agissaient pour obtenir l'exécution, non-seulement du décret du 15 mai, mais *des décrets* émanés de l'assemblée nationale, comprenant ainsi celui du 28 mars 1790 et prévoyant bien qu'une fois armés régulièrement, les hommes de couleur parviendraient facilement à obtenir tous les droits qu'ils réclamaient.

Si le conseil du Mirebalais s'adressa à Blanchelande, de manière à ne pas trop éveiller ses craintes, les hommes de couleur du Port-au-Prince, auxquels étaient réunis quelques-uns des principaux du Sud poursuivis dans leurs paroisses, n'agirent pas avec moins de prudence dans les préparatifs qu'il fallait faire pour arriver à leur organisation militaire. Ils se réunirent secrètement, sans armes, sur une petite habitation de Louise Rateau (femme de couleur parente de Bauvais), située aux environs de cette ville : c'était le 21 août 1791. On y décida de nommer Bauvais chef de l'insurrection : il était alors au Mirebalais, du conseil des quarante représentans.

Bauvais avait fait partie de l'expédition de Savannah et s'y était distingué par sa bravoure. Elevé en France, il y avait reçu une bonne éducation, et il était doué d'un caractère modéré et de beaux sentimens : ses principes étaient sévères. Ce choix fut généralement approuvé. Il y avait avantage pour la classe des hommes de couleur d'avoir à la tête de leur armée, à leur prise d'armes, un homme de la trempe de Bauvais, lorsqu'ils avaient Pinchinat pour président de leur conseil politique : c'étaient des conditions de succès.

Dans cette réunion chez Louise Rateau, on choisit aussi un lieu pour s'assembler en armes : l'habitation Diègue, située à la Charbonnière, canton voisin du Port-au-Prince, fut désignée à cet effet. Dans le même temps, les membres de la réunion décidèrent d'envoyer avertir Bauvais du choix qu'ils avaient fait de lui, pour qu'il se rendît à Diègue le 26 août, jour fixé pour le rassemblement. Ceux qui eurent l'honneur de remplir cette mission furent Pétion, Caneaux et Ferdinand Deslandes, trois jeunes hommes animés d'une noble ardeur pour cette sainte cause.

La prise d'armes du 26 août devait être générale dans les diverses paroisses de l'Ouest et du Sud, où les hommes de couleur pourraient l'effectuer ; cet ensemble devait garantir le succès. En conséquence, Jourdain, Gérin, Baptiste Marmé et Eliacin Dubosc, tous quatre réfugiés du quartier de Nippes par les persécutions des blancs, quittèrent immédiatement le Port-au-Prince, dans la nuit du 21, pour se rendre au Petit-Trou et mettre leur quartier en armes au jour convenu. D'autres émissaires furent expédiés en même temps dans toutes les paroisses de l'Ouest voisines de la capitale, et dans d'autres localités du Sud. Déjà, des réunions préparatoires avaient eu lieu aux Trois-Rigoles et aux Palmistes-Clairs, dans le centre et aux confins de la grande plaine du Cul-de-Sac : Borgella s'était trouvé aux Palmistes-Clairs.

Il faut noter comme une circonstance qui favorisait beaucoup l'armement des hommes de couleur dans l'Ouest, la désorganisation des forces militaires du Port-au-Prince, arrivée à la mort de Mauduit, et la fuite de Blanchelande dans le Nord, au moment où se consommait cet assassinat. Les soldats du régiment colonial de cette ville avaient été poussés à le commettre par les factieux qui représentaient le parti de l'ancienne assemblée de Saint-Marc. Les troupes arrivées alors de France se trouvaient elles-mêmes sous l'influence de l'esprit turbulent de la populace blanche, dirigée au Port-au-Prince par un Génois nommé Praloto. Les blancs, enfin, étaient en ce moment-là divisés d'opinions dans cette grande ville, et il leur manquait cette unité d'action qui, au Cap, assura leur triomphe contre la prise d'armes d'Ogé et de Chavanne.

Les hommes de couleur trouvaient encore dans les blancs de la paroisse de la Croix-des-Bouquets, des ennemis du système des *Léopardins* qui voulaient l'indépendance de la colonie, tandis qu'ils étaient, eux, des partisans de la contre-révolution. Et comme le gouverneur général était lui-même pour ce dernier parti, et qu'il avait cru avoir endoctriné les hommes de couleur pour la réussite de ce projet, les blancs contre-révolutionnaires de la Croix-des-Bouquets, dirigés par Hanus de Jumécourt et Coustard, deux chevaliers de Saint-Louis, ne s'effrayèrent pas beaucoup des démarches qu'ils faisaient auprès de Blanchelande, ni des réunions fréquentes qu'ils avaient, tant dans cette paroisse qu'au Mirebalais. Ils surent donc mettre à profit cette disposition, avec une habileté dont les blancs ne les croyaient pas capables.

Le soleil du 26 août éclaira enfin leur rassemblement à Diègue. Là se trouvèrent tous les mulâtres et nègres libres appelés à former l'armée de cette classe d'hommes.

Bauvais fut acclamé *capitaine général* unique. Mais cet homme de bien que tous les partis estimèrent, ce digne frère des noirs, pénétré d'un haut sentiment de justice, demanda la nomination d'un second capitaine général et désigna Lambert pour occuper cette charge : il reçut l'approbation de l'universalité de ses compagnons.

Lambert, nègre libre de la Martinique, était venu depuis longtemps à St-Domingue : il était l'un des hommes les plus recommandables de sa classe au Port-au-Prince, respecté, même des blancs, pour ses mœurs et sa probité.

Cette nomination, déterminée par un sentiment de justice qui prescrivait d'appeler au commandement un homme noir aussi honorable que Bauvais, pour représenter les nègres libres compris dans la dénomination d'hommes de couleur ; cette nomination eut encore pour effet politique de prouver aux blancs que les mulâtres issus des nègres n'entendaient point séparer leur cause de celle de la plupart des nègres affranchis qui ne se trouvaient pas compris dans le décret du 15 mai, favorable seulement *aux gens de couleur nés de pères et mères libres*. C'était, en effet, comme nous l'avons dit plus haut, l'esprit qui animait le conseil politique constitué au Mirebalais.

La nomination de Lambert, enfin, fut inspirée par cette raison, qu'il fallait donner, même aux noirs esclaves, l'idée de l'inévitable réhabilitation de leur classe, dans l'organisation politique que subirait Saint-Domingue dans un avenir plus ou moins éloigné ; et par là, la classe des hommes de couleur se donnait une grande influence et un moyen d'action sur celle des esclaves, à laquelle elle ne pouvait pas rester indifférente et étrangère.

Ces hommes éclairés qui dirigeaient l'entreprise de leur propre réhabilitation d'abord, n'ignoraient pas le mot prononcé à la tribune nationale par Dupont (de Nemours) : « *S'il fallait sacrifier l'intérêt ou la justice, il vaudrait mieux sacrifier les colonies qu'un principe* [1]; » ils n'ignoraient pas non plus les paroles échappées de la bouche de l'abbé Maury, lors de la discussion du décret du 15 mai. Ils avaient vu l'assemblée nationale constituante, dans l'exposé de ses motifs, adopter en partie l'opinion de ce fougueux athlète du privilége, en qualifiant les noirs *d'individus d'une nation étrangère*; ils avaient vu cette assemblée, tout en citant dans cet acte supplémentaire le code noir de 1685, restreindre cependant ses dispositions libérales et n'accorder les droits politiques qu'à ceux d'entre eux qui étaient nés de pères et mères libres : ils devaient donc concevoir des craintes pour l'avenir, surtout lorsque le décret du 15 mai ne leur accordait ces droits que pour participer à la formation des assemblées *futures*, qu'il n'était point envoyé *officiellement* par le gouvernement de la métropole, et que son représentant à Saint-Domingue avait déclaré publiquement qu'il ne l'exécuterait pas, qu'il en suspendrait l'exécution, alors même qu'il le recevrait de la métropole.

---

[1] Sur la foi d'une lettre de Daugy, un des *Léopardins*, Garran a attribué ce mot : « *Périssent les colonies, plutôt que de violer un principe!* » à Robespierre; mais le *Moniteur universel* rend la chose d'une autre manière. C'est Dupont (de Nemours) qui, le premier, exprima cette idée. Robespierre, membre de la Société des *Amis des noirs*, dit après lui : « Périssent les colonies, » s'il doit vous en coûter votre bonheur, votre gloire, votre liberté! Je le » répète : périssent les colonies, si les colons veulent, par les menaces, nous » forcer à décréter ce qui convient le mieux à leurs intérêts! » (Séance du 14 mai 1791.) Ces débats eurent lieu à l'occasion du décret du 15, relatif aux hommes de couleur.

Aussi les hommes de couleur, les anciens libres dans l'Ouest et dans le Sud, restèrent-ils liés avec les noirs esclaves devenus libres à leur tour ; ils devinrent influens sur leurs destinées communes. C'est à partir de l'acte aussi juste que politique de Bauvais, au rassemblement de Diègue, que commence le travail de *l'unité haïtienne*, consommée en 1802 par l'union de Dessalines et de Pétion. Ces principes dirigèrent constamment les chefs principaux des anciens libres, et leur donnèrent l'influence politique sur les affaires du pays, malgré les perverses combinaisons des colons et de la métropole elle-même.

Après avoir acclamé Bauvais et Lambert, on compléta l'organisation militaire de l'armée en nommant André Rigaud, *colonel;* Daguin, *major général;* Pierre Coustard et Marc Borno, *commandans;* Doyon aîné, Obran, Sannon Doyon, Pétion, Lafontant, Faubert, Larose, Moriet, Tessier, Lozier Cambe, Gillard, Labastille et Fouguy, *capitaines;* Baptiste Boyer, *porte-étendard.*

Là se trouvaient dans les rangs d'autres hommes et des jeunes gens qui, par la suite, se recommandèrent par des services rendus à leur pays dans différentes branches : tels furent Zami Lafontant, Pierre Michel, Dupuche, Labbée, Caneaux, J.-B. Bayard, A. Nau, A. Ardouin, B. Médor, etc.

Là étaient également Lys et Borgella, devenus des notabilités militaires et politiques. L'un des plus jeunes, J.-P. Boyer, alors âgé de quinze ans, devint le plus remarquable parmi ces derniers, par une longue carrière politique où il a accompli des choses qu'il eût été impossible de concevoir à cette époque.

A la même date du 26 août, les hommes de couleur de Jacmel, sous la direction de Vissière ; — du Petit-Goave, sous Ignace et Saingla ; — de l'Arcahaie, sous Cameau, J.-B. Lapointe et Juste Chanlatte ; — du Petit-Trou, sous Jourdain et Gérin ; — des Cayes, sous Boury ; ces hommes prirent les armes et se donnèrent aussi une organisation militaire, pour commencer en même temps cette lutte glorieuse dont le dénoûment final, à travers de nombreuses péripéties, de cruelles calamités politiques, sera l'acte du 1ᵉʳ janvier 1804.

On peut voir que nous ne mentionnons pas Léogane, commune si voisine du Port-au-Prince, parce que les hommes de couleur de ce lieu suivaient l'impulsion de Labuissonnière, esprit timide, qui ne pensa jamais à opposer la force du droit à la force de la violence. Nous aurons occasion de parler de lui.

Nous avons vu en quels termes Blanchelande avait répondu, le 22 août, à la lettre du conseil politique du Mirebalais, en date du 11. A une réponse aussi insolente, il n'y avait plus qu'à opposer la force des armes, pour contraindre et le gouvernement colonial et les colons, à reconnaître des droits si vainement réclamés. Toutefois, informé du rassemblement opéré à Diègue, le conseil, agissant sous l'inspiration de la haute raison de son président, sachant bien que la conviction du droit, la résolution de le soutenir avec fermeté et énergie, n'excluent pas les formes que commande une bonne cause, le conseil consentit alors à adresser au gouverneur, le 29 août, une dernière lettre où il releva avec dignité les singulières idées insérées dans la sienne.

Dans cette lettre, les représentans disaient : « C'est

» lorsque nous réclamons la protection du gouvernement
» et celle des lois *anciennes et nouvelles*, que vous nous
» prescrivez d'attendre paisiblement et avec résignation
» la promulgation des lois qui peuvent nous concerner,
» comme si, depuis l'établissement des colonies et sur-
» tout depuis la révolution, les lois anciennes et nou-
» velles autorisaient les citoyens blancs à nous persé-
» cuter et à nous égorger. C'est lorsque nous nous plai-
» gnons amèrement de nos tyrans et de nos persécuteurs
» que vous nous ordonnez de ne jamais oublier les
» égards, le respect et la vénération que nous devons
» aux citoyens blancs... » Ils la terminèrent, en lui annonçant qu'ils vont *s'armer* pour pourvoir à leur sûreté, et *qu'ils abandonnent le soin du reste à la Providence.*

Le gant était jeté!... Ils ne pouvaient pas descendre plus dignement dans l'arène.

Le campement des hommes de couleur à Diègue inspirant des craintes aux blancs répandus sur les habitations, ceux des montagnes voisines, du Grand-Fond et de Bellevue, se réunirent sous les ordres de l'un d'eux, nommé Lespinasse, pour se rendre en ville. Au camp on apprend qu'ils vont bientôt passer sur la grande route qui borde l'habitation Néret, voisine de Diègue; Bauvais ordonne à une cinquantaine d'hommes de s'y rendre pour les observer, afin de ne pas être surpris. Mais en se voyant, l'animosité préexistante entre les uns et les autres, excitée encore par Obran, d'un caractère ardent, amène un engagement où les blancs, tous à cheval, fuient avec la plus grande vitesse pour éviter les balles des adroits chasseurs de couleur. Deux hommes y perdirent la vie, un de chaque côté : le trompette des cavaliers blancs dont l'instrument fut le trophée de l'action, et un jeune blanc, orphelin, qu'Obran avait élevé comme son fils, et qui avait suivi son bienfaiteur pour partager ses dangers. La perte de ce jeune homme fit ressentir une vive peine à Obran qui résolut de le venger : il en trouva l'occasion peu après.

A l'arrivée des fuyards au Port-au-Prince, l'effervescence de la classe blanche fut à son comble. Les deux assemblées, municipale et provinciale, organisèrent une troupe de quelques centaines d'hommes des régimens d'Artois et de Normandie, et de matelots de plusieurs nations, embrigadés sous les ordres du Génois Praloto, et désignés sous la dénomination de *flibustiers*, en mémoire des premiers fondateurs de la colonie. Cette troupe sortit de la ville avec deux pièces de canon de campagne, pour aller prendre position sur l'habitation Pernier, située dans la plaine, au bas des mornes de la Charbonnière. Cette position devait donner aux blancs le moyen de mettre les mulâtres entre deux feux, lorsqu'ils auraient fait sortir d'autres troupes du Port-au-Prince pour les attaquer. Bauvais comprit leur dessein et porta son camp sur l'habitation Métivier, située dans la montagne de Bellevue, limitrophe avec celle de la Charbonnière.

Avant la réunion de Diègue, plusieurs ateliers d'esclaves s'étaient agités dans la paroisse du Port-au-Prince; mais les blancs avaient facilement réprimé ces mouvemens qui n'étaient point concertés. Après cette réunion, d'autres mouvemens séditieux avaient eu lieu dans les montagnes abandonnées par les blancs [1]. Quelques centaines de ces esclaves vinrent se réunir aux hommes de

---

[1] Lettre de Hanus de Jumécourt à Blanchelande, du 30 septembre 1791.

couleur à Diègue et à Métivier; ils furent accueillis comme des *auxiliaires*, et se rangèrent sous les ordres des mulâtres et nègres libres qui avaient avec eux leurs propres domestiques noirs : on en forma un corps auquel on donna le nom de *suisses*, à cause de cette qualité d'auxiliaires, par allusion aux enfans de l'Helvétie qui, en Europe, ont l'habitude de s'engager comme tels au service de la France et d'autres puissances. Ces esclaves considéraient et devaient considérer les hommes de couleur comme leurs protecteurs naturels. Nous verrons bientôt si ces derniers comprirent leurs devoirs envers leurs alliés.

A peine arrivée à Métivier, l'armée jugea que cette position lui offrait moins de chances de résistance et de succès, qu'elle n'en aurait trouvé au Trou-Caïman, l'une des positions militaires qu'offrait la montagne des Grands-Bois, adossée au Mirebalais. Bauvais et Lambert levèrent le camp de Métivier pour s'y porter.

Il fallait passer, pour se rendre au Trou-Caïman, devant l'habitation Pernier et par la Croix-des-Bouquets. Les chefs ordonnèrent de ne pas attaquer les blancs ; et se plaçant à l'avant-garde ou au centre de l'armée en marche, ils confièrent l'arrière-garde au commandement de Doyon aîné sur la prudence duquel ils comptaient. Mais, peu avant cette arrière-garde, marchait le fougueux Obran déjà irrité, comme nous l'avons dit, par la mort de son jeune protégé : il excita quelques jeunes gens à provoquer et attaquer les blancs au camp de Pernier[1]. Le combat s'engagea : Doyon fut forcé d'y prendre part, pour ne pas laisser écraser ces *imprudens*. Au bruit de la

---

[1] Dans sa lettre du 30 septembre, H. de Jumécourt dit que ce sont les blancs qui attaquèrent.

mousqueterie et de l'artillerie, toute l'armée rebroussa chemin pour se porter au feu. Pétion fut un des premiers à s'y rendre. Borgella, comme tous les autres qui étaient déjà rendus à une longue distance, accourt avec eux et partage le danger de ses camarades. Ces jeunes hommes, pleins d'ardeur, furent heureux de trouver cette occasion de payer de leurs personnes. Le feu mis par eux aux champs de cannes à sucre de Pernier achève de dérouter les blancs attaqués avec résolution et intrépidité : ils sont dispersés et se sauvent dans toutes les directions, en laissant sur le carreau plus de cent morts ou blessés. De nombreux prisonniers tombent au pouvoir des cavaliers de couleur.

La défaite d'Ogé et de Chavanne était vengée !

Dans cet assaut donné au camp, un officier du régiment d'Artois allait être tué, lorsque Pétion accourt à lui, le saisit et le protége contre la fureur de ses camarades, en risquant sa propre vie : il réussit dans ce noble mouvement de générosité. A ce trait, tous applaudissent, et le carnage cesse.

Ainsi débuta Pétion dans cette carrière des armes qu'il parcourut si glorieusement et qui fut remplie d'épisodes où l'humanité ne le céda en rien à la valeur. Là aussi commença cette influence immense qu'il a exercée sur ses concitoyens.

A vingt-sept ans de là, sur le point de descendre dans la tombe, sa dernière action fut encore déterminée par un sentiment humain et généreux. Président tout-puissant d'une République qu'il avait fondée, il réclama le consentement préalable d'un colonel noir sous ses ordres, pour exercer le droit de grâce, qui était dans les attributions de son autorité presque souveraine, envers un soldat noir du régiment dont ce colonel avait le commandement, et qui avait frappé son chef [1].

Il avait commencé sa carrière militaire en sauvant la vie à un *blanc*; il termina sa carrière politique en sauvant la vie à un *noir*.

En fuyant, les blancs avaient abandonné leurs armes, les deux pièces de canon et leurs munitions : on trouva en outre, dans le camp de Pernier, une grande quantité de *sacs* que les *flibustiers* avaient apportés et que les prisonniers déclarèrent destinés à contenir les têtes des hommes de couleur, s'ils avaient été vainqueurs. Les autorités populaires du Port-au-Prince les avaient mises à prix, et ces brigands s'étaient proposé d'obtenir une riche récompense. La vie de ces prisonniers ne fut pas moins respectée par les vainqueurs de cette journée, pénétrés du principe du droit des gens qui veut qu'à la guerre on épargne le vaincu. Les blancs ne leur tinrent aucun compte de cette modération dans la victoire du 2 septembre.

Les deux canons pris sur l'ennemi fournirent l'idée de l'organisation d'un corps d'artilleurs pour les hommes de couleur : on en forma deux compagnies sous les ordres de Pétion et de Gillard.

De bonne heure, Pétion avait montré du goût pour l'arme de l'artillerie : il aimait à se trouver dans la caserne du corps d'artillerie, située sur la place du Champ-de-Mars, au Port-au-Prince, en face le palais du gou-

---

[1] Le colonel Zacharie Tonnerre, commandant du 14e régiment des Gonaïves. Il était alors au Port-au-Prince, en 1818, par sa défection en faveur de Pétion, pendant le siège de 1812 formé contre cette ville par H. Christophe. J'ai vu ce militaire, gracié par Pétion trois jours avant sa mort : les larmes qu'il versait autour du cercueil du Président touchaient tous les assistans. Le colonel Zacharie n'en versait pas moins : il était heureux de cet acte humain.

vernement[1]. Jeune adolescent, d'une physionomie douce, d'une figure belle et attrayante, il fréquentait ces soldats européens et assistait souvent à leurs exercices, dans la caserne et au polygone, qui était situé au nord-est de la ville. Il organisa le corps d'artillerie, où de nombreux jeunes gens s'incorporèrent par attachement pour lui.

Borgella qui, aux camps de Diègue et de Métivier, était du nombre de ceux qui furent à cheval, prit service dans la compagnie de Gillard.

Après la victoire de Pernier, l'armée des hommes de couleur se rendit à la Croix-des-Bouquets où elle fit chanter un *Te Deum* pour remercier le Tout-Puissant de ses succès sur les hommes injustes qui, loin de vouloir reconnaître les droits que la classe de couleur tenait de l'Auteur de toutes choses, s'étaient proposé de l'anéantir. Le conseil politique du Mirebalais avait écrit à Blanchelande, qu'en s'armant, cette classe abandonnait le soin du reste à la Providence. Le premier sentiment qu'éprouvaient les vainqueurs de Néret et de Pernier, était celui de la reconnaissance envers le Dieu des armées, qui leur avait donné le courage et la force pour appuyer leurs droits. Ce sentiment honore leur mémoire.

Ensuite, cette armée poursuivit sa route et fut camper au Troû-Caïman.

Dès leur réunion à Diègue, les hommes de couleur avaient reçu des envoyés de la part de Hanus de Jumécourt, reconnu chef de la paroisse de la Croix-des-Bou-

---

[1] Cette place est devenue la *Place Pétion* où est le tombeau de ce chef. La caserne devint celle de sa garde à pied.

quets par les blancs du Cul-de-Sac. Ces envoyés étaient venus s'informer des motifs de leur prise d'armes, et avaient reçu pour réponse, qu'ils voulaient obtenir l'exécution des décrets nationaux sanctionnés par le roi, et que les blancs du Cul-de-Sac ne devaient rien craindre de leur part; qu'ils étaient armés seulement pour pourvoir à leur sûreté et résister aux outrages, aux persécutions des blancs du Port-au-Prince.

Or, Hanus de Jumécourt, ancien membre de l'assemblée générale de Saint-Marc, s'en était retiré dès qu'elle avait manifesté ses projets d'indépendance et son intention de subjuguer le gouverneur, comte de Peinier. Il était entré dans les vues contre-révolutionnaires de ce gouverneur et de Mauduit, qui avaient rallié à leur parti, par des ménagemens étudiés, les hommes de couleur de l'Ouest, qu'ils croyaient très-dévoués à leur projet, tandis que ces derniers ne s'étaient réunis au gouvernement colonial, que pour pouvoir se préserver des fureurs de l'assemblée de Saint-Marc [1]. Hanus de Jumécourt et la plupart des planteurs du Cul-de-Sac étaient mal vus au Port-au-Prince où dominaient les partisans de cette assemblée. Depuis la mort de Mauduit, ceux qui faisaient partie de la corporation contre-révolutionnaire des *pompons-blancs*, avaient dû fuir de cette ville, à cause des vexations dont ils étaient l'objet; ils s'étaient réfugiés à la Croix-des-Bouquets, où s'étaient également rendues des familles de couleur, présécutées par les blancs.

Hanus de Jumécourt et les autres partisans du gouvernement colonial au Cul-de-Sac, ne furent donc pas éloi-

---

[1] On connaît le mot de Bauvais à Roume : « Il nous fallait conquérir nos » droits; nous avions besoin d'auxiliaires : *le diable se serait présenté*, que » nous l'aurions enrégimenté. »

gnés de souscrire à un arrangement avec les hommes de couleur qui, même après leur victoire, s'étaient montrés si modérés. En conséquence, ils s'empressèrent d'envoyer auprès d'eux le planteur Caradeux de la Caye, porter des paroles de paix et de conciliation. Les chefs de l'armée acceptèrent ces ouvertures, et la firent rentrer à la Croix-des-Bouquets, à l'effet de stipuler une *convention*. Des commissaires furent nommés de part et d'autre, dans ce but : du côté des blancs, H. de Jumécourt, d'Espinosse, de Lépine, Drouillard, Manneville, Rigogne, Proquau, Turbé et de Lamarre; — du côté des hommes de couleur, Bauvais, Rigaud, Daguin, Barthélemy Médor, Joseph Labastille, Desmares aîné, Pierre Coustard et Pierre Pellerin.

Un *concordat* fut signé par ces commissaires, le 7 septembre 1791, par lequel les blancs s'obligeaient à ne pas s'opposer à l'exécution des décrets de l'assemblée nationale, en tout ce qui était favorable aux hommes de couleur. Un article spécial obligeait la paroisse à réparer l'honneur et la fortune des familles du Fond-Parisien, dont les propriétés avaient souffert en avril 1790, dont les membres avaient été condamnés par contumace, par un arrêt du conseil supérieur du Port-au-Prince.

C'était déjà un résultat heureux, obtenu par la modération et par la puissance des hommes de couleur. Ce fut le fruit de la victoire de Pernier.

Les blancs de la Croix-des-Bouquets, quoique divisés d'opinions avec ceux du Port-au-Prince, députèrent vers eux des commissaires chargés de leur faire sentir la nécessité de prendre un pareil arrangement avec l'armée des hommes de couleur, qui avait dans ses rangs beaucoup de noirs esclaves, comme nous l'avons dit. Ces commissaires parvinrent à leur faire comprendre qu'il ne dépendait que des hommes de couleur, au moyen de ces auxiliaires, de soulever tous les esclaves d'un bout de la colonie à l'autre, et d'anéantir la race blanche à Saint-Domingue. Ce raisonnement fut d'autant mieux apprécié par ces pervers, que déjà, en même temps que les mulâtres de l'Ouest, les nègres esclaves s'étaient soulevés et avaient incendié toute la riche plaine du Nord.

Le Port-au-Prince envoya alors des commissaires à la Croix-des-Bouquets; ils signèrent, le 11 septembre, un nouveau *concordat* avec ceux des hommes de couleur, présidés par Pinchinat. Dans ce dernier concordat, forts de leurs succès et de leur nombre, les hommes de couleur qui avaient plus d'exigences en raison de la conduite des blancs du Port-au-Prince, imposèrent pour conditions, outre les stipulations contenues dans celui du 7 :

1° Que les blancs leur reconnaîtraient *l'égalité des droits politiques* avec eux, droits que leur garantissaient la loi naturelle, les principes de la révolution française, les décrets du 28 mars 1790 et 15 mai 1791, de même que le code noir de 1685;

2° Que le *secret des lettres* serait inviolable; les blancs en avaient abusé à leur égard;

3° Que la *liberté de la presse* serait consacrée, sauf la responsabilité légale;

4° Que toutes *proscriptions* prononcées contre les hommes de couleur, soit par décrets, jugemens, confiscations, etc., seraient annulées;

5° Qu'ils se réservaient de faire dans un autre moment

et envers qui il appartiendrait, *toutes protestations et réclamations* relatives aux jugemens prononcés contre Ogé, Chavanne et leurs compagnons, regardant dès à présent les arrêts prononcés contre eux, par le conseil supérieur du Cap, *comme infâmes et dignes d'être voués à l'exécration contemporaine et future.*

Ils déclarèrent en outre qu'ils resteraient armés, et garderaient en leur possession toutes les armes et munitions tombées en leurs mains, à Pernier; qu'ils rendaient communes *à toute la classe de couleur dans la colonie*, les stipulations du présent concordat; et enfin, que rien au monde ne pouvait les empêcher *de faire cause commune avec ceux de cette classe qui avaient été écartés par le décret du 15 mai.*

Toutes ces conditions furent acceptées *par les commissaires* du Port-au-Prince. Ce concordat fut l'œuvre particulière de Pinchinat.

A l'imitation de ceux de l'armée réunie à la Croix-des-Bouquets, les hommes de couleur de Saint-Marc, sous la direction de Savary aîné, s'étaient aussi armés. Les événemens du Cul-de-Sac portèrent les blancs des paroisses de l'Artibonite à souscrire avec eux un concordat semblable, le 22 septembre.

Mais celui du 11, accepté et signé, ne fut pas ratifié par les blancs du Port-au-Prince qui subissaient l'influence de Praloto et de Caradeux aîné, le plus féroce des blancs planteurs de Saint-Domingue. C'était un noble, un marquis. Nommé capitaine général des gardes nationales de l'Ouest, Caradeux marchait d'accord avec l'état-major de ce corps, avec la municipalité et l'assemblée provinciale du Port-au-Prince.

Les motifs de ces partisans de l'ancienne assemblée

de Saint-Marc, étaient fondés sur l'espoir qu'ils avaient dans la protection de la Grande-Bretagne. En même temps que les hommes de couleur se réunissaient en armes, ils avaient envoyé deux députés réclamer des secours à la Jamaïque; et deux frégates anglaises étant venues alors au Port-au-Prince, leur espoir parut se réaliser. Ils firent proposer aux hommes de couleur de se réunir à eux, pour rendre Saint-Domingue indépendant de la France; à cette condition, ils promettaient de ratifier le concordat.

Une telle proposition ne pouvait être admise par les hommes de couleur dont l'attachement aux principes de la révolution française était sincère, parce que leur cause ne pouvait qu'y gagner. D'ailleurs, ils étaient trop éclairés pour ne pas comprendre que toute alliance quelconque avec la Grande-Bretagne serait le maintien du préjugé de la couleur à Saint-Domingue, par le maintien de l'esclavage.

L'état de guerre subsista entre les hommes de couleur et les blancs du Port-au-Prince, mais sans hostilités ouvertes. En même temps, la paix se consolida de plus en plus entre eux et les blancs de la Croix-des-Bouquets, du Mirebalais et des autres paroisses de l'Ouest qui avaient adhéré aux concordats des 7 et 11 septembre.

Blanchelande, circonvenu par une députation de la municipalité du Port-au-Prince qui le joignit au Cap, faiblissant chaque jour devant les exigences de la nouvelle assemblée coloniale réunie dans cette dernière ville, refusa aussi son adhésion aux concordats signés à la Croix-des-Bouquets. Il lança même une proclamation pour ordonner à l'armée des hommes de couleur de se dissoudre. Sur les observations qui lui furent adressées par Hanus de Jumécourt, il rétracta cette proclamation par ses lettres confidentielles, avilissant ainsi l'autorité dont il était revêtu.

Dans cet intervalle, l'armée des hommes de couleur s'était portée à quatre mille hommes, sans compter les blancs qui étaient d'accord avec eux, et les esclaves armés désignés sous le nom de *suisses*. Les concordats avaient été adoptés dans diverses paroisses du Sud où les hommes de couleur avaient réussi à s'organiser. Une autre circonstance les fortifia : ce fut le départ des frégates anglaises, du Port-au-Prince. En même temps, le progrès de la dévastation produite par le soulèvement des noirs dans le Nord, effrayant de plus en plus les blancs du Port-au-Prince comme ceux du Cap, et la nouvelle assemblée coloniale elle-même, la paroisse du Port-au-Prince finit par consentir à traiter définitivement de la paix.

La force des hommes de couleur était telle alors, que Pinchinat et les chefs de l'armée jugèrent convenable d'imposer leurs conditions dans un nouveau concordat général, pour toutes les paroisses de l'Ouest, lequel servirait pour toute leur classe dans la colonie.

En conséquence, des commissaires furent nommés de part et d'autre et se réunirent, le 19 octobre, sur l'habitation Goureau, située à deux lieues du Port-au-Prince. Ils discutèrent les articles de ce *traité de paix* qui fut définitivement signé le 23 octobre, sur l'habitation Damiens, voisine de Goureau. Pinchinat fut reconnu président des commissaires de couleur, Caradeux aîné, président de ceux des blancs.

Cet acte fut basé sur les concordats déjà signalés. Il fut convenu de l'admission des hommes de couleur dans toutes les assemblées, *à égalité parfaite avec les blancs*, même dans l'assemblée coloniale. Toutes ces assemblées devaient être renouvelées par des élections.

La réhabilitation de la mémoire d'Ogé, de Chavanne et de toutes les autres victimes de la passion et du préjugé, fut stipulée et consacrée par un article spécial. Un service solennel dans les paroisses de l'Ouest devait être célébré pour apaiser les mânes de ces infortunés; des indemnités devaient être accordées à leurs veuves et à leurs enfans. Une révision de tous les procès criminels devait avoir lieu également, même de ceux antérieurs à la révolution, intentés contre des citoyens de couleur, pour raison des rixes entre eux et les blancs, de même que tous jugemens où le préjugé l'aurait emporté sur la justice qui est due à tous les citoyens de l'empire français. Enfin, il fut arrêté qu'un *Te Deum* serait solennellement chanté au Port-au-Prince, en réjouissance de la paix, et pour appeler les bénédictions du ciel sur la cessation des troubles politiques.

Le dernier article du traité de paix du 23 octobre 1791 soumettait cet acte et les concordats précédens *à l'approbation* de l'assemblée nationale, en déclarant s'en rapporter *absolument* à sa décision sur les articles insérés dans ces actes.

Il faut avouer que, quelque éclairés que fussent les hommes de couleur qui dirigeaient leur classe, il leur manquait encore l'expérience qu'ils acquirent ensuite à leurs dépens. Attachés à la métropole, confians dans la justice de son assemblée souveraine, dans les lumières de ses représentans qui avaient recueilli tous les principes du droit public des nations, pour proclamer en face du monde *les droits de l'homme*, ils ne pouvaient s'imaginer, en signant le traité du 23 octobre, que déjà depuis un mois l'assemblée nationale était revenue sur ses décrets des 28 mars 1790 et 15 mai 1791, pour reconnaître *aux colons seuls* le droit de statuer sur le sort de tous les hommes de la race noire. L'empressement même que les colons de l'Ouest mirent à souscrire à toutes leurs conditions était un indice de la mauvaise foi qui les animait, de l'espoir qu'ils avaient, d'après leur correspondance, de voir se réaliser ce revirement d'opinion dans l'assemblée nationale.

Avant d'examiner le décret du 24 septembre 1791, voyons comment le soulèvement, l'insurrection des noirs a eu lieu dans le Nord.

CHAPITRE VI.

Insurrection des nègres esclaves dans la province du Nord. — Ses diverses causes. — Désastres qu'elle occasionne. — Rapprochemens entre elle et l'insurrection des hommes de couleur dans l'Ouest.

Nous venons de voir comment s'organisa l'insurrection de la classe des affranchis, nègres et mulâtres libres, connus sous la dénomination d'hommes de couleur. Voyons maintenant de quelle manière s'opéra celle des nègres esclaves.

Nos lecteurs tiendront compte, sans doute, de l'instruction avancée des uns, de l'ignorance générale des autres. Ils remarqueront également la différence qui devait nécessairement exister dans la manière d'opérer de la classe intermédiaire qui possédait des propriétés, avec les procédés que devaient employer les hommes qui n'avaient rien, qui ne se possédaient pas eux-mêmes, puisqu'ils étaient la chose d'autrui.

On a été réduit à beaucoup de conjectures sur la cause de l'insurrection des esclaves. Selon nous, diverses causes ont dû y concourir.

Mais d'abord, remarquons à l'honneur de la nature humaine, à l'honneur de cette race africaine réduite à la condition servile, avilie, opprimée pendant trois siècles entiers, — que le sentiment de la liberté n'a jamais cessé de se manifester parmi les nègres amenés d'Afrique et rendus esclaves à Saint-Domingue. Ils peuvent réclamer avec orgueil que toujours il y a eu parmi eux des hommes qui, par leur énergie, ont protesté contre la tyrannie des Européens.

En effet, dès l'établissement de la colonie espagnole, des nègres y furent introduits : leur esclavage, déjà pratiqué en Portugal et en Espagne, en avait fourni l'idée. En 1503, onze années après la découverte de l'île, « le » gouverneur Ovando avait défendu d'importer d'Afrique » des esclaves, parce que ceux qu'on avait *déjà* introduits » (pour travailler aux mines du Cibao) s'étaient » enfuis chez les Indiens. On prétendait même *qu'ils* » *pervertissaient ceux-ci et les portaient à la révolte* [1]. »

« Ce gouverneur craignait, dit Charlevoix, d'après les » auteurs espagnols, *que cette nation, qui paraissait indocile* » *et fière, ne se révoltât si elle se multipliait, et n'en-* » *traînât les insulaires dans sa révolte* [2]. »

Le cacique Henri, de race indienne, rendu esclave aussi, ayant fui la tyrannie de son maître et s'étant établi avec un certain nombre d'Indiens dans la montagne de Bahoruco, en 1520, *les nègres désertaient par bandes pour l'aller joindre*. Le 27 décembre 1522, ceux qui étaient esclaves de Don Diégo Colomb, se joignirent à d'autres appartenant à un licencié et se dirigèrent sur la route d'Azua, pour atteindre la même montagne et se ranger sous les ordres du cacique. Ces malheureux furent poursuivis et défaits, après une rencontre avec quelques

---

[1] M. Moreau de Jonnès, cité par M. Lepelletier de Saint-Rémy, tome 1er, page 88.
[2] Charlevoix, tome 1er, page 287.

Espagnols, où ils opposèrent de la résistance. Enfin, en 1533, il y en avait un assez grand nombre sous les ordres du cacique Henri [1].

Depuis ces temps reculés, toujours il y a eu des nègres fugitifs dans la colonie espagnole, protestant ainsi contre leurs maîtres, leurs tyrans. Charlevoix constate, d'après le père Le Pers et le journal de M. Butet, « qu'outre les
» esclaves français fugitifs, il y en a un nombre consi-
» dérable qui ne se sont point donnés aux Espagnols,
» et se sont cantonnés dans des montagnes où ils vivent
» également indépendans des deux nations [2]. »

Le même auteur nous apprend que dans la colonie française, en 1679, il y eut une révolte de nègres esclaves au Port-de-Paix, dirigés par l'un d'eux, nommé *Padrejean*, originaire de la colonie voisine. Leur but était d'exterminer tous les blancs : des boucaniers réussirent à les vaincre. En 1691, une autre conspiration formée par deux cents nègres pour détruire les blancs, fut découverte dans l'Ouest : ils furent sévèrement punis. En 1718, des nègres fugitifs de la partie française ne purent être ramenés à leurs maîtres, parce que les Espagnols s'ameutèrent et les délivrèrent.

En confirmant les faits cités par Charlevoix, Moreau de Saint-Méry parle de plusieurs autres de même nature, attestant tous que l'amour de la liberté a souvent animé des nègres esclaves et les a portés à fuir la tyrannie qui les accablait. Telle n'est pas cependant la conclusion qu'il en tire ; car il représente ces hommes comme des criminels qui fuyaient, à raison des forfaits qu'on leur imputait.

---

[1] Charlevoix, tome 1er, pages 401, 423, 470.
[2] *Ibid.* tome 2, page 482.

Le recueil des *lois et constitutions des colonies* que cet auteur a publié, fourmille de jugemens atroces rendus contre des nègres qui manifestèrent des idées de liberté, qu'on dissimulait toujours sous l'accusation de crimes civils. Le code noir lui-même, en établissant des peines si terribles contre les esclaves fugitifs, indique assez qu'on voulait punir en eux le sentiment de la liberté.

Le plus fameux parmi eux fut *Macandal*, qu'on accusa d'avoir conçu le projet de l'empoisonnement de tous les blancs de la colonie, vers le milieu du XVIII° siècle [1]. Moreau de Saint-Méry dit que, devenu manchot dans le travail de la sucrerie Le Normand de Mézy, située dans la paroisse du Limbé, Macandal se rendit fugitif, et que *c'est pendant sa désertion, qu'il se rendit célèbre par des empoisonnemens* [2]. On le traquait dans les bois ; il se vengea à la manière des faibles qui sont toujours cruels : l'empoisonnement est un horrible moyen.

Cet auteur cite enfin la peuplade des fugitifs ou *nègres marrons* réunis à la montagne de Bahoruco, auxquels les gouverneurs des deux colonies accordèrent la liberté, après de vaines tentatives faites pour les soumettre par la force. Ces hommes étaient restés plus de quatre-vingts ans dans ce lieu presque inaccessible, inquiétant les habitans, dévastant leurs plantations et portant la terreur chez eux. Ils continuèrent d'y demeurer ; mais en vertu du traité auquel ils consentirent, ils cessèrent leurs irruptions. M. de Bellecombe était alors gouverneur général.

On n'ignore pas non plus qu'à la Jamaïque et dans la

---

[1] Hilliard d'Auberteuil lui-même réduit cette imputation à des proportions moindres, en disant que « *Macandal ne fit empoisonner que des nègres et très-peu de blancs.* » Tome 1ᵉʳ, page 137, dans une note.

[2] Description de la partie française, tome 1ᵉʳ, pages 651 et 652.

Guyane hollandaise, des nègres esclaves fugitifs sont restés indépendans et libres, en contraignant les blancs de ces colonies à les respecter aussi dans leurs retraites. Comme ceux de Bahoruco à Saint-Domingue, ils gardèrent fidélité aux conventions qu'ils avaient souscrites avec leurs anciens persécuteurs, ne recélant plus de nouveaux fugitifs et les rendant même à leurs maîtres, quand il s'en échappait, moyennant un salaire convenu.

Ainsi, dès le principe de l'établissement de l'esclavage dans les deux colonies qui divisaient le territoire de Saint-Domingue, jusqu'à l'époque de la révolution de la colonie française, les noirs prouvèrent, de temps à autre, que l'amour de la liberté était aussi puissant en eux que parmi les autres hommes. Ceux de cette île furent les premiers qui tracèrent aux autres cet exemple honorable.

Toutefois, l'histoire doit à la vérité, de réunir ici toutes les causes accessoires qui ont pu concourir au grand événement dont nous allons décrire les phases. C'est au lecteur de les apprécier pour se former lui-même une opinion raisonnée à ce sujet. Notre devoir en cette circonstance, comme en toutes autres, n'est pas d'imposer notre propre opinion : en éclairant les faits d'après les documens existans et les traditions orales, nous mettons le lecteur à son aise ; nous l'aidons seulement dans le travail qui lui est réservé.

Sans nul doute, les contumaces de l'affaire d'Ogé, obligés de se cacher dans les bois pour se soustraire à la mort, ont dû souffler aux esclaves du Nord le conseil de se révolter, afin de trouver dans un tel événement le moyen de sortir de leur affreuse position.

Des faits imputables aux colons paraissent aussi y

avoir contribué. J. Raymond, dans un écrit publié en 1793, dit : « qu'immédiatement après le décret du 15 mai,
» il fut envoyé avec profusion à Saint-Domingue, une
» lettre imprimée, sous le nom d'un membre de la dé-
» putation de cette colonie (Gouy d'Arcy, grand plan-
» teur, propriétaire au Port-Margot), dans laquelle ce
» conseil perfide était donné aux colons. Cette lettre,
» qui d'ailleurs contenait les diatribes les plus virulentes
» dirigées contre les membres purs et patriotes de l'as-
» semblée constituante, fut dénoncée par Biauzat, et un
» des six ou sept exemplaires qui parurent en France
» fut déposé au comité colonial. » J. Raymond attribue encore un pareil projet aux contre-révolutionnaires « qui
» conseillèrent à ces colons, dit-il, de faire mettre *quel-*
» *ques ateliers* en insurrection, pour prouver à l'assem-
» blée constituante que c'était un effet du décret du
» 15 mai, et l'obliger par ce moyen à le retirer et à
» rendre ensuite le prétendu décret constitutionnel du
» 24 septembre... Nous savons aujourd'hui, ajoute-t-il,
» la part active prise par la cour d'Espagne, de concert
» avec les contre-révolutionnaires, à tous les désastres
» de notre colonie de Saint-Domingue. » — Dans un autre écrit publié à la fin de 1794, il confirme cette imputation relative à la lettre de Gouy d'Arcy, en ajoutant « qu'après le décret du 15 mai, les députés des colonies
» se retirèrent de l'assemblée constituante et protestèrent
» contre le décret qu'elle venait de rendre. Ensuite, des
» placards, signés des colons blancs, furent affichés dans
» tout Paris. Dans ces placards, on disait que *si l'assem-*
» *blée nationale ne retirait pas son décret, les colons feraient*
» *soulever leurs esclaves et appelleraient les Anglais dans la*
» *colonie.* »

Dans son récit historique, Gros, fait prisonnier par Jeannot, un des chefs des nègres insurgés, dit que ce *Jeannot reprocha la mort d'Ogé* à lui et aux autres blancs également prisonniers. Plus loin, il dit : « Je reconnus
» évidemment que les esclaves avaient été excités à la
» révolte *par les mulâtres*, et que ceux-ci l'avaient été *par*
» *le gouvernement;* que les premiers, pour réussir à sou-
» lever tant d'ateliers, avaient été obligés de recourir à
» des moyens, tels que les ordres du roi, pour le rétablir
» sur le trône, et les promesses du roi qui leur accordait
» trois jours par semaine pour récompense de leur zèle.
» Le motif de religion qui paraissait les animer, lors-
» qu'ils nous reprochaient la destruction du clergé; tant
» de raisons accumulées ne pouvaient qu'être un coup
» des aristocrates contre-révolutionnaires. » — Ensuite il prétend qu'un mulâtre nommé Aubert lui aurait dit : « Notre caste s'est livrée à des excès, mais elle n'est pas
» généralement coupable, et parmi les coupables, il en
» est de plusieurs espèces. Je distingue d'abord *les con-*
» *tumaces d'Ogé :* pour ceux-là ils le sont étrangement;
» *ce sont eux qui ont soulevé les ateliers...* Quant aux
» causes primitives de cette révolution, vous ne devez
» pas douter un instant qu'elles ne partent de France et
» des gens de la plus haute distinction... Je vis claire-
» ment, ajoute Gros, que le gouvernement de Saint-Do-
» mingue n'en était pas le moteur direct ni le principe
» primitif; mais qu'attentif à tout ce qui se passait au
» dedans et au dehors de la colonie, ne perdant jamais
» l'espoir d'une contre-révolution, voulant même la se-
» conder, il avait cru, *en se tenant derrière le rideau*,
» jouer le principal rôle dans une pièce devenue si tra-
» gique. »

Gros indique du reste l'influence très-grande qu'exerçaient quelques prêtres, tels que les abbés **Bienvenu**, de **La Haye**, **Sulpice**, etc., sur les noirs insurgés, de même que les Espagnols des bourgades voisines des lieux en révolte, qui, en échange du riche mobilier pillé chez les colons, qu'ils recevaient des esclaves, leur fournissaient de la poudre et des armes.

A son tour, Blanchelande, accusé devant le tribunal criminel révolutionnaire de Paris, dans son *discours justificatif* prononcé le 15 mars 1793, dit : « Cependant,
» le préjugé *si funeste* à cette île, que des hommes blancs
» conservèrent contre des hommes d'une autre couleur
» que la leur, et dans l'origine, la prise d'armes, les
» démarches illicites et les demandes prématurées de
» ceux-ci, amenèrent, au mois d'août 1791, la révolte
» des esclaves qui, après avoir été *les instrumens de l'un
» et l'autre parti*, finirent par réclamer pour eux-mêmes
» la liberté et l'égalité des droits politiques. »

Dans son rapport, Garran remarque que, dès 1789, il y eut une grande fermentation parmi les esclaves, sur différens points de la colonie, au moment où les nouvelles venues de France mettaient les autres classes en agitation. Des mouvemens séditieux s'étant manifestés parmi des ateliers *dans le Sud*, plusieurs nègres furent immolés sur l'échafaud : il cite à ce sujet une lettre du 1er octobre 1789, de François Raymond à son frère Julien Raymond.

Cette compression ne fit qu'exciter sourdement ces malheureux à briser leurs fers. Les blancs, qui redoublèrent de rigueur contre les affranchis, ne pouvaient pas mieux traiter les esclaves. En juin et juillet 1791, des mouvemens insurectionnels eurent lieu parmi des ateliers, au Cul-de-Sac, au Trou-Bordet, aux Vases et au Mont-Rouis. Au Trou-Bordet, sur le littoral du Port-au-Prince, lieu fréquenté par les matelots et par les soldats des régimens d'Artois et de Normandie (ces mêmes troupes dont l'arrivée occasionna la mort de Mauduit), on attribua cette agitation à leurs discours. Dans le mouvement sur l'habitation Fortin-Bellanton, au Cul-de-Sac, près de la Croix-des-Bouquets, la maréchaussée tua plusieurs chefs; les uns furent rompus vifs, d'autres furent pendus, comme ceux du Trou-Bordet.

Dans un livre publié à Bordeaux, en 1802, par Félix Carteau, ancien colon de Saint-Domingue, sous le titre de *Soirées bermudiennes*, etc., ce colon attribue la révolte des esclaves à diverses causes, mais principalement à l'esprit philosophique du XVIIIe siècle qui fit plaider en leur faveur devant le public éclairé de l'Europe et de la société française; — aux partisans de la cour, contre-révolutionnaires qui voulaient punir les colons d'avoir embrassé la révolution de la métropole; — à la société des *Amis des noirs* qui fit répandre nombre d'écrits, de gravures et d'images, propres à réveiller en eux le sentiment de la liberté; — aux matelots des navires français, particulièrement ceux de Bordeaux, qui trouvaient leur profit à vendre ces objets aux esclaves et qui, étant pour la plupart des habitués des clubs révolutionnaires dans les ports de la métropole, se plurent à propager à Saint-Domingue les doctrines et les principes des droits de l'homme; — enfin, aux hommes de couleur, agens ou instrumens des négrophiles européens, irrités du supplice d'Ogé et de Chavanne, d'Ogé surtout dont ils avaient favorisé les réclamations en France; aux hommes de couleur qui, eux-mêmes, voulaient trouver un moyen de se venger des blancs, par le bouleversement des propriétés dans le Nord. Félix Carteau impute néanmoins cette révolte à l'initiative du parti contre-révolutionnaire du Cap, dans lequel il confond Blanchelande et tous les officiers militaires; car il dit que, dans les mesures prises par ceux-ci pour combattre les noirs, *les militaires étaient d'intelligence avec les révoltés.* Il cite enfin plusieurs prêtres, curés des paroisses du Nord, qu'il désigne comme des agens de la contre-révolution; il cite aussi l'abbé de la Haye, curé du Dondon, *l'apôtre le plus ardent de la liberté des noirs*, et il n'oublie pas de signaler encore le marquis de Cadusch qui, accusé devant l'assemblée coloniale qu'il présidait, dut s'en défendre en comité secret, attribuant à ce colon, ruiné par le jeu, l'idée de la révolte comme un moyen de se soustraire à ses créanciers.

Bryand Edwards, planteur et président de l'assemblée coloniale de la Jamaïque, qui vint au Cap un mois après l'incendie de la plaine du Nord, dans son *histoire de Saint-Domingue* de 1789 à 1794, attribue aussi la révolte des esclaves, comme l'insurrection des mulâtres, à l'influence des principes de la société des *Amis des noirs*, de Paris, et même de celle de Londres, à laquelle il reproche d'avoir fait répandre dans les colonies anglaises des images et des gravures. Il s'étonne même que les esclaves de la Jamaïque n'aient pas tracé l'exemple à ceux de Saint-Domingue, tout en convenant d'ailleurs que *d'eux-mêmes a pu naître l'idée de la révolte, conséquence naturelle de l'esclavage.* Il dit « qu'à Saint-Do-
» mingue, une partie très-considérable des insurgés
» étaient, non des Africains, mais des créoles ou des
» naturels; *la plupart des meneurs étaient des domestiques*

« *privilégiés des habitans blancs, nés et élevés dans leur
» famille;* quelques-uns même avaient eu l'avantage
» d'apprendre *à lire et à écrire,* avantage que leurs pré-
» cepteurs firent servir à les rendre plus méchans; car
» ils les choisissaient pour propager ces principes, qui
» conduiront toujours au renversement de tout gouver-
» nement et de tout ordre ¹. »

Enfin, une dernière version attribue encore l'insurrection des esclaves au parti contre-révolutionnaire du Cap, opposé à la nouvelle assemblée coloniale qui venait pour y siéger, et dont les membres étaient en grand nombre, comme nous l'avons dit, de l'ancienne assemblée de Saint-Marc, à laquelle ce parti avait déjà résisté.

Nous transcrivons ici un extrait des œuvres *inédites* de Céligny Ardouin, sur cette version présentée sous un nouveau jour, parce que l'auteur a reçu ces renseignemens de l'un des anciens soldats de la troupe des noirs insurgés, qui résidait à Santo-Domingo et qui avait toujours été au service du roi d'Espagne.

« L'assemblée coloniale réunie à Léogane, dit Céligny Ardouin, ayant résolu sa translation au Cap, l'insurrection des esclaves y fut organisée et provoquée. Un homme fameux dans nos fastes révolutionnaires, un chef illustre qui manqua sa destinée par sa trop fatale condescendance envers les colons, Toussaint Breda, depuis Toussaint Louverture (a), fut le premier esclave mis en rap-

---

¹ Préface de l'auteur, pages 28 et 29.

(a) Différentes versions existent sur la cause de ce changement de nom. Un fait à constater, c'est qu'il existe des documents signés par Toussaint, les uns *Toussaint Breda,* les autres *Toussaint Louverture.* On a prétendu que c'est après la prise du Dondon, parce que Polvérel aurait dit : « Cet homme fait

port avec le comité contre-révolutionnaire du Cap pour opérer cette terrible insurrection. Toussaint, de gardeur d'animaux, était devenu le cocher de M. Bayon de Libertas, procureur de l'habitation Bréda, au Haut-du-Cap, laquelle était échue en partage au comte de Noé, neveu du comte de Bréda. Il avait appris à lire de son parrain, un noir de ce quartier, nommé Pierre Baptiste. Celui-ci, élevé par un missionnaire, avait hérité des principes de cagotisme propres à ces frères prêcheurs. Toussaint adopta les principes de son parrain : sous des dehors calmes et résignés, il cachait une ambition ardente, une volonté ferme et persévérante, et, malheureusement, un cœur de bronze. Il avait su capter la bienveillance de son maître qui comptait sur le dévouement de son cocher, devenu son ami, après avoir été le compagnon nécessaire de ses fredaines.

» Un des adversaires de la nouvelle assemblée colo-

---

ouverture partout, » que Toussaint ajouta *Louverture* à son nom. Comment donc Toussaint aurait-il appris ce propos ? Et peut-on supposer que cet homme célèbre eût changé de nom pour un si pauvre motif ? La veuve de Sonthonax, qui a connu Toussaint dans l'esclavage, a dit à l'un de nos amis que Toussaint s'appelait *Louverture* avant la prise d'armes, parce que ce sobriquet lui avait été donné sur l'habitation Bréda, à cause de plusieurs dents qui lui manquaient sur le devant de la bouche. S'il en était ainsi, pourquoi Toussaint signait-il Toussaint Bréda, lorsqu'il figurait dans les rangs des insurgés ? Nous avons cherché la cause de ce changement de nom : nous nous sommes adressé à l'un des compagnons de Toussaint, à l'un de ses amis, le vénérable Paul Aly, aujourd'hui (1841) colonel du 31ᵉ régiment et commandant la place de Santo-Domingo. Ce vétéran nous a dit que Toussaint prit le nom de *Louverture*, pour exprimer qu'il fut *le premier* qui fut mis en avant pour soulever les esclaves du Nord ; et que, s'il tarda à prendre ce surnom, c'est qu'il ne put ravoir le *sauf-conduit* qui lui avait été donné et qu'il avait confié à son ami Biassou, que quand ce chef eut encouru la défaveur de Jean-François, qui fit surprendre son camp et enlever ses papiers pour y chercher des preuves de trahison dont il accusait Biassou. » *Note de l'auteur cité.*

Garran dit : « On prétend que ce nom de Bréda était celui de l'habitation où il avait été esclave ; et qu'il *reçut* celui de l'*Ouverture* de la facilité qu'il mettait à toutes *les ouvertures de conciliation*. (Note de la page 313, t. 2 du Rapport.) Mais Toussaint signait *Louverture* sans mettre l'apostrophe.

niale, devisant avec Bayon de Libertas, en présence du discret Toussaint, sur les événements de l'époque, laissa échapper quelques paroles ayant trait à ce projet de soulèvement d'esclaves. Trop perspicace pour ne pas entrevoir tout d'abord les chances d'avenir pour sa classe dans une insurrection générale, Toussaint hasarda quelques mots approbateurs du plan projeté, et ajouta que *la seule promesse de la franchise de trois jours par semaine et l'abolition de la peine du fouet* suffiraient pour soulever les ateliers; mais aussi, il demanda *la liberté des principaux esclaves* qui réussiraient à faire agir les autres, pour prix de leur soumission aux volontés bienveillantes de ceux qui daigneraient s'occuper de leur bien-être. Sur l'attestation de Bayon de Libertas, Toussaint obtint la confiance du comité qui lui procura de Blanchelande un *sauf-conduit* pour le mettre à l'abri de toutes poursuites ultérieures.

» Toussaint fit choix de ses plus intimes amis, Jean-François Papillon, Georges Biassou, Boukman Dutty et Jeannot Bullet. Les conjurés se réunirent et se distribuèrent les rôles. Plus rusé que les autres, Jean-François obtint le premier rang, Biassou le second; et Boukman et Jeannot, plus audacieux, se chargèrent de diriger les premiers mouvements. Toussaint se réserva le rôle d'intermédiaire entre les conjurés et les moteurs secrets de l'insurrection : il ne voulait d'ailleurs se prononcer que lorsqu'il pourrait être assuré du succès de l'entreprise. On fabriqua une fausse gazette qui rapportait que le roi et l'assemblée nationale avaient accordé aux esclaves trois jours par semaine et l'abolition de la peine du fouet; mais que l'assemblée coloniale et les petits blancs ne voulaient pas exécuter cette loi de la France. Un jeune homme *de couleur*, candide, fut gagné par Boukman, et donna lecture de cette gazette à des esclaves de la plaine, réunis secrètement, le 14 août, sur l'habitation Lenormand de Mézy, au Morne-Rouge : la majeure partie des esclaves réunis étaient des commandeurs. Boukman annonça à ces conjurés que l'on attendait de nouvelles troupes d'Europe qui venaient pour exécuter les lois de la métropole, et qu'alors les esclaves se soulèveraient afin que cette exécution ne manquât point, et que lui-même donnerait le signal en se soulevant avec l'atelier de l'habitation Turpin dont il était l'un des commandeurs. Cette information donnée de la prochaine arrivée de nouvelles troupes qui devaient agir de concert avec les esclaves, n'était qu'une ruse des chefs de cette fameuse conjuration, ruse inventée pour décider les esclaves : car, ces hommes encore timides redoutaient la force et la puissance de leurs maîtres.

» Boukman eut aussi recours à la magique influence du fétichisme. Il conduisit ces hommes crédules au bois nommé *Caïman*, situé sur cette habitation Lenormand de Mézy : là, une prêtresse plongea le couteau dans les entrailles d'un cochon noir ; la victime bondit, le sang ruissela ; les conjurés en burent avec avidité. A genoux, Boukman prêta le terrible serment de diriger l'entreprise, serment commandé par la prêtresse : les assistants jurèrent après lui, dans la même attitude, de le suivre et d'obéir à ses volontés.

» Les esclaves des habitations Chabaud et Lagoscette, réunis sur l'habitation Lenormand de Mézy, comprirent mal les explications de Boukman : dans la soirée ils mirent le feu à ces deux habitations. L'insurrection devait commencer par l'incendie de ces palais somptueux élévés sur des cadavres, et de ces riches moissons arrosées du sang de ces infortunés. On arrêta quelques esclaves qui furent exécutés avec promptitude, tant on redoutait les aveux.

» Enfin, le 22 août, à dix heures du soir, Boukman, l'intrépide Boukman se mit à la tête de l'atelier de l'habitation Turpin, entraîna ceux des habitations Flaville et Clément, et se porta sur l'habitation Noé. Là, le feu fut mis aux cases : en un instant, tout le quartier de l'Acul et celui du Limbé furent embrasés : tous les esclaves se levèrent armés de torches, de haches, de bâtons, de couteaux, de manchettes, etc.; toutes espèces d'armes leur servirent. Les blancs qui osèrent résister furent sacrifiés ; d'autres, désignés à la haine des esclaves par leurs atrocités connues, périrent également. En quatre jours, le tiers de la plaine du Nord n'offrait qu'un monceau de cendres... »

Pour ne rien omettre ici, concernant la part attribuée à Toussaint Louverture sur l'insurrection des esclaves, nous citerons les lignes suivantes, empruntées à un rapport présenté par le général Kerverseau, le 20 fructidor an IX (7 septembre 1801), au ministre de la marine et des colonies.

« Toussaint, façonné par un long esclavage au manége de la flatterie et de la dissimulation, sut masquer ses sentimens et dérober sa marche, et n'en fut qu'un instrument plus terrible *dans les mains des désorganisateurs.* Ce fut lui qui présida l'assemblée où il fit proclamer chefs de l'insurrection Jean-François, Biassou et quelques autres, que leur taille, leur force et d'autres avantages corporels semblaient désigner pour le commandement. Pour lui, faible et chétif, et connu de ses camarades par le nom de *Fatras Bâton*, il se trouvait trop honoré de la place de secrétaire de Biassou. C'est de ce poste obscur où il se plaça lui-même, que, caché derrière le rideau, il dirigeait tous les fils de l'intrigue, organisait la révolte et préparait l'explosion. Il savait lire et écrire, et c'était le seul. Cet avantage lui en donna un immense et le rendit l'oracle des conjurés. *Il était, ou se disait dépositaire de pièces* qui autorisaient la rébellion et les moyens atroces qu'on employait pour la soutenir; son répertoire était garni de lettres des princes, d'ordres du gouverneur, d'édits et de proclamations du roi. *Il paraît constant que le gouvernement ne fut pas étranger aux premiers mouvemens*, et qu'il voulut exécuter le plan formé à Pilnitz et à Paris d'anéantir Saint-Domingue pour amener en France la contre-révolution, par le bouleversement total, inséparable de la ruine entière du commerce, suite infaillible de celle de la colonie; et il est assez vraisemblable que ces titres furent presque tous son ouvrage. Jusqu'où et jusqu'à quand Toussaint fut-il la dupe de ces jeux politiques? On l'ignore. Ce qu'il y a de sûr, c'est qu'il s'en servit habilement pour faire mouvoir les Africains, naturellement portés à l'idolâtrie monarchique et plus frappés du nom d'un roi et de l'éclat du trône, que de la majesté d'une république, à l'idée de laquelle ils sont pour la plupart incapables de s'élever. »

En voilà assez, sans doute, de toutes ces citations pour prouver que plusieurs causes contribuèrent à cette révolte des esclaves; qu'il est fort probable que les blancs contre-révolutionnaires y ont grandement trempé;

que Blanchelande, incapable de maintenir son autorité dans l'Ouest et dans le Sud, où le système de l'assemblée de Saint-Marc dominait, voyant la nouvelle assemblée déserter Léogane pour établir son siége au Cap, ne se sentant pas la puissance nécessaire pour résister aux prétentions de ses membres, unis aux partisans qu'ils comptaient dans le Nord; Blanchelande aura cru qu'en soulevant les esclaves, il pourrait les maîtriser, les diriger, et contenir la nouvelle assemblée par eux. S'il n'en était pas ainsi, pourquoi les esclaves et leurs chefs arborèrent-ils le drapeau et tous les insignes de la royauté? Pourquoi manifestèrent-ils la plus grande déférence pour le gouverneur général et les autres officiers militaires attachés à sa cause? Il est vrai que l'armée des hommes de couleur, dans l'Ouest, n'en témoignait pas moins pour ces représentans de l'autorité de la métropole, qu'elle marcha d'accord avec les contre-révolutionnaires de cette province, sans qu'on puisse dire cependant que ce sont ces contre-révolutionnaires qui l'ont organisée : car, dans les camps de l'Ouest le drapeau blanc ne flottait pas, la cocarde blanche ne remplaça pas la cocarde tricolore.

Quoi qu'il en soit, les esclaves profitèrent des dispositions de tous les partis à se servir d'eux comme des auxiliaires, des instrumens, et agirent sous cette impulsion, de manière à obtenir leur liberté par les armes, de même que les hommes de couleur pour parvenir à l'égalité civile et politique.

Si ces derniers employèrent les moyens que leur instruction et leur éducation prescrivaient à des hommes libres et propriétaires, les esclaves, privés de leur liberté naturelle, des avantages que donnent les lumières, de la propriété qui inspire toujours des idées de conservation et de modération; en proie, depuis un siècle et demi aux maux les plus affreux : les esclaves mirent en usage d'autres moyens pour atteindre à leur but. Incendier les plantations de cannes et les usines qui servaient à produire les immenses richesses qui faisaient l'orgueil des blancs, qui les rendaient si durs envers leurs victimes; — tuer, massacrer leurs maîtres, les faire mourir dans des tourmens qui épouvantent le cœur humain; ne respecter ni vieillards, ni femmes, ni enfans; empaler les uns, scier d'autres entre deux planches, les rouer ou les brûler ou les écorcher vifs; violer les femmes et les jeunes filles : tels furent les horribles moyens dont se servirent les esclaves du Nord qui, au dire de Moreau de Saint-Méry, étaient mieux traités que les autres.

Nous ne prétendons pas justifier ces crimes atroces; car, quel esprit raisonnable, quel cœur sensible peut ne pas frémir au récit de toutes ces horreurs? Mais nous les expliquons, nous les excusons même, par la nature des choses, par l'état de dégradation où ces hommes étaient tenus dans l'esclavage, étant privés systématiquement de toute instruction morale et religieuse, qui est le frein le plus sûr qu'emploient les sociétés humaines pour contenir les masses dans la subordination. Dans la première partie de cet ouvrage, nous avons cité le livre d'Hilliard d'Auberteuil qui nous apprend que, contrairement aux prescriptions du code noir, les colons s'opposaient à ce que les prêtres enseignassent la religion du Christ aux esclaves. Comment donc ces horreurs ne se seraient-elles pas produites de la part de ces hommes, dont une notable portion étaient des Africains arrachés inhumainement de leur pays barbare ? *Ceux qui sèment les vents récoltent la tempête.*

Si des crimes inouïs furent commis par les esclaves soulevés, ces crimes sont imputables — aux colons eux-mêmes dont la méchanceté envers les opprimés ne servit que trop d'exemple à ceux-ci ; — aux Européens marchands de chair humaine dont la cupidité insatiable inventa le trafic sacrilége qui a peuplé l'Amérique des enfans de l'Afrique ; — à ces colons encore, aux agens de l'autorité, tous blancs, qui excitèrent les esclaves à la révolte pour servir leurs opinions, leurs intérêts politiques contre leurs adversaires. En 1791, eux tous recueillirent le fruit de tous les forfaits commis depuis trois siècles dans la traite des noirs et dans le régime colonial, malgré les sages avertissemens des philosophes dont ils se moquaient.

Et en ce moment même où se passaient ces choses effroyables du côté des noirs, les blancs de Saint-Domingue n'en faisaient-ils pas autant de leur côté, pour maintenir leur odieux régime, en dépit de cette leçon sévère donnée à leur orgueil ? Nous dirons bientôt ce qu'ils firent dans ce but.

Avant de terminer ce chapitre, remarquons la singulière coïncidence de quelques faits relatifs à l'insurrection des noirs dans le Nord, avec d'autres faits relatifs à l'insurrection des hommes de couleur dans l'Ouest, arrivées toutes deux dans le même mois d'août 1791.

Le conseil politique du Mirebalais se constitua le 7, sous la présidence de Pinchinat. Le conseil des commandeurs d'ateliers se réunit le 14 sous la direction de Boukman.

Celui-ci choisit le bois, le lieu appelé *Caïman*, pour être le théâtre de la conjuration du Nord. L'armée des hommes de couleur, après ses premiers campemens à Diègue et à Métivier, finit par préférer de s'établir au *Trou-Caïman*, à quelque distance de la Croix-des-Bouquets [1].

C'est dans la maison isolée d'une femme que, le 21, se forma la conjuration de l'Ouest. C'est une femme qui servit de prêtresse, le 14, dans la conjuration du Nord. Dans tous les grands événemens de l'histoire des nations, une femme apparaît presque toujours pour exercer une sorte d'influence sur les résolutions des hommes.

Au Mirebalais, les hommes de couleur, réunis à l'église, prirent Dieu à témoin de la légitimité de leurs droits, et remirent, abandonnèrent leur sort à sa providence. Dans le bois de l'habitation Lenormand de Mézy, les commandeurs d'ateliers esclaves prièrent Dieu de leur venir en aide, et prêtèrent serment en sa présence de combattre avec courage pour la conquête de leur liberté.

Remarquons encore que cette habitation Lenormand de Mézy, au Morne-Rouge, choisie par les conjurés, appartenait au même colon, maître de *Macandal*. Il semble que les conjurés, en s'y réunissant, aient voulu s'inspirer des souvenirs homicides de cet Africain impitoyable.

Il est temps d'examiner le dernier acte de l'assemblée

---

[1] Il faut avouer que les flibustiers français, fondateurs de l'ancienne colonie de Saint-Domingue, donnèrent les noms les plus bizarres à certaines localités de ce pays. De nos jours, ces noms motivent quelquefois des plaisanteries dirigées contre les Haïtiens. Leurs auteurs semblent oublier que ces derniers *ne se sont permis* qu'une seule substitution de nom : — *Haïti*, en place de *Saint-Domingue*.

constituante de France, terminant ses travaux législatifs en léguant à la colonie de Saint-Domingue une nouvelle source de calamités. Il est temps de parler de son décret du 24 septembre 1791, par lequel elle abrogea le peu de dispositions favorables aux hommes de couleur, contenues dans celui du 15 mai, et octroya à l'assemblée coloniale la souveraineté des décisions qu'il lui plairait de prendre à l'égard des mulâtres et des nègres.

CHAPITRE VII.

Décret de l'assemblée nationale constituante, du 7 juillet 1791. — Réunion de la seconde assemblée coloniale. — Ses actes. — Ses dispositions à se soumettre à la Grande-Bretagne. — Décrets de l'assemblée nationale, du 29 août et du 24 septembre.

Le décret du 12 octobre 1790, en cassant l'assemblée générale de Saint-Marc, avait ordonné la formation d'une nouvelle assemblée ; mais cette disposition n'avait pas reçu son exécution, parce que ce décret, parvenu *officiellement* à Blanchelande, seulement en février 1791, dans le temps où ce gouverneur, suivant le plan de Peinier, détruisait les corps populaires de concert avec Mauduit, il n'avait point voulu se donner l'embarras d'un corps constitué, représentant la colonie entière. Marchant d'accord avec l'assemblée provinciale du Nord, composée de contre-révolutionnaires comme lui, il ne se pressa pas davantage de le faire après l'assassinat de Mauduit, qui le contraignit à fuir du Port-au-Prince, livré alors à une réaction furibonde en faveur du système de l'assemblée de Saint-Marc.

D'un autre côté, les provinces de l'Ouest et du Sud, gagnées aux doctrines de cette assemblée, attendaient l'effet des intrigues de ses membres restés en France, et de celles du club Massiac, pour porter l'assemblée nationale à revenir sur le compte des *Léopardins*. Dans le Nord, où dominait l'assemblée provinciale, on ne voulait pas non plus d'une nouvelle assemblée qui eût effacé celle-ci.

Il arriva alors que les intrigues prévues portèrent Barnave à déterminer l'assemblée nationale à rendre un nouveau décret, le 7 juillet 1791, qui déclara *n'y avoir lieu à suivre* contre les membres de l'assemblée de Saint-Marc, et qui permit à ceux-ci de retourner à Saint-Domingue ; car, jusque-là, ils étaient retenus en France. Toutefois, Barnave les obligea à rétracter préalablement leur acte du 28 mai 1790.

Mais avant ce décret du 7 juillet, celui du 15 mai étant arrivé au Cap le 30 juin, les colons sentirent la nécessité de former cette nouvelle assemblée coloniale, pour pouvoir y résister et régler ce qui avait rapport aux hommes de couleur et aux esclaves. Un autre motif les y excitait : c'était l'attitude que prirent alors les hommes de couleur dans l'Ouest, aussitôt l'arrivée de la nouvelle du décret du 15 mai.

Dans le courant de juillet 1791, les colons procédèrent à l'élection des membres de la nouvelle assemblée, bien résolus à ne pas admettre ceux des hommes de couleur qui, au terme du décret du 15 mai, étaient habiles à en faire partie, 1° parce qu'ils étaient nés de pères et de mères libres ; 2° parce que ce décret voulait qu'ils fissent partie des assemblées *futures*. Ils furent repoussés, sous le prétexte que ce décret, n'ayant pas été envoyé *officiellement*, l'assemblée coloniale devait se former uniquement d'après les principes consignés dans les décrets des 8 mars et 12 octobre 1790. Blanchelande se prêta complétement à cette manœuvre.

La nouvelle assemblée se réunit à Léogane et se constitua le 1ᵉʳ août. Léogane était le lieu fixé par l'assemblée nationale pour ses séances; mais elle jugea plus convenable de s'assembler au Cap, où elle devait trouver plus de chances de dominer, parce que cette ville était devenue le siége du gouvernement, et que les commissaires civils annoncés y résideraient indubitablement. Elle prit un arrêté à cet effet, le 9 août, en s'ajournant pour la fin du mois. Elle allait s'y réunir, quand la prise d'armes de Diègue et l'insurrection des esclaves du Nord éclatèrent en même temps.

Tous autres hommes que les colons de Saint-Domingue eussent reconnu dans ces faits extraordinaires la nécessité de modifier le régime colonial, surtout lorsqu'ils revendiquaient le droit que leur concédaient les décrets du 8 mars et du 15 mai, de régler eux-mêmes le régime intérieur de la colonie. Mais loin de là ; ces hommes qui n'ignoraient pas que la classe de couleur égalait celle des blancs en nombre, qui savaient que les noirs étaient encore infiniment plus nombreux, espérant tout de la puissance de l'organisation coloniale, de l'appui de la France, de celui des commissaires civils et du gouverneur général, ces hommes orgueilleux s'imaginèrent qu'ils pourraient facilement comprimer l'une et l'autre insurrection.

A la première nouvelle de l'incendie des habitations de la plaine voisine du Cap, les blancs supposèrent une vaste conspiration de la part des mulâtres et des noirs de cette ville, d'accord avec les esclaves pour l'incendier et égorger les blancs, et ils massacrèrent une foule de mulâtres. Ceux qui échappèrent à ces assassinats, s'étant réfugiés dans l'église, l'assemblée coloniale eut l'air de les prendre sous sa sauvegarde, pour pouvoir les contraindre à concourir avec les blancs à combattre les insurgés de la plaine. Des malheureux qui étaient tenus sous l'appréhension d'une mort prochaine, se fussent bien gardés de refuser leur concours à cette répression : ils acceptèrent ou sollicitèrent de marcher, avec toutes les apparences d'une vive satisfaction, et s'enrôlèrent sous les ordres des blancs. S'ils avaient été libres d'adopter le parti qui leur eût mieux convenu, il n'y a nul doute qu'ils eussent préféré imiter ceux de leur classe qui se joignirent aux esclaves pour combattre les blancs. Dans son *Récit historique*, Gros signale à chaque page le concours des mulâtres et des nègres libres, donné aux insurgés. Peut-on supposer, en effet, que ces hommes, qui avaient vu rouer Ogé et Chavanne pour leur cause commune, n'éprouvaient pas une joie secrète de les voir vengés par les nègres esclaves, réunis aux nègres et mulâtres libres?

Nous n'entrerons pas dans le récit de tous les combats qui eurent lieu alors et qui continuèrent entre les blancs et les noirs insurgés du Nord; car notre but est surtout de chercher à découvrir l'influence qu'exercèrent sur la situation du pays les actes des autorités coloniales et de la métropole.

Que Blanchelande et les autres contro-révolutionnaires aient été ou non les auteurs de l'insurrection des esclaves, que ce soient les colons eux-mêmes, suivant les conseils de Gouy d'Arcy et des autres intrigans résidans à Paris, toujours est-il que les blancs combattirent les insurgés à outrance, firent pendre et rompre vifs tous les prisonniers qu'ils faisaient. Deux échafauds pour le supplice de la roue, et cinq potences furent dressés en permanence au Cap. Ces malheureux périssaient dès qu'ils tombaient au pouvoir de leurs vainqueurs. Des prisonniers eurent immédiatement la tête tranchée, d'autres furent brûlés vifs. L'assemblée coloniale institua des commissions prévôtales auxquelles elle donna le droit d'employer *la torture* pour porter les noirs prisonniers à faire des aveux. Celle du Cap en faisait périr vingt et trente chaque jour, dans les premiers momens de l'insurrection.

Si les blancs furent véritablement les premiers instigateurs de la révolte, ils durent être d'autant plus furieux, que ceux dont ils croyaient faire de simples instrumens, allaient au-delà de leurs desseins, en incendiant leurs propriétés et en égorgeant *la plupart* des blancs qui tombaient entre leurs mains; car il est à remarquer que, dans cette lutte désespérée, les noirs épargnèrent souvent la vie de leurs prisonniers, tandis que leurs ennemis agissaient tout autrement. Quelques rares prisonniers noirs que les blancs épargnaient étaient marqués *sur la joue*, d'une étampe à feu portant la lettre R, signifiant *révolté*.

Sans doute, et nous l'avons déjà dit, des actes barbares, cruels, féroces même, furent aussi commis par les noirs; et Jeannot, en particulier, surpassa tout ce que l'esprit humain pouvait concevoir de la fureur de la vengeance. Mais Jeannot fut bientôt *fusillé* par Jean François, à cause de ses atrocités, tandis qu'aucun blanc ne fut *puni* pour ses cruautés envers les noirs, tandis que dans le même temps les blancs *brûlaient vif* le fameux Boukman qu'ils firent prisonnier. Garran, en citant ce dernier fait, remarque que Gros cite lui-même beaucoup de nègres dont il avait reçu des témoignages d'une grande humanité ; il dit « *qu'à la honte des blancs qui n'avaient su réprimer aucun meurtre, les chefs des noirs punirent le principal coupable.* »

Les membres de la nouvelle assemblée, qui avait repris le titre d'*assemblée générale de la partie française de Saint-Domingue*, et ceux de l'assemblée provinciale du Nord étaient tellement animés contre l'assemblée constituante, par rapport au décret du 15 mai, qui ne favorisait cependant que *le sixième* de la population de couleur [1], qu'ils abandonnèrent alors la cocarde nationale *tricolore* pour adopter la cocarde *noire*, en faisant porter aux troupes blanches des cocardes *blanches*, *jaunes et vertes*, signes de l'aristocratie française qui, en ce temps-là, essayait en France de replacer la royauté dans les conditions de l'ancien régime : circonstance qui peut, jusqu'à un certain point, expliquer la coïncidence du soulèvement des noirs attribué à Blanchelande et aux autres contre-révolutionnaires, dans le but d'opérer aussi à Saint-Domingue la contre-révolution.

La formation de deux régimens fut décrétée pour la colonie. Les drapeaux de ces troupes devaient être, — le premier, *blanc*, avec des cravates *blanches, noires* et *rouges*, ayant une *salamandre* au milieu, avec ces mots : *Je vis dans le feu*. Le second drapeau devait être *noir, rouge* et *blanc*, avec des cravates *blanches*, ayant un *phénix* dans

---

[1] Le colon Page affirma aux Débats (tome 1er, page 261) que le décret du 15 mai ne devait profiter qu'au *vingtième* de la population de couleur, à quatre ou cinq cents. Sur une population de 40,000 âmes, les colons trouvaient que c'était encore trop ! *Tout ou rien* semble avoir été leur vœu : que leur a donné la Providence ? *Rien !*

le blanc, portant ces mots : *Je renais de ma cendre* [1]. La coiffure des soldats était un chapeau rond, *à l'anglaise*, avec panache *noir et blanc*. On dira bientôt pourquoi cette affectation à prendre le chapeau *à l'anglaise*. Ce n'est que plusieurs mois après, que les troupes reçurent des cocardes tricolores et autres insignes de la nationalité française.

Chose étrange! mais bien significative; dans le même temps, les esclaves révoltés adoptaient aussi la cocarde *blanche* et un drapeau *blanc*; leurs chefs se décoraient dans le même sens. Gros indique ainsi le costume de Jean François, généralissime de l'armée des insurgés : « habit de drap gris, parement jaune, enrichi d'un cra-
» chat avec la croix de Saint-Louis et le cordon rouge :
» il avait, dit-il, douze gardes du corps, ceints d'une
» bandoulière remplie de fleurs de lis. » Qui les lui avait fournies? « Biassou portait seulement la croix de
» Saint-Louis et le cordon rouge; plusieurs autres chefs
» subalternes, Toussaint Louverture et d'autres étaient
» décorés de la croix et des épaulettes. Leur passeport
» et leur brevet portaient toujours ces mots : Nous, gé-
» néraux et brigadiers des armées du roi, en vertu des

---

[1] C'est de l'adoption de ces couleurs qu'est née, parmi le plus grand nombre des Haïtiens, de ceux du Nord surtout, l'idée que le drapeau et la cocarde *tricolores* représentaient la couleur des trois classes d'hommes qui habitaient Saint-Domingue, les *blancs*, les *mulâtres* et les *nègres*, bien que le drapeau tricolore ait le *bleu* au lieu du *noir*. Dans la guerre de l'Indépendance, Dessalines retrancha le *blanc* du drapeau, pour indiquer que les blancs ne devaient plus faire partie de la nouvelle société à créer. En 1805, il changea le *bleu* en *noir*, et le drapeau haïtien fut *noir et rouge*. — H. Christophe conserva ce drapeau; et en se faisant roi dans le Nord, il adopta le *phénix* au milieu de ses armoiries, comme emblème de sa royauté, de son pouvoir, avec la même devise : *Je renais de mes cendres*. Dessalines, Empereur, avait adopté le *coq gaulois*. Pétion, en fondant la république d'Haïti, rétablit le *bleu* et le *rouge* dans son drapeau : ces couleurs provenaient du drapeau tricolore.

Toutes ces choses indiquent l'influence des traditions parmi les peuples.

» pouvoirs qui nous ont été délégués, etc., etc [1]. » Jean François prenait en outre le titre de *grand amiral de France*, et Biassou celui de *généralissime des pays conquis* : ils qualifiaient leur armée de *gens du roi* [2].

Les membres des deux assemblées siégeant au Cap avaient adopté, en outre de la cocarde noire, d'autres insignes antinationaux. Ceux de l'assemblée générale portaient une *écharpe noire*, en signe du deuil qu'éprouvait la colonie par les insurrections des deux branches de la race noire ; et ceux de l'assemblée provinciale adoptèrent une *écharpe rouge*, en signe du sang européen que ces deux insurrections faisaient verser dans les combats.

De telles idées devaient naturellement amener les colons à des résolutions insensées. Dès les premiers jours de septembre, dans une séance en comité secret, le marquis de Cadusch, président de l'assemblée générale, proposa à ce corps de livrer la colonie à la Grande-Bretagne, seule puissance qui pouvait, selon lui, la sauver de la fureur des nègres et des mulâtres, et des mauvaises intentions, disait-il, de l'assemblée constituante à l'égard des colons. En conséquence, elle députa auprès du gouverneur général de la Jamaïque pour en recevoir des secours. On a déjà vu que l'assemblée provinciale de l'Ouest et la municipalité du Port-au-Prince, aussitôt l'insurrection des hommes de couleur, avaient envoyé de leur côté, auprès du même gouverneur et dans le même but. Des vaisseaux y avaient paru ; il en vint également au Cap. Dans le Sud, les colons agirent de la même manière. Il est vrai qu'en

---

[1] Récit de Gros, pages 59 et 60.
[2] Pamphile de Lacroix, tome 1er, page 101.

même temps l'assemblée générale s'adressa aussi aux États-Unis et porta Blanchelande à s'adresser aux gouverneurs de Cuba et de la colonie espagnole de Saint-Domingue ; mais ce fut uniquement pour masquer la négociation avec celui de la Jamaïque.

A propos de cette négociation, une chose est à remarquer, qui prouve la passion et l'inconséquence des colons de Saint-Domingue : c'est que, dans la demande de secours adressée au gouverneur de la Jamaïque, ils désignaient *les nègres indépendans* de la montagne Bleue, comme propres à leur être envoyés pour comprimer la révolte des nègres de Saint-Domingue.

En même temps qu'elle réclamait des secours de la Jamaïque, pour cacher son intention de livrer la colonie à la Grande-Bretagne, l'assemblée générale du Cap fit mettre l'embargo sur tous les navires français, afin que la France ne fût pas informée de ce qui se passait à Saint-Domingue. La nouvelle de ces événemens n'y arriva que par la voie de l'Angleterre. On en douta même, tant il paraissait extraordinaire que ni le gouverneur Blanchelande, ni l'assemblée générale ne se fussent pas empressés d'en donner avis à la métropole.

Cependant, malgré toutes les intrigues et les manœuvres odieuses de la part du club Massiac et des membres de l'assemblée de Saint-Marc restés en France, on avait enfin nommé commissaires civils, MM. Roume, de Mirbeck et de Saint-Léger, pour se rendre à Saint-Domingue. Ces commissaires étaient sur le point de partir de Brest, lorsque Barnave fit rendre un décret, le 29 août, qui suspendit leur départ. Poursuivant son plan criminel, il obtint bientôt de l'assemblée constituante de rendre le décret du 24 septembre, qui assurait exclusivement aux blancs des colonies la législation sur les hommes de couleur et les esclaves, sous la seule *sanction absolue du roi*. Cette matière importante était soustraite à la connaissance des législatures futures de la France. L'article 3 de ce décret fut ainsi conçu :

« Les lois concernant l'état des personnes non libres,
» et l'état politique des hommes de couleur et nègres
» libres, ainsi que les règlemens relatifs à l'exécution
» de ces mêmes lois, seront faites par les assemblées
» coloniales actuellement existantes et celles qui leur
» succéderont ; s'exécuteront provisoirement avec l'approbation
» des gouverneurs des colonies, pendant l'espace
» d'un an pour les colonies d'Amérique, et pendant
» l'espace de deux ans pour les colonies au-delà
» du Cap de Bonne-Espérance, et seront portées directement
» *à la sanction absolue du roi, sans qu'aucun décret*
» *antérieur* puisse porter obstacle au plein exercice
» *du droit* conféré par le présent décret aux assemblées
» coloniales. »

Ce décret, qui devait accroître les désastres de Saint-Domingue, fut déclaré *constitutionnel*, bien que la constitution du royaume eût été achevée depuis le 3 septembre. L'assemblée constituante voulait, par cette qualification, enchaîner la volonté de l'assemblée législative qui allait la remplacer, afin qu'elle ne pût pas le révoquer ni même le modifier. Étrange présomption de ces législateurs, qui ne prévoyaient pas alors que les *constitutions* elles-mêmes se succéderaient dans leur beau pays, aussi facilement que les *décrets !*... Confier aux seuls ennemis éternels de la race noire le droit de faire des lois qui la concernaient ! Abdiquer entre les mains des hommes intéressés à perpétuer l'esclavage et le préjugé de la couleur, le droit souverain de la législature du royaume !... Le roi s'empressa d'accepter, de sanctionner ce décret : il n'en pouvait être autrement de sa part.

Mais, comme l'observe judicieusement le rapporteur des débats sur les colonies, déjà les faits qui se passaient à Saint-Domingue détruisaient le décret du 24 septembre. Les concordats dictés dans l'Ouest par les hommes de couleur leur assuraient plus que ne leur concédait le décret du 15 mai. Ils entraient dans la plénitude des droits *octroyés* par l'édit de Louis XIV. Nègres et mulâtres libres étaient égaux aux blancs. Dans le Nord, le joug avilissant de l'esclavage était secoué par les noirs, la torche et le poignard dans les mains !

La force appuyait le droit : elle le faisait respecter, du moins en apparence.

Blanchelande, qui avait la perfidie de la faiblesse, écrivit le 12 octobre à Hanus de Jumécourt, le 20 aux hommes de couleur, que l'assemblée générale et lui voulaient *l'exécution* du décret du 15 mai. Préalablement, il avait déclaré qu'il ne le ferait pas exécuter, alors même qu'il le recevrait *officiellement !* En voici la raison.

Cette assemblée, effrayée de l'incendie qui se propageait toujours dans le Nord, des massacres que faisaient les noirs en révolte, voulant gagner les hommes de couleur à la cause des blancs pour combattre les noirs, rendit divers arrêtés les 5, 6 et 14 septembre, pour leur permettre de *pétitionner*, de faire connaître leurs vœux ; elle *promit* de ne point s'opposer à l'exécution du décret du 15 mai... *lorsqu'il serait connu officiellement*.

Insigne mauvaise foi ! Car elle était assurée que le gouvernement royal ne l'enverrait pas ; sa correspondance avec le club Massiac lui avait appris d'une manière certaine la connivence coupable du gouvernement et de l'assemblée constituante elle-même, dont les colons résidans à Paris se promettaient d'obtenir le décret du 24 septembre.

L'assemblée générale ajouta, par un arrêté du 20 septembre, qu'elle *promettait d'adoucir le sort* de ceux des hommes de couleur qui ne pouvaient participer aux avantages décernés par le décret du 15 mai, c'est-à-dire à ceux qui n'étaient pas nés de pères et mères libres, aux simples affranchis.

Les concordats avaient voué à l'exécration de la postérité les juges d'Ogé, de Chavanne et de leurs compagnons. L'assemblée générale rendit une amnistie concernant ceux de ces malheureux qui vivaient encore et qui étaient à la chaîne ; elle fit *grâce provisoirement* à Marc Chavanne, l'un des condamnés, qui eut la bassesse de combattre les noirs pour les blancs, tandis que d'autres contumaces de l'entreprise glorieuse de son infortuné frère étaient dans les rangs des noirs, combattant les blancs pour venger la mémoire de cette illustre victime.

Elle accorda *grâce pleine et entière* aux hommes de couleur du Fond-Parisien qui, dans les rangs de leurs frères, s'étaient réhabilités eux-mêmes par leurs armes et leur valeur. Eux tous étaient au combat de Pernier, l'un des Desmares était signataire du concordat du 7 septembre. L'assemblée les réintégra dans la possession de leurs biens, qui avaient été confisqués, tandis que les concordats avaient déjà stipulé, non-seulement la remise légale de ces biens, mais une indemnité en leur faveur. De même que pour Marc Chavanne, la grâce était *provisoire* : les commissaires de l'assemblée, en France, étaient chargés de la solliciter définitivement de l'assemblée nationale et du roi.

Ces insolens arrêtés, rendus le 27 septembre et le 7 octobre, détruisaient implicitement les concordats : ils prouvaient que l'assemblée générale n'en admettait pas la légitimité, la légalité ; et en les rendant, elle était évidemment contrainte par les circonstances.

Mais, dans les premiers jours de novembre, la nouvelle du décret du 24 septembre était parvenue au Cap. En apprenant aussi la prochaine arrivée des commissaires civils avec des troupes, l'assemblée générale, qui venait de recevoir une humble pétition des hommes de couleur de cette ville, lesquels la priaient respectueusement d'étendre à tous ceux de leur classe le bénéfice du décret du 15 mai, se croyant assurée de pouvoir comprimer et les mulâtres et les nègres armés, rendit l'arrêté suivant. Il est u...e de le consigner ici en son entier, afin de prouver jusqu'à quel point la haine et le préjugé aveuglaient les colons. Il fut rendu le 5 novembre.

Sur la motion faite par un membre, relativement à l'état politique des hommes de couleur et nègres libres,

L'assemblée générale de la partie française de Saint-Domingue,

Considérant que ce n'est pas dans un temps de troubles, de confusion et de révolte, qu'elle peut s'occuper de l'objet de cette motion ;

Considérant que ses arrêtés des 5, 6, 14 et 20 septembre dernier leur ont été insidieusement interprétés ;

Considérant que les hommes de couleur et nègres libres ont été méchamment excités à des opinions erronées sur les décrets nationaux, et notamment sur celui du 15 mai, qui n'a jamais été envoyé *officiellement* dans cette colonie ;

Considérant que le décret *constitutionnel* de l'assemblée constituante, du 24 septembre dernier, ne peut manquer de dessiller leurs yeux et de les ramener à leurs devoirs ;

Et, dans ce cas, voulant les prendre tous sous sa *sauvegarde spéciale*, a arrêté et arrête :

1° Qu'elle *ne s'occupera* de l'état politique des hommes de couleur et nègres libres *qu'à la cessation des troubles* occasionnés par la révolte des esclaves, et qu'après que lesdits hommes de couleur et nègres libres, rentrés dans leurs paroisses respectives, sous l'autorité de l'assemblée générale, ou réunis dans les divers camps sous les ordres du représentant du roi, auront coopéré avec les citoyens blancs à ramener l'ordre et la paix dans la colonie.

2° Que les hommes de couleur et nègres libres seront tenus de se conformer au précédent article, sous peine d'être poursuivis et jugés par les tribunaux, comme séditieux et perturbateurs du repos public.

3° Ordonne que tous les projets et plans déjà proposés concernant l'état politique des hommes de couleur et nègres libres, seront remis à son comité de constitution, pour lui présenter ses vues, aussitôt que la tranquillité rétablie permettra de s'occuper de cette question.

Déclare l'assemblée générale qu'elle maintient de plus en plus ses arrêtés des 5, 6 et 14 septembre dernier ; in conséquence, autorise de nouveau les hommes de couleur et nègres libres de chaque paroisse à lui présenter leurs pétitions, qu'il leur sera loisible de faire parvenir par l'un d'entre eux, choisi parmi les propriétaires nés de père et mère libres, lesquels pourront rester dans le lieu de la résidence de l'assemblée générale pour y faire telles autres pétitions que l'intérêt desdits hommes de couleur et nègres libres pourra exiger.

4° Qu'elle accorde amnistie générale aux hommes de couleur et nègres libres, qui pourraient s'être portés à des actes de violence, tant contre des citoyens que contre des corps populaires, et qui se seraient armés illégalement, toutefois qu'ils rentreront dans leur devoir aussitôt après la promulgation du présent arrêté.

En conséquence, l'assemblée prend sous sa sauvegarde spéciale lesdits hommes de couleur et nègres.

Arrête en outre, qu'il sera fait *une mention honorable* dans son procès-verbal, des hommes de couleur et nègres libres du Cap et autres quartiers, qui ont concouru avec les blancs à la défense commune contre *les brigands*.

Arrête enfin, que le représentant du roi sera invité à faire une proclamation, conformément à l'esprit du présent arrêté.

Il ne suffisait pas à l'assemblée générale d'avoir rendu cet acte inique; elle l'accompagna d'une adresse où on lit les passages suivans : cette adresse portait la date du 7 novembre.

Ce n'est point sur la sédition et la violence que vous deviez fonder votre espoir; les traités arrachés par *la force et la perfidie* ne peuvent avoir qu'un succès passager, *et le retour doit être terrible*... L'assemblée générale vous avait tracé une route plus heureuse et plus sûre : c'est dans le sein de *sa justice* et de *sa bonté* que vous deviez voler et vous réunir. Cessez d'invoquer aveuglément *des lois éteintes* qui vous portaient les coups les plus rigoureux. Cessez de croire que le sage sénat de la France, que le roi, que le peuple français puissent approuver un moment le désordre et le crime; craignez plutôt *la juste sévérité* de cette assemblée auguste dont *les sentimens et les décrets* ont été calomnieusement *interprétés*, craignez *la juste et terrible vengeance d'un peuple entier*, dont les intérêts ont été si cruellement outragés; craignez *la terrible et juste vengeance* d'une colonie tombée en un instant du faîte de la prospérité dans toute la profondeur de l'infortune; craignez enfin l'éclat de cette chute et le ressentiment inévitable de toutes les puissances qui nous environnent, et qui ont le même intérêt que nous : tremblez surtout que vous ne soyez reconnus et jugés comme les auteurs et les complices de tant de malheurs et de forfaits. Le jour de la clémence n'est pas encore passé; l'assemblée générale vous ouvre ses bras protecteurs, venez-y déposer vos chagrins et vos espérances; comptez entièrement sur *sa loyauté et sa bienfaisance*; mais comptez aussi irrévocablement sur toute l'étendue de sa justice et de sa fermeté. Salut [1].

Le 13 novembre, Blanchelande adressa aussi aux hommes de couleur sa proclamation, pour leur ordonner

---

[1] Le fameux Page était un des rédacteurs de cette adresse : c'est tout dire. Débats, tome 1er, page 347.

de se soumettre aux volontés de l'assemblée générale composée, disait-il, *de leurs pères et bienfaiteurs*. Il les invitait à se joindre aux blancs pour combattre les nègres révoltés, en leur faisant envisager que *leurs intérêts* étaient semblables, qu'ils avaient tout à redouter des esclaves. Il suivait ainsi le plan machiavélique qui formait la base du régime colonial, de mettre la divison entre les hommes de couleur et les nègres esclaves. Cet acte de Blanchelande insinuait que la révolte de ces derniers aurait eu lieu à l'instigation de la classe intermédiaire.

Plût à Dieu que l'histoire pût constater qu'effectivement cette insurrection des noirs ne fut que l'œuvre des hommes de couleur ! Ce serait leur plus beau titre de gloire aux yeux de la postérité. Mais nous avons dit toutes les causes qui ont contribué à cette action hardie des esclaves, la seule qui pouvait enfin contraindre les blancs à proclamer la liberté générale, ainsi que nous le verrons plus tard.

Peu de jours après arriva *officiellement* le décret du 24 septembre. Le gouvernement royal, qui n'avait point expédié de la même manière ni le décret du 28 mars 1790 favorable, dans ses termes, aux hommes de couleur, ni celui du 15 mai 1791 encore plus favorable, par ses dispositions expresses, à une portion de cette classe ; le gouvernement royal s'était empressé d'envoyer celui du 24 septembre, avec ordre au gouverneur général de le faire exécuter. Une lettre de Delessart, ministre de la marine et des colonies, fut imprimée et répandue aussitôt dans toute la colonie. Le ministre citait les paroles de Louis XVI aux commissaires de l'assemblée constituante, chargés de présenter ce décret à son acceptation. Le roi avait dit « qu'il regardait le décret du 24 septembre comme le complément de la constitution, dans les rapports de la France et de ses colonies. »

Ainsi Louis XVI approuvait entièrement que le décret conférât aux colons le droit de disposer seuls du sort des mulâtres et des nègres !

C'était toujours, relativement à ces derniers, le même monarque auteur de tant d'autres ordonnances que nous avons déjà citées. Il croyait, de même que l'assemblée nationale, maintenir l'autorité de la France à Saint-Domingue, en maintenant le régime colonial dans toute sa rigueur ; et il sapait l'une et l'autre dans leurs bases !

On aperçoit la main de Dieu dans tous les actes de la métropole, depuis 1790 jusqu'à 1802. Lorsque les gouvernemens sont injustes, il sait les punir de leurs mauvais sentimens, par l'effet même de leurs actes.

CHAPITRE VIII.

Entrée des hommes de couleur au Port-au-Prince. — Les *Suisses* et leur déportation. — Affaire du 21 novembre 1791. — Expulsion des hommes de couleur. — Incendie du Port-au-Prince. — Crimes commis par les blancs.

On a vu les blancs du Port-au-Prince contraints, le 23 octobre, à signer le traité de paix de Damiens. En vertu d'un article particulier, on fit venir sur cette habitation, des députations de la garde nationale, des bataillons d'Artois et de Normandie, de l'artillerie royale, de celle de Praloto, de la marine royale et marchande qui, réunies à M. de Leremboure, maire de la ville, à Caradeux aîné et autres commissaires blancs signataires du traité, jurèrent de l'observer et de le maintenir dans tout son contenu.

En agissant ainsi, les blancs cherchaient à inspirer une confiance aveugle aux hommes de couleur. Ceux-ci n'hésitèrent pas à faire leur entrée au Port-au-Prince. D'ailleurs, pour exécuter le traité, il fallait que leur armée y pénétrât : le renouvellement de toutes les municipalités des paroisses confédérées de l'Ouest, de l'assemblée provinciale et de l'assemblée coloniale, nécessitait leur présence en cette ville.

Le lundi 24 octobre, cette entrée s'effectua avec toutes les apparences d'une joie commune. Caradeux donna le bras à Bauvais : on se rendit à l'église où le *Te Deum* fut chanté. Le lendemain, dans un repas patriotique auquel assistèrent les principaux des hommes de couleur et des blancs, Caradeux fut de nouveau proclamé capitaine général des gardes nationales de l'Ouest, et Bauvais, commandant en second.

L'armée de couleur, forte de mille cinq cents hommes, occupa diverses positions. Un poste établi sur le Belair, au haut de la rue qui conduit à l'abreuvoir et passe devant l'église, fut confié au commandement de Lambert, ayant sous ses ordres les capitaines Lafontant, Sannon Doyon, Fouguy et Obran. Un autre poste, à l'entrée du chemin de la Coupe, derrière les grandes casernes, fut confié au capitaine Doyon aîné. Un troisième fut établi dans l'ancienne maison Duval, sur la place d'Armes ou Champ-de-Mars, en face du palais du gouvernement; et les compagnies de l'Arcahaie l'occupèrent. Enfin, au palais se tenaient Bauvais et les autres principaux chefs et le gros de l'armée. Pétion et son artillerie y étaient aussi.

Nous avons dit que les blancs du Port-au-Prince avaient mis pour condition à la ratification du concordat du 11 septembre, signé à la Croix-des-Bouquets par leurs commissaires, le concours des hommes de couleur à leur projet de séparer Saint-Domingue de la France. Les hommes de couleur s'y étant refusés, et les frégates anglaises qui étaient alors dans le port, étant retournées à la Jamaïque, les blancs s'étaient enfin décidés à conclure la paix qui eut lieu à Damiens. Mais, durant les conférences de Goureau, Caradeux avait repris ce projet dans des entretiens particuliers avec Bauvais et Pinchinat. Ceux-ci ne s'y prêtant pas, Caradeux espéra encore les y entraîner par toutes les cajoleries dont il les entoura à leur entrée au Port-au-Prince. *Les mulâtres* se montrant toujours plus fidèles à la France que *le blanc*, ce dernier résolut alors de les amener à une autre combinaison non moins perfide ; et cette fois, il réussit auprès de Bauvais et de Pinchinat.

Pour décider les blancs du Port-au-Prince au concordat du 11 septembre, Hanus de Jumécourt leur avait exposé le danger de mécontenter les hommes de couleur qui, au moyen des *nègres suisses* qu'ils avaient dans leurs rangs, pourraient soulever tous les ateliers d'esclaves et occasionner les mêmes ravages que dans la province du Nord. Or, pendant les conférences relatives à ce concordat, tenues sur la place de la Croix-des-Bouquets, les commissaires blancs avaient allégué le danger qu'il y aurait à retenir ces esclaves dans l'armée de couleur, parce qu'ils seraient, aux yeux des ateliers dont ils dépendaient et de tous autres, un exemple vivant de l'avantage de la sédition. Ces commissaires demandèrent donc que les *suisses* fussent remis à leurs maîtres respectifs, pour les punir selon que ces derniers le jugeraient convenable, ou qu'ils fussent livrés aux tribunaux, pour être poursuivis comme coupables de révolte.

Mais les hommes de couleur, et Rigaud principalement, s'opposèrent à l'une et l'autre proposition. Rigaud demanda formellement que les *suisses* fussent déclarés *libres*, par un article du concordat. Les blancs ayant persisté dans leur demande, Daguin, un des commissaires de couleur, aussi fougueux que Rigaud, dégaîna son épée et cria : *Tambours, battez la générale!* A ce cri, les blancs déclarèrent renoncer à leurs propositions; mais ils demandèrent de ne pas consacrer l'affranchissement des *suisses* par le concordat. Cette observation amena un mezzo termine à l'égard de ces hommes. Écoutons Hanus de Jumécourt rendant compte à Blanchelande, par sa lettre du 30 septembre 1791, des événemens survenus alors :

« ... Sept habitations sont à peu près *en état de ré-
» volte* contre leurs gérans, et ce n'est qu'à force de
» douceur, de patience et de surveillance que rien n'é-
» clate. De ce *grand nombre de nègres* qui ont quitté les
» ateliers *pour joindre* l'armée de couleur, *partie* sont
» retournés *de gré* chez leurs maîtres (on ne peut se
» dissimuler qu'ils y sont *suspects*) : *partie,* suivant un
» concordat passé entre les commissaires des deux pa-
» roisses (Port-au-Prince et Croix-des-Bouquets) *et de
» l'armée*, se trouvent *incorporés* dans l'armée, *à des
» conditions particulières* qui assurent à ces nègres *la li-
» berté au bout de huit ans de service dans les maréchaus-
» sées de la province.* Je dois aux hommes de couleur
» toute sorte de justice ; ils ont non-seulement *retenu
» les ateliers dans le devoir,* mais ils les ont surveillés
» d'eux-mêmes par des patrouilles fréquentes et péni-
» bles; ils m'ont indiqué, à chaque instant du jour et
» de la nuit, l'espèce de surveillance que j'avais à rem-
» plir plus pressamment... »

En décidant ainsi du sort des *suisses,* verbalement sans doute, car il ne paraît pas qu'il y eut convention écrite, les hommes de couleur avaient satisfait à la *justice* autant que le permettaient les circonstances, d'après les idées généralement reçues alors en faveur d'une *liberté graduelle*. Les *suisses* n'étaient ni remis en esclavage, à la discrétion de leurs maîtres, ni livrés aux tribunaux, pour s'être révoltés : leur affranchissement devenait le prix d'un service public rendu à la colonie, dans le corps de la maréchaussée.

Lors du traité de Damiens, il n'en fut pas question, puisque, suivant Hanus de Jumécourt, la chose était déjà réglée. Mais se voyant dicter la loi par les hommes de couleur, les blancs pensaient, non sans raison, que leurs adversaires sentaient leur force de l'adjonction de ces auxiliaires, de leur présence à leurs camps, et de la facilité pour eux de les employer à soulever tous les ateliers : les blancs résolurent alors de mettre tout en usage pour porter l'armée de couleur à sacrifier ces vaillans nègres à la tranquillité, ou plutôt à la peur qu'ils éprouvaient, à cause de l'insurrection du Nord. Caradeux et Leremboure revinrent auprès de Bauvais, de Lambert, de Pinchinat, sur les considérations déjà exposées à la Croix-des-Bouquets ; mais ces chefs de l'armée résistèrent : il en fut de même de Daguin, de Rigaud, de Pétion, et pour mieux dire de toute l'armée. Alors survint une grande agitation au Port-au-Prince, parmi les *flibustiers* de Praloto, qui, déjà, commettaient des actes désordonnés : agitation soufflée par Caradeux et Leremboure, et à laquelle prirent part presque tous les blancs de la ville. Dans ce moment, Leremboure fit proposer à Bauvais d'examiner cette affaire, *en comité secret* entre les chefs, afin d'éviter le tumulte populaire. Cette proposition acceptée, l'agitation se calma.

Voyons ce que dit l'auteur d'une lettre écrite du Port-au-Prince, le 27 octobre, à des négocians de Nantes, et insérée parmi les pièces citées à la suite du rapport de

Tarbé, fait à l'assemblée nationale en décembre suivant :

« Enfin, dit l'auteur de la lettre, nous possédons maintenant les hommes de couleur dans notre ville ; ils y sont entrés lundi dernier en armes, conformément à un article du concordat. Jusques à présent, ils n'ont rien commis contre le traité ; mais ils ont amené et introduit avec eux en ville leurs *suisses* (c'est ainsi qu'ils appellent les esclaves les plus ingambes qu'ils ont retenus parmi eux, et *que jusqu'à présent ils n'ont pas voulu remettre aux maîtres qui les ont réclamés*), et ils paraissent *vouloir les traiter favorablement* : ce qui serait *bien pernicieux*. Déjà *ces suisses* disent à nos nègres : — « *Vois-tu, si tu avais fait comme moi, tu serais comme moi libre, et le pays serait à nous : nous en aurions expulsé tous les blancs.* » Vous sentez combien ce langage peut être *dangereux*. Les blancs et les hommes de couleur doivent tenir un *comité secret* pour décider sur le sort de ces *suisses*. S'ils sont remis à leurs maîtres, qui seront alors dans le cas d'en faire tel exemple qu'il leur plaira, ou s'ils sont remis à la justice, alors il n'y aura pas de mal. Mais si, comme on le craint, *les hommes de couleur tiennent à ce qu'ils aient leur liberté*, alors nous avons tout à craindre *de l'exemple*. Vous sentez la politique des gens de couleur qui, dans le cas de quelque tentative de la part des blancs, pour opérer ici une contre-révolution, veulent se conserver la troisième classe, en favorisant ceux qui les ont suivis : ce qui nécessairement en encouragerait d'autres à les suivre de même dans une semblable occasion. »

Le comité secret fut en effet tenu. Leremboure et

Caradeux eurent soin d'y introduire suffisamment de membres de la municipalité et d'autres corps pour s'assurer une majorité dans le vote *par assis et levé* qu'ils proposèrent au comité. Bauvais et ses compagnons n'avaient pas eu le même soin : les hommes de couleur y étaient en nombre inférieur.

L'astucieux Lerembourc, auquel on avait donné le sobriquet de *Vieux Tigre*, au dire de Sonthonax [1], à cause de sa méchanceté, fit la proposition, non plus de remettre les *suisses* à leurs maîtres ni aux tribunaux, mais de leur donner la liberté immédiatement, en les éloignant de Saint-Domingue, où leur présence serait toujours d'un effet dangereux, en les emmenant dans la baie et sur les côtes des *Mosquitos* [2] dont il vanta la fertilité, et leur procurant des instrumens aratoires et des vivres pour trois mois, en outre des grains et des semences, enfin tout ce qui serait nécessaire à l'établissement d'une colonie sur ces côtes.

Il est certain, d'après toutes les traditions, que Bauvais et Lambert, chefs supérieurs de l'armée, adhérèrent à cette proposition qui passa *à la majorité* des voix. Il paraît que Pinchinat y donna également son assentiment, et bientôt nous dirons pourquoi nous pensons ainsi. Mais quant à Rigaud, Daguin, Pétion qui, quoique fort jeune alors (il avait vingt-un ans), était écouté dans les conseils, et quelques autres officiers de l'armée de couleur ; ceux-ci furent d'une opinion contraire et protestèrent énergiquement en faveur des malheureux *suisses*, dont le sort avait été déjà réglé à la Croix-des-Bouquets.

---

[1] Débats, tome 3, page 123.
[2] La baie des Mosquitos est située dans l'Etat actuel de Nicaragua. La ville de Saint-Jean de Nicaragua ou Grey-Town est au pouvoir de la Grande-Bretagne, à cause du protectorat qu'elle exerce sur *le Roi des Mosquitos*.

CHAPITRE VIII.

Cependant, malgré cette opposition, les chefs principaux ayant admis la proposition, il fut résolu d'embarquer ces infortunés. Ils décidèrent néanmoins d'envoyer avec ces expatriés quatre commissaires de couleur pour s'assurer de l'exécution parfaite du projet et de la situation des lieux où le débarquement se ferait, afin d'en faire leur rapport à leur retour. Ces commissaires furent Cadet Chanlatte, Charles Harran, Louis Bonneau, et Juste Hugonin [1] : ce dernier n'ayant pu remplir sa mission, Barthélemy Richiez fut nommé à sa place.

On lit dans un post-scriptum de la lettre citée ci-dessus, en date du 30 octobre :

« Le comité secret pour les *suisses* a été tenu avant-
» hier (le 28); ils furent *désarmés* et envoyés à bord d'un
» navire : *toute la garde nationale était sous les armes*
» (les blancs). On pense qu'il s'en est évadé beaucoup
» avant leur désarmement; et cela paraît très-vraisem-
» blable; mais enfin on en tient à bord une quantité
» d'environ deux cent trente. *Beaucoup de gens de couleur*
» *voulaient s'opposer à leur départ*, mais l'avis contraire
» a prévalu : ils devaient mettre à la voile cette nuit,
» si la brise ne leur eût pas manqué. Vous dire où ils
» vont, *est un secret* qui n'a pas encore pénétré. Le
» soupçon le plus général, c'est qu'on va les conduire
» dans la baie des Mosquitos, où on les débarquera avec
» des vivres pour trois mois. C'est bien une liberté qu'on
» leur donne, mais au moins ils n'en donneront pas le
» spectacle aux yeux de nos nègres. Bien des personnes
» craignent, dans ce cas, qu'il soit très-facile aux gens
» de couleur de les *réintroduire* ici *par le cabotage*. Du

---

[1] Juste Hugonin qui fut un des officiers supérieurs sous H. Christophe, et son procureur général à la cour suprême.

» reste, notre ville est assez tranquille depuis que nous
» avons ces messieurs parmi nous, et que nous som-
» mes débarrassés de leurs *suisses*. »

Un second post-scriptum de la même lettre, en date du 3 novembre, porte :

« Les *suisses* ont été embarqués et sont partis ce matin
» dans l'*Emmanuel*, de Nantes, capitaine Colmin, pour
» la baie des Mosquitos : on doit les y déposer avec des
» outils propres à la culture, trois mois de vivres et deux
» rechanges à chacun. Ils sont au nombre de deux cent
» treize. »

A la page 15 du Mémoire du 2ᵉ bataillon du 9ᵉ régiment, dit de *Normandie*, publié en France, on lit :

« Le 24 octobre, en vertu de cette dernière pacifica-
» tion, quinze cents hommes de l'armée des citoyens
» de couleur entrèrent au Port-au-Prince, avec l'appareil
» du triomphe, et ils établirent leur quartier général au
» gouvernement, distribuèrent le reste de leur troupe
» dans plusieurs endroits de la ville ; avec eux, ils avaient
» introduit plusieurs nègres non libres, auxquels ils
» avaient mis les armes à la main et qu'*ils ne consentirent
» qu'avec peine* à faire conduire à l'île Moustique (baie
» des Mosquitos). »

Dans un écrit présenté aux commissaires civils Roume, Mirbeck, et Saint-Léger, intitulé *Production historique*, etc., on lit encore :

« Le lendemain, toute cette armée entre en ville,
» escortée des nègres soulevés et armés contre nous,
» connus sous le nom de *suisses*. A la vue de *cet appareil*,
» *la frayeur* s'empara de tous les bons citoyens (les
» blancs), et *chacun trembla pour ses propriétés et pour ses
» jours*. Il peut même se faire que nous nous fussions

» opposés à leur entrée, si on ne nous avait flattés *de*
» *l'arrestation prochaine* de ces esclaves armés. »

Garran qui cite dans son Rapport (tome 3, page 65 et suivantes), ces divers écrits et d'autres que nous ne possédons pas, Garran constate *qu'un grand nombre des hommes de couleur* pensaient que les *suisses* étaient couverts par le traité de Damiens, mais que « *les chefs des blancs,*
» redoutant les suites d'un exemple *si dangereux,* réso-
» lurent *de se défaire des nouveaux libres,* et que *les chefs*
» *des hommes de couleur* eurent la *lâcheté* d'y consentir. »
Il ajoute que « *plusieurs d'entre eux* néanmoins, et Bois-
» rond le jeune en particulier, condamnèrent *cette per-*
» *fidie.* » Il rend compte de toute la perversité qui guida les meneurs blancs dans cette infâme affaire.

Nous ajoutons ici quelques particularités que nous tenons, écrites de la main de Barthélemy Richiez, le dernier survivant des quatre commissaires envoyés avec les *suisses*. Cette note fut écrite le 16 décembre 1828, de Seybo, où habitait ce citoyen depuis la guerre civile du Sud. Voici ce qu'il dit :

« Tandis que les *suisses* (au nombre de deux cent vingt, dont cent quatre-vingt-dix-sept noirs et vingt-trois mulâtres) étaient sur l'*Emmanuel,* les quatre commissaires étaient sur le brick de guerre la *Philippine,* capitaine Bélanger, envoyé par M. de Grimouard, commandant du vaisseau le *Borée* et chef de la station navale au Port-au-Prince, pour accompagner le navire marchand. Arrivés devant le port de Jérémie, les deux capitaines eurent entre eux une conférence, à laquelle les commissaires restèrent étrangers : dans la nuit suivante, chacun des navires prit une route différente. La *Philippine* se rendit à la baie des Mosquitos où l'*Emmanuel* ne parut pas ; le capitaine Bélanger se dirigea sur divers points des côtes du voisinage jusqu'à l'entrée de la baie de Carthagène. Plus de quinze jours s'étant écoulés ainsi, il se rendit à Port-Royal de la Jamaïque : là il apprit aux commissaires de couleur (qui n'eurent pas la faculté de descendre à terre ni de communiquer avec qui que ce soit), que le capitaine Colmin, après avoir tenté *de vendre les suisses* dans une île anglaise (la Jamaïque), ces infortunés s'étant récriés contre cette atrocité, il les débarqua sur une presqu'île inhabitée [1], avec peu de provisions ; qu'heureusement pour ces malheureux, ainsi abandonnés, une goëlette anglaise qui vint dans ces parages, ayant aperçu les signaux qu'ils faisaient et les ayant reconnus de près, en fit son rapport à Port-Royal d'où l'amiral de la station de la Jamaïque envoya une frégate qui les recueillit et les amena dans ce port, où ils furent gardés quelque temps ; car la *Philippine* y passa six semaines et de là se rendit au Cap, peu de jours après qu'une frégate anglaise s'y fut rendue pour remettre les *suisses* à l'assemblée coloniale. Débarqués eux-mêmes au Cap, les quatre commissaires furent mis en prison où ils restèrent jusqu'à l'arrivée du décret du 4 avril 1792 : Blanchelande et Roume les firent mettre en liberté. »

Garran ajoute que « les *suisses* furent amenés au
» Cap, en février 1792, et l'assemblée coloniale les
» envoya dans la rade du Môle, sur un navire où ils
» étaient tous enchaînés. La haine des autorités consti-
» tuées du Port-au-Prince les y poursuivit : la muni-

---

[1] Cet îlot n'a pas été désigné, du moins dans les documens que nous avons sous les yeux. Il est probable que c'est sur l'un de ceux qu'on trouve entre la Jamaïque et la côte des Mosquitos et de Honduras.

» cipalité de cette ville voulait absolument qu'on les
» condamnât *à mort*. Peu de temps après, des scélé-
» rats montent sur le navire durant la nuit ; et, après
» avoir renfermé le capitaine dans sa chambre, ils
» choisissent soixante des plus vigoureux de ces mal-
» heureux nègres, leur coupent la tête, les uns après
» les autres, et les jettent dans la rade du Môle où
» l'on vit pendant plusieurs jours flotter les cadavres
» de ces infortunés, sans que les autorités constituées
» ni l'assemblée coloniale aient rien fait pour la pu-
» nition des coupables. Le surplus des *suisses* périt de
» misère sur ce bâtiment, à l'exception de dix-huit
» que Sonthonax retira en 1793 : c'était le reste de
» plus de deux cents qui avaient été originairement
» embarqués. »

Les scélérats qui tuèrent les soixante *suisses* étaient des blancs de l'Artibonite, appelés *Saliniers*.

Tel fut le sort de ces infortunés. On voit dans ces diverses relations des faits toute la méchanceté des blancs du Port-au-Prince. Ils ne se contentent pas d'obtenir la déportation de ces hommes sur une plage étrangère ; et sous le prétexte que les hommes de couleur pourront les réintroduire dans la colonie, ils les font jeter sur un point autre que celui dont on était convenu, pour qu'ils périssent de faim. Échappés à cette horrible mort par hasard, et conduits au Cap et ensuite au Môle, on en fait assassiner une partie. Ni l'assemblée coloniale, ni Blanchelande, ni les commissaires civils, arrivés depuis environ trois mois, ne s'intéressent à eux.

Les blancs du Port-au-Prince avaient paru effrayés de l'armement des *suisses*. Cependant, un mois après leur déportation, par suite de l'affaire du 21 novembre dont nous allons parler bientôt, ils eurent recours à une mesure semblable : les assemblées populaires de cette ville armèrent une troupe de plusieurs centaines d'esclaves, qu'ils désignaient sous le nom d'*Africains,* dont le commandement fut confié à un noir nommé *Cayeman,* qui les employait au massacre des hommes de couleur [1]. Dans le même temps, les colons du quartier de Tiburon armaient aussi des esclaves, sous la conduite de l'un d'eux nommé *Jean Kina,* dans le même but. Le quartier de la Grande-Anse agit de même.

Que Caradeux, Leremboure et tous les blancs du Port-au-Prince aient demandé le sacrifice des *suisses,* on le conçoit de la part de ces hommes qui vouaient une haine implacable à la race noire. Mais que *les chefs* de l'armée des affranchis aient consenti à cet acte affreux, c'est ce que la postérité ne peut leur pardonner. En effet, il est inutile de rechercher si, aux camps de Diègue et de Métivier, les *suisses* sont venus d'eux-mêmes se joindre à l'armée, ou s'ils y ont été

---

[1] Voyez le 7ᵉ volume des Débats, pages 211 et 313. En décembre 1792, un an après la formation des *Africains,* ces hommes furent placés sous les ordres supérieurs de Philibert qui, suivant Sonthonax, était *ancien prévôt de Jacmel,* protégé de Borel. (Voyez le même vol. page 243.) S'il avait été *prévôt,* il serait donc un *blanc.* Cependant, dans le 3ᵉ vol. du Rapport de ces Débats, page 309, Garran dit que Philibert était un *homme de couleur;* il le répète à la page 342, en disant : « Tel est même le bouleversement d'idées que produi- » sent les dissensions civiles, que l'un de ses principaux agens (de Borel) était » *un homme de couleur* nommé Philibert, qui commandait les *Africains* enle- » vés à leurs maîtres pour les enrôler. » S'il est vrai que Philibert fût un homme de couleur, comment aurait-il été *prévôt de Jacmel?* Quand Sonthonax a dit cela, les colons ne l'ont pas contredit; et l'on sait que ni mulâtre, ni nègre ne pouvait être *prévôt.* Ces *Africains* ayant été originairement enrôlés pour traquer les hommes de couleur, il est vraisemblable qu'on n'eût pas mis à leur tête un mulâtre.

appelés. Admis dans ses rangs, ils étaient dès lors placés sous la sauvegarde des affranchis, leurs protecteurs naturels. Dictant la loi aux blancs par leurs succès, par leur nombre, par l'effet des circonstances qui se passaient dans le Nord; les contraignant aux concordats qui leur reconnaissaient, à tous sans distinction, la plénitude des droits politiques, les chefs de l'armée devaient au moins maintenir à l'égard des *suisses*, la convention prise à la Croix-des-Bouquets et dont parle Hanus de Jumécourt. D'après ce dernier, ils exerçaient assez d'influence sur les ateliers pour avoir pu *les retenir dans le devoir*; ils auraient donc pu, en stipulant l'affranchissement des *suisses*, se servir de ces mêmes auxiliaires pour continuer cette utile influence. Leur incorporation dans la maréchaussée en faisait nécessairement des agens de l'autorité à l'égard des ateliers. En outre, la révolte des noirs dans la province du Nord, les désastres qui s'en étaient suivis, auraient dû faire comprendre à ceux qui dirigeaient l'armée des hommes de couleur, qu'il serait impossible d'ajourner, de longtemps encore, *l'affranchissement général* des esclaves, et que toute idée d'*affranchissement graduel* devenait dès lors une de ces impossibilités que les circonstances proclament impérieusement. Mais, consentir à la déportation des *suisses* sur une plage éloignée, où ils devaient défricher la terre pour vivre, combattre les Indiens pour s'y maintenir; les séparer de leurs femmes, de leurs enfans, de tous leurs parens; les arracher d'un pays devenu leur patrie; les livrer, enfin, à la merci de leurs oppresseurs chargés de pourvoir à tous leurs besoins, ce fut une grande faute politique, un vrai crime dont l'histoire ne peut laver la mémoire de Bauvais, de Lambert, de Pinchinat.

Quant à Bauvais, homme de bien qui a su conserver l'estime de tous les partis dans ces luttes révolutionnaires ; *homme vertueux par tempérament, par principes et par coutume*, selon l'expression de Roume, on aurait lieu de s'étonner, après un tel éloge, de son avis favorable à la déportation des *suisses*, si l'histoire n'avait pas à constater d'autres faits de sa conduite *politique*, qui prouvent que son *caractère*, par trop scrupuleux, nuisait à la mission qui lui était dévolue dans la révolution entreprise par sa classe. En effet, on l'a vu toujours soumis aux formes, sacrifier à un respect outré pour la légalité, des devoirs importans que les circonstances imposent souvent à un chef révolutionnaire. La seule conclusion qu'on puisse tirer de la conduite de Bauvais dans l'affaire des *suisses*, c'est qu'il crut devoir tout sacrifier, en cette circonstance, au désir de maintenir la paix qu'on venait de faire à Damiens. Voyant les blancs du Port-au-Prince persister dans leur demande d'éloigner ces hommes, le concordat du 23 octobre étant déféré à la sanction de l'assemblée nationale de France, Bauvais aura cru qu'il fallait donner une preuve du désir des affranchis, de concilier leur cause avec celle des colons. Car, pour lui, à ses yeux, l'autorité de la métropole était tout. Il lui a toujours semblé qu'il fallait sans cesse se courber devant elle ou devant ses agens à Saint-Domingue.

A l'égard de Lambert, second général de cette armée de 1791, homme non moins respectable par ses qualités personnelles, ses motifs ne peuvent avoir été autres que ceux qui déterminèrent son collègue : — *faiblesse politique*, en présence d'une situation qui exigeait la fougue révolutionnaire de Rigaud et de Daguin, pour intimider les colons du Port-au-Prince. Voyez ensuite comment Lambert, dégoûté d'un rôle pour lequel il n'était pas fait, se laisse entraîner, comme d'autres hommes de la classe des affranchis, à se soumettre aux Anglais auxquels les colons livrèrent cette ville en 1794, s'effaçant dès lors de la scène politique pour conserver toujours, jusqu'à sa mort, l'estime des honnêtes gens de tous les partis [1].

Peut-on dire, de Bauvais et de Lambert, que ces deux généraux ont été mus par des *préjugés de couleur*, dans l'affaire des *suisses*? Après les colons toujours si perfides, Sonthonax et Toussaint Louverture sont venus soutenir cette thèse, indigne de la supériorité de leur esprit. Mais la postérité ne les croira pas; car si la majorité des *suisses* était composée de *noirs*, il y avait parmi eux des *mulâtres*. Lambert, nègre libre, ne pouvait sacrifier les uns comme *mulâtres*; Bauvais, mulâtre libre, ne pouvait sacrifier les autres comme *noirs*.

Examinons maintenant ce qui est personnel à Pinchinat, ce patriote éclairé qui a mérité à tant de titres la vénération de son pays.

Cinq années après la déportation des *suisses*, lorsque Sonthonax revint à Saint-Domingue comme chef de la commission civile dont Julien Raymond faisait partie, il lança une proclamation en date du 23 frimaire an V (13 décembre 1796), contre Rigaud, Pinchinat et tous les hommes de couleur du Sud, à propos des troubles occasionnés aux Cayes par sa délégation, au mois de fructidor an IV (août et septembre 1796). Dans cet acte,

---

[1] Lambert est mort au Port-au-Prince, sous le règne de Dessalines. Nous avons connu cet homme vénérable que les blancs eux-mêmes avaient toujours respecté.

Sonthonax accusa Pinchinat principalement de la déportation des *suisses* : il le fit en ces termes :

« Ce Pinchinat qui, en 1791, a sacrifié *trois cents noirs*
» à la rage des factieux du Port-au-Prince, en stipulant
» leur déportation à la baie Honduras, *pour prix de*
» *leur fidélité aux hommes de couleur*, et du sang qu'ils
» avaient versé pour leurs droits... »

Mais Rigaud, en l'absence de Pinchinat parti pour France, publiant son mémoire en date du 18 thermidor an V (5 août 1797), que nous avons déjà cité, réfuta cette diatribe par ce passage :

« Que Sonthonax rougisse de honte, si toutefois son
» front peut rougir encore, d'accuser Pinchinat d'avoir
» sacrifié trois cents noirs à la rage des factieux du Port-
» au-Prince : non, *Pinchinat ne les a pas sacrifiés. Il a pu*
» *être trompé* par ces factieux (eh ! nous l'avons été si sou-
» vent !) *il croyait* qu'il en résulterait une plus grande
» somme de bonheur pour tous les citoyens en général, et
» pour ces noirs en particulier; on devait leur procurer
» tous les moyens possibles pour couler des jours paisibles
» et heureux. *Pinchinat et nous tous* en étions si convain-
» cus, que nous envoyâmes avec eux quatre de nos frè-
» res pour être les témoins de leur bonheur. C'est donc
» contre ces factieux *seuls* que Sonthonax devrait s'é-
» lever; mais non, ce sont aujourd'hui ses bons amis;
» il est leur plus zélé partisan et leur plus chère idole.
» Mais, voici un dilemme auquel je défie Sonthonax et
» tous ses partisans de répondre : ou Pinchinat était
» un scélérat en 1791, ou il ne l'était pas. S'il l'était,
» Sonthonax est un grand scélérat d'avoir nommé, en
» 1793, ce même Pinchinat non-seulement membre de

» la commission intermédiaire, non-seulement procu-
» reur général au conseil supérieur du Port-au-Prince,
» mais encore son délégué, son représentant. S'il ne
» l'était pas, Sonthonax est un grand scélérat d'accuser
» aujourd'hui Pinchinat d'un crime dont il n'est pas
» coupable : donc Sonthonax est un grand scélérat. »

Selon nous, ce sont là de mauvaises raisons ; c'est de la déclamation et rien de plus. Sonthonax et ses collègues, envoyés en 1792 pour faire exécuter le décret du 4 avril de cette année, qui admettait enfin tous les hommes de couleur libres aux mêmes droits politiques que les blancs, et trouvant ceux de l'Ouest et du Sud en armes, en possession d'une puissance réelle et de la confiance des précédens commissaires civils, alors que les colons voulaient livrer Saint-Domingue à la Grande-Bretagne et que les contre-révolutionnaires entravaient la marche de la révolution française, Sonthonax et ses collègues ne pouvaient se dispenser de s'appuyer sur les hommes de couleur pour maintenir la colonie dans la fidélité à la France, et d'employer les principaux d'entre eux, les plus influens, dans les positions supérieures de l'administration civile et de la guerre : de là la nomination de Pinchinat à la commission intermédiaire et aux autres emplois, de Bauvais comme général déjà reconnu de l'armée. La déplorable affaire des *suisses* ne pouvait être un empêchement.

Mais Rigaud pouvait dire autre chose : il devait seulement avouer le tort, la faute politique commise alors par *ceux* des hommes de couleur qui consentirent à la déportation de ces infortunés, en vue seule de la paix conclue de bonne foi à Damiens. Les blancs ayant été plus adroits que les chefs de l'armée qui donnèrent dans le piége, il fallait avouer cette faiblesse, ce crime ; car la déportation des *suisses*, quoi qu'on dise, est un crime que la conscience condamne, qui révolte également l'esprit et le cœur humain. C'est la *raison d'État* qui persuada ces chefs de prendre cette mesure, après qu'ils eurent réglé le sort des *suisses*. Ils se condamnèrent en quelque sorte eux-mêmes quelques mois après, en faisant garantir *l'affranchissement* de *cent* noirs dans la paroisse de la Croix-des-Bouquets, et de *quarante-quatre* autres dans celle de l'Arcahaie, pour servir pendant *cinq ans* dans la gendarmerie [1]. En octobre 1791, ils pouvaient donc, ils devaient maintenir la même mesure dont ils eurent l'heureuse initiative, au dire de Hanus de Jumécourt. Sinon, il fallait de nouveau pousser le cri de guerre de Daguin : *Tambours, battez la générale !* recommencer la lutte dans l'enceinte du Port-au-Prince, alors que toute l'armée y était présente. Si, quelques jours plus tard, ils l'ont soutenue malgré l'éloignement de beaucoup d'entre eux, trop pressés d'aller au sein de leurs familles, que n'eussent-ils pas fait quatre ou cinq jours après la signature du traité de paix ?

Ensuite, Rigaud ne pouvait-il pas réfuter Sonthonax par ses propres aveux faits devant la commission des colonies, dans les Débats avec les colons qui accusèrent Polvérel et lui ? En effet, dans la séance du 19 pluviôse an III (7 février 1795), qu'a dit Sonthonax, à propos des dix-huit *suisses* qui avaient survécu à l'égorgement commis dans la rade du Môle, et aux maladies, à la misère qui moissonnèrent les autres ? Transcrivons ici les propres

---

[1] Rapport de Roume, page 46.

paroles de Sonthonax. On lit à la page 314 du premier volume des Débats :

« J'observe encore, sur ce qu'a dit Thomas Millet, que les nègres *suisses* étaient trois cents, lorsqu'ils ont été envoyés à la baie des Mosquitos, et que dans la rade du Môle, il y en a eu soixante de décollés; que, dans la rade du Cap, il s'est mis parmi eux une maladie qu'on accuse des gens malintentionnés de leur avoir communiquée; que ces malheureux, de trois cents qu'ils étaient [1], en moins d'un an, ont été réduits à dix-huit, qui sont ceux qui ont été mis à bord du *Jupiter* : ils eussent péri jusqu'au dernier, ils auraient expié, par la mort du dernier d'entre eux, le tort d'avoir soutenu la réclamation des droits des hommes de couleur, si notre *humanité* ne les avait pas envoyés à bord du vaisseau le *Jupiter, en leur donnant l'affranchissement*, et en leur ordonnant en même temps et au contre-amiral Cambis, de leur faire faire le service en qualité de *matelots. Nous ne voulûmes point les incorporer dans les compagnies franches, nous ne voulûmes point alors les incorporer dans les troupes de Saint-Domingue, parce qu'on aurait dit que nous voulions souffler la révolte ou encourager la révolte des esclaves. C'est pour cela que nous les mîmes à bord du vaisseau de* l'amiral Cambis : sa proclamation en fait foi. *Peut-être sont-ils morts depuis; je ne sais ce qu'ils sont devenus : ils ont peut-être été massacrés par les matelots, peut-être par les ordres de ceux* qui étaient à bord [2]. »

[1] Clausson, un des colons accusateurs, habitant du Port-au-Prince, affirma que les *suisses* déportés n'étaient qu'au nombre de deux cent trente. Voyez les Débats, tome 1ᵉʳ, page 314.

[2] Il restait effectivement vingt-neuf *suisses* dans la rade du Cap. Voici une

Voilà ce que firent Sonthonax et Polvérel, commissaires civils exerçant le pouvoir dictatorial dans sa plénitude. Ces commissaires qui avaient eu assez d'autorité et de puissance pour déporter Blanchelande, Desparbès, Cambefort et beaucoup de colons; qui avaient dissous l'assemblée coloniale et d'autres corps populaires, n'avaient-ils pas assez de puissance et d'autorité pour sauver ces *suisses*, en les plaçant à côté des hommes de couleur qui formaient les compagnies franches? Et pourquoi ce ménagement de leur part envers les colons abattus, alors qu'ils pouvaient tout faire? Pourquoi cette crainte *d'être accusés* par ces tyrans des noirs, *de vouloir souffler, encourager la révolte des esclaves?* Avant eux, Roume n'avait-il pas approuvé, secondé, maintenu l'affranchissement de cent quarante-quatre noirs dans les paroisses de l'Arcahaie et de la Croix-des-Bouquets, de ces noirs qui n'avaient fait exactement que ce que firent les *suisses*? Evidemment, Sonthonax et Polvérel ne prirent cette détermination que par *des considérations politiques, par la raison d'Etat,* souvent cause des crimes les plus affreux. Ce fut la même raison, les mêmes considérations qui déterminèrent les chefs des hommes de couleur. Dès lors, en 1796, Sonthonax était-il autorisé à reprocher à Pinchinat sa participation à la déportation des *suisses*, à faire

---

lettre   prouve : — « A bord du *Jupiter*, le 17 mai 1793 : J'ai l'honneur
» de   compte au citoyen général commandant les forces navales des îles
» sou   vent (Cambis) que, conformément à son ordre, j'ai reconnu l'état
» des *nègres suisses* détenus à bord du bateau le *Coureur*. Sur le nombre de
» vingt-neuf, j'en ai trouvé dix-neuf bien portans et dix qu'il est indispensable
» de soumettre à un traitement suivi, étant tous *scorbutiques*. Noms des malades, etc., etc., *tous nègres*. Bien portans, etc., etc., dix-huit *nègres* et un
» *mulâtre*. (Signé) Letondu, chirurgien-major. »
 Les *suisses* embarqués sur le *Jupiter* suivirent la flotte aux Etats-Unis, après l'affaire de Galbaud, en juin suivant; s'ils ne furent pas tués à bord, ils auront été peut-être vendus par les colons qui s'y trouvaient.

peser sur lui seul cette immense responsabilité, à tirer de cette affaire *une question de couleur?* Il n'appartenait qu'à Sonthonax, si souvent inconséquent, de commettre une telle injustice.

Nous venons de citer ce que dit Rigaud pour la défense de Pinchinat. Rigaud avait assisté à la délibération du comité secret tenu à cette occasion; il semble donc qu'il a connu l'opinion, le vote émis par Pinchinat; il semblerait même convenir que lui aussi, il consentit à cette mesure, tandis qu'il ne parle ainsi qu'en prenant la défense de tous les hommes de couleur; car son Mémoire n'a été publié que dans le but de réfuter les calomnies dont ils étaient l'objet de la part de Sonthonax et de ses agens. Lorsqu'il le publia, Pinchinat, envoyé en France, avait été fait prisonnier par les Anglais. A son arrivée en France, il eut connaissance de la proclamation de Sonthonax où ce dernier l'avait accusé. Il publia un écrit où il se défend lui-même de cette imputation. Il y convient que ce fut *un acte liberticide, un crime, une atrocité,* en disant qu'il n'en fut pas *l'auteur.* Il termina ce plaidoyer par ce qui suit :

« Ceux qui ne connaissent pas bien Sonthonax s'ima-
» gineront peut-être qu'il se propose de faire valoir
» contre moi un tel chef d'accusation. Point du tout :
» son intention est bien de me noircir et de me diffamer
» en France auprès des amis de la liberté; mais son
» principal but n'a été que de me rendre *odieux aux*
» *noirs,* par cette proclamation publiée et répandue dans
» toutes les parties de Saint-Domingue. Cependant, il
» a beau faire, ses efforts seront inutiles. Les noirs,
» quoiqu'on les suppose peu éclairés, le sont néanmoins
» assez pour reconnaître leurs vrais amis, leurs vrais

» défenseurs ; et quoique Sonthonax ne néglige rien
» pour s'approprier exclusivement la gloire d'avoir fondé
» la liberté dans les Antilles, les blancs, les noirs et les
» hommes de couleur savent parfaitement que j'ai con-
» tribué plus que lui (et c'est là mon vrai crime) aux
» opérations sublimes qui ont fait proclamer à Saint-
» Domingue la déclaration des droits de l'homme. La
» preuve de cette dernière vérité se trouve dans les té-
» moignages d'attachement *que les noirs m'ont toujours
» donnés*, dans la confiance que les républicains de toutes
» les couleurs qui sont actuellement à Saint-Domingue,
» m'ont accordée et m'accordent encore... »

Nous le disons à regret par rapport à Pinchinat, mais nous disons que s'il s'est défendu suffisamment de n'avoir pas été *l'auteur* de l'embarquement des *suisses*, c'est-à-dire que ce ne fut pas lui qui imagina cette mesure, qui la proposa, néanmoins il ne nous semble pas se justifier quant à son avis personnel, à son consentement donné au comité secret pour effectuer cette déportation, ainsi que firent Bauvais et Lambert. Nul doute ne reste à l'histoire que ce sont les blancs du Port-au-Prince qui la proposèrent, qui ameutèrent la populace pour influer sur les hommes de couleur, qui firent décider cette fatale question en comité secret et par assis et levé ; mais il n'est pas moins prouvé que les chefs de l'armée, Bauvais, Lambert et Pinchinat eurent la faiblesse d'y consentir, uniquement par le désir de maintenir la paix.

Ils ne tardèrent pas à se repentir de cette regrettable condescendance, et le rapport de Roume en donne la preuve en leur faveur. C'est ce qui explique l'influence que ces mêmes chefs conservèrent sur les ateliers d'esclaves, dans les deux provinces de l'Ouest et du Sud. De leur côté, les esclaves, convaincus que la très-grande majorité des affranchis avait été contraire à la déportation des *suisses*, n'hésitèrent point à s'unir à eux contre les blancs, parce qu'entre ces deux classes il n'y avait pas à balancer : leur préférence pour les nègres et mulâtres libres était dictée autant par la raison, que par le sentiment qui les rapprochait naturellement des hommes qui sortaient de leurs rangs. L'abbé Maury avait fort bien prévu cette union des opprimés contre les oppresseurs. C'est ainsi que, dans le même temps, on voyait dans les rangs des noirs insurgés du Nord, tous les nègres et mulâtres libres des paroisses de l'intérieur concourir avec eux à cette révolution.

Remarquons, en terminant ce long examen de l'affaire des *suisses*, que ce n'est pas la première fois que les Européens en agirent ainsi.

En effet, les fastes de l'histoire de Saint-Domingue nous apprennent qu'en 1533, les blancs espagnols employèrent les mêmes manœuvres auprès des Indiens campés dans la montagne de Bahoruco, sous les ordres du cacique Henri. On se rappelle que nous avons dit que des nègres esclaves s'étaient réfugiés auprès des aborigènes qui eux-mêmes avaient fui la tyrannie de leurs oppresseurs. Ceux-ci, forcés de traiter avec les Indiens, exigèrent qu'ils livrassent ces infortunés pour être replacés dans l'esclavage, et les Indiens y consentirent. L'égoïsme politique persuada ces insulaires! On trouve malheureusement ce triste sentiment dans le cœur de tous les hommes, éclairés ou ignorans : l'histoire générale des nations offre plus d'un exemple de ce genre.

Ne vit-on pas ensuite, à une époque rapprochée de la révolution de Saint-Domingue, en 1784, les nègres esclaves réfugiés dans cette même montagne de Bahoruco, qu'ils appelèrent le *Doco*, promettre, en traitant de leur affranchissement avec le gouverneur général de Bellecombe, de livrer désormais tous les nouveaux fugitifs qui viendraient les joindre? Avant eux, et par le même motif, les nègres fugitifs de la Jamaïque et de la Guyane hollandaise avaient pris de semblables conventions, fidèlement exécutées de leur part.

Enfin, dans le Nord de Saint-Domingue, peu après la déportation des *suisses*, on vit aussi *les chefs* des insurgés noirs *proposer* aux commissaires civils Roume, Mirbeck et Saint-Léger, *de faire rentrer dans l'esclavage* la masse de cette armée, moyennant la concession de l'affranchissement en faveur des principaux d'entre eux; et certes, à cette époque, Toussaint Louverture, dont l'intelligence était déjà remarquable, dont les talens politiques n'avaient pu encore se développer, Toussaint Louverture trouvait tout commode de se ranger parmi ces privilégiés qui voulaient trafiquer du sort de leurs semblables. Et si l'assemblée coloniale n'avait pas mis autant d'orgueil et de méchanceté dans ses procédés, on eût vu *ces chefs noirs* faciliter le rétablissement de la condition servile des ateliers. Cette conduite aurait dû empêcher Toussaint Louverture, dans ses dissensions avec Rigaud, d'étendre à toute la classe des mulâtres le reproche que Sonthonax adressait à Pinchinat seul ; mais la ligne politique qu'il suivait en 1799 semblait lui conseiller cette injuste apostrophe.

Passons maintenant aux événemens qui suivirent le départ des *suisses*.

Le traité de paix du 23 octobre devait recevoir sa

dernière exécution, un mois après sa date, par une délibération de la commune du Port-au-Prince qui devait rappeler ses députés à l'assemblée provinciale de l'Ouest siégeant dans la même ville, et à l'assemblée coloniale siégeant au Cap, afin de réorganiser ces assemblées par le concours et l'admission des affranchis. Pour faciliter cette délibération, on avait divisé la ville en quatre sections. Le 21 novembre, trois des sections votèrent et adoptèrent presque unanimement le traité; mais la quatrième, où dominaient les petits blancs et la troupe de Praloto, proposa un *sursis*. Le motif de cet ajournement, suggéré par Leremboure, Caradeux et les autres meneurs, était évidemment dicté par la nouvelle déjà parvenue au Cap, du décret du 24 septembre, et par l'attente de la prochaine arrivée des commissaires civils qui, effectivement, débarquèrent au Cap le 28 novembre. Dans leur espoir, le traité serait indubitablement improuvé, annulé par ces nouvelles autorités, comme cela eut lieu. Mais, comme la majorité des citoyens blancs avait voté pour le maintien du traité, les meneurs voulurent encore brusquer les événemens. Ils avaient remarqué que l'armée de couleur avait subi une notable diminution, par l'empressement que mirent beaucoup d'affranchis à retourner au sein de leurs familles, confiant dans le rétablissement de la paix. Rigaud était parti depuis la veille pour les Cayes, avec plusieurs hommes de couleur du Sud.

Dans cette perfide pensée, les blancs firent naître une rixe entre l'un d'eux, canonnier de la compagnie de Praloto, et un noir, tambour de l'armée de couleur, nommé Scapin. Cet homme libre, affranchi, passait dans la rue et fut provoqué par le canonnier : il résista, et des soldats de la maréchaussée se trouvèrent à portée pour l'arrêter et le conduire à la municipalité. Là, toute la compagnie de Praloto vint bientôt demander impérieusement qu'il fût jugé *prévôtalement*, à l'instant même. Avertis de l'arrestation de Scapin, les chefs de l'armée envoyèrent à la municipalité demander que des informations fussent prises, et qu'il fût jugé après l'enquête, en alléguant qu'il était un homme libre; mais la municipalité laissa emmener Scapin, que les blancs pendirent à un réverbère du voisinage de l'hôtel de ville.

Cette infâme exécution soulève l'indignation des hommes de couleur. Un blanc nommé Cadeau, de la compagnie de Praloto, ose venir sur la place d'armes les insulter. Valmé, mulâtre de l'Arcahaie, du poste établi sur cette place, l'abat d'un coup de fusil; il n'est que blessé, et Bauvais a la générosité de le faire porter à l'hôpital militaire.

En apprenant cette juste représaille, Praloto fait battre la générale, et toute la garde nationale blanche prend les armes, étant déjà préparée au combat par Caradeux qui la commandait. Ce sinistre appel met également sous les armes les bataillons d'Artois et de Normandie, et l'artillerie royale renfermés dans les casernes, et la troupe des hommes de couleur. Des officiers de ces corps viennent auprès de Bauvais, comme médiateurs, tandis que la municipalité requiert ces troupes de se joindre à la garde nationale, et somme Bauvais de livrer *à la justice* celui qui avait frappé Cadeau. Elle n'avait pas voulu soumettre Scapin aux formes protectrices de la loi, elle veut exiger que Valmé lui soit remis! C'était évidemment une affaire préparée pour arriver à la rupture des concordats. Sur le refus de Bauvais, elle ordonne de marcher contre le quartier général de l'armée de couleur.

Praloto débouche aussitôt sur la place d'armes avec une nombreuse artillerie. L'artillerie royale, de sa caserne, dirige deux pièces de canon contre le palais, tandis que les corps d'infanterie viennent occuper la place d'armes, et que la garde nationale, conduite par Caradeux, veut contourner le palais.

De là, Pétion dirige le feu de ses deux pièces de campagne prises à Pernier, et arrête tous les assaillans que l'infanterie foudroie de coups de fusil. Des chasseurs du quartier de Jacmel neutralisent le feu de l'artillerie royale.

Tandis que Doyon contient la troupe de Caradeux, les compagnies sous les ordres de Lambert descendent du Belair, pour prendre en flanc les assaillans du palais. Mais un détachement de la garde nationale sous les ordres de Taillefer les attaque par derrière; elles font volte-face contre Taillefer qui est tué, et elles enlèvent une pièce à Praloto. La troupe de Lambert est néanmoins forcée de reprendre son poste du Belair où elle se maintient.

Les munitions de Bauvais étant épuisées, Pétion, n'ayant plus de projectiles, est forcé de se servir des pavés de la cour du palais. Bauvais abandonne cette position et se replie sur le chemin de la Charbonnière, protégé dans sa retraite par Doyon. Il est obligé d'abandonner les canons de Pétion, après les avoir fait enclouer.

Lambert abandonne aussi le Belair, en mettant le feu

au corps de garde qu'il occupait; mais il ne quitte ce poste qu'au jour, pour rejoindre Bauvais à la Croix-des-Bouquets.

L'incendie du corps de garde isolé, qui ne se communique à aucune autre maison, fournit peut-être l'idée à la troupe de Praloto, composée de tous les mauvais sujets de la populace blanche, de mettre le feu, à dix heures du matin, à plusieurs maisons du quartier du commerce (principalement celles des négocians de Bordeaux) et à quelques maisons du Morne-à-Tuf qui en est fort éloigné. Ces brigands, tous blancs, pillent et dévalisent les habitans de toutes couleurs.

Les corps constitués, la municipalité et l'assemblée provinciale, sont forcés de se réfugier dans les casernes des troupes régulières. La population blanche se trouve ainsi punie de sa perfidie. Vingt-sept îlets de la ville, dans le quartier le plus commerçant, deviennent la proie des flammes.

Dans cette horrible confusion, les pilleurs ne se bornent pas à prendre le bien des habitans; ils assassinent tous les hommes, toutes les femmes de couleur ou noires qu'ils rencontrent dans les rues. L'infâme Larousse voit l'une de ces femmes (Mᵐᵉ Beaulieu) enceinte de huit mois; d'un coup de fusil, il la tue et blesse sa mère. Elles étaient à leur fenêtre; le monstre pénètre dans l'appartement, ouvre le ventre de Mᵐᵉ Beaulieu, arrache l'enfant de son sein et le jette dans les flammes [1]!...

En vain voudrait-on dire que les blancs du Port-au-Prince étaient dominés par la troupe de Praloto. Cette troupe d'assassins était sans cesse poussée aux crimes les

[1] Débats, tome 3, page 150.

plus affreux, par les planteurs, par Caradeux *le cruel*, par Lerembourre *le tigre*. Les corps constitués de cette ville s'entendaient avec ceux du Cap. La rupture des concordats, par l'affaire du 21 novembre, n'était que le résultat de l'arrêté de l'assemblée coloniale du 5, de son adresse du 7, de la proclamation de Blanchelande du 13, ces deux autorités refusant de ratifier ces traités de paix, ordonnant aux hommes de couleur de désarmer, de se dissoudre et de tout attendre *de la bonté de leurs pères et bienfaiteurs*. Et ces actes eux-mêmes des autorités coloniales n'étaient que le résultat des machinations perfides des colons résidans à Paris, qui avaient porté l'assemblée nationale et le roi à rendre le décret du 24 septembre.

Après de tels actes, alors que les colons du Port-au-Prince et tous ceux de Saint-Domingue attendaient les commissaires civils, avec des troupes chargées de faire exécuter le décret de la métropole, les concordats pouvaient-ils être maintenus?

Oui, si les colons étaient animés de sentimens de justice, si leurs passions ne les rendaient pas imprévoyans, au point de tout sacrifier à leur haine séculaire pour tous les hommes de la race noire. Mais nous avons vu qu'ils étaient incapables de tels sentimens, que leur présomption orgueilleuse, fortifiée de l'appui de la France, les aveuglait. Le régime colonial étant basé sur l'infériorité de la race noire, sur son avilissement perpétuel, et la métropole le soutenant de ses actes souverains et de sa puissance, les colons ne pouvaient agir que de cette manière. Le décret du 8 mars 1790 ne les avait-il pas placés, eux et leurs propriétés, sous la sauvegarde spéciale de la nation française? N'avait-il pas déclaré criminel envers la nation, quiconque travaillerait à exciter des soulèvemens contre eux? Eh bien ! au point de vue de ce droit légal créé en faveur des colons, les hommes de couleur de l'Ouest et du Sud n'étaient-ils pas aussi criminels qu'Ogé et Chavanne, pour s'être soulevés; aussi criminels que les nègres esclaves du Nord qui, dans leurs fureurs, incendiaient les propriétés et immolaient les propriétaires?

Concluons donc que les désastres de Saint-Domingue étaient inévitables, et que la ruine de cette colonie était en partie l'ouvrage de la métropole qui, par ses actes, poussait les différentes classes d'hommes à une extermination générale.

CHAPITRE IX.

Dispositions pacifiques des insurgés du Nord. — Arrivée des commissaires civils Roume, Mirbeck et Saint-Léger. — Objet de leur mission. — Conduite de l'assemblée coloniale. — Continuation de la guerre dans le Nord, dans l'Ouest et dans le Sud.

Un mois était à peine écoulé, après le grand incendie des habitations du Nord, quand les esclaves insurgés proposèrent à Blanchelande de faire la paix avec lui, comme représentant du roi; mais les conditions qu'ils posèrent étaient telles, que le gouverneur général ne pouvait les accepter. Cet empressement mis par eux à obtenir une solution pacifique semble indiquer, encore une fois, que Blanchelande et les autres agens du gouvernement ont été réellement les promoteurs de cette terrible insurrection. Les esclaves auront pensé que, conformément à leurs promesses, ces agens de l'autorité royale seraient alors assez puissans pour leur faire accorder les avantages qui devaient être le prix de l'exécution du plan qu'ils s'étaient formé, afin d'arriver au rétablissement de l'ancien régime : à savoir, *l'affranchissement* des principaux chefs de l'insurrection, *l'abolition* de la peine du fouet, et *trois jours* par semaine pour se livrer à leurs propres travaux.

Voici en quels termes ils proposaient la paix :

Monsieur,

Nous n'avons jamais prétendu nous écarter du devoir et du respect que nous devons au représentant de la personne du roi, ni même à tout ce qui dépend de Sa Majesté; *nous en avons des preuves par devers nous;* mais vous, *mon* général, *homme juste*, descendez vers nous; voyez cette terre que nous avons arrosée de notre sueur, ou bien plutôt de notre sang; ces édifices que nous avons élevés, et ce dans l'espoir d'une juste *récompense!* L'avons-nous obtenue, *mon* général? Le roi, l'univers, ont gémi sur notre sort, et ont brisé les chaînes que nous portions; et nous, humbles victimes, nous étions prêts à tout, *ne voulant point abandonner nos maîtres;* que *dis-je! je me* trompe : ceux qui auraient dû nous servir de pères, *après Dieu*, c'étaient des tyrans, des monstres indignes du fruit de nos travaux; et vous voulez, brave général, que nous ressemblions à des brebis, que nous allions nous jeter dans la gueule du loup? Non, *il est trop tard. Dieu*, qui combat pour l'innocent, est notre guide; il ne nous abandonnera jamais; ainsi voilà notre devise : *Vaincre ou mourir.*

Pour vous prouver, respectable général, que nous ne sommes pas aussi cruels que vous pouvez le croire, nous désirons, du meilleur de notre âme, faire la paix; mais aux clauses et conditions *que tous les blancs, soit de la plaine ou des mornes, se retireront par devers vous pour se retirer dans leurs foyers, et par conséquent abandonner le Cap, sans en excepter un seul; qu'ils emportent leur or et leurs bijoux;* nous ne courons qu'*après cette chère liberté*, objet si précieux.

Voilà, *mon* général, notre profession de foi, que nous soutiendrons jusqu'à la dernière goutte de notre sang. Il ne nous manque point de poudre et de canons; ainsi *la mort ou la liberté. Dieu* veuille vous la faire obtenir sans effusion de sang! alors tous nos vœux seront accomplis, et croyez qu'il en coûte beaucoup à nos cœurs pour avoir pris cette voie.

Mais, hélas! *je* finis, en vous assurant que tout le contenu de la présente est aussi sincère que si nous étions par devant vous. Ce respect que nous vous portons, et que nous jurons de maintenir, n'allez pas vous tromper, croire que c'est faiblesse, en ce que nous n'aurons jamais d'autre devise : *Vaincre ou mourir pour la liberté.*

Vos très-humbles et très-obéissans serviteurs,

Tous les généraux et chefs qui composent notre armée.

Cette lettre d'un style incorrect, qui ne porte le nom

d'aucun des chefs, où la forme du *pluriel* se mêle à celle du *singulier*, où le nom de *Dieu* paraît trois fois, où le respect pour la personne du roi est si clairement exprimé, ne semble-t-elle pas être l'œuvre de Toussaint Louverture initié, ainsi qu'on l'a dit, aux projets contre-révolutionnaires des agens du gouvernement? Nous le pensons d'autant plus, qu'en témoignant également beaucoup de respect pour Blanchelande, il aura voulu le mettre à même d'accomplir les promesses dont nous avons parlé plus haut, par l'exagération même des conditions posées à la conclusion de la paix; car, Toussaint a pu penser qu'il fallait paraître beaucoup exiger, pour obtenir ce que lui et les autres principaux chefs désiraient réellement. Cette combinaison n'était certainement pas au-dessus de sa remarquable intelligence, son esprit jésuitique s'y prêtait admirablement. Il aura cru que Blanchelande, muni de ces étranges propositions, parviendrait à convaincre l'assemblée coloniale de la nécessité de faire des concessions aux esclaves, pour obtenir leur soumission et le retour à la tranquillité, et par eux s'assurer dès lors une grande influence sur les affaires coloniales. Mais si ces conjectures que nous faisons ne sont pas dénuées de fondement, il est du moins certain que le caractère faible de Blanchelande le mettait au-dessous d'une telle tâche : il était incapable d'user de quelque vigueur envers les colons.

Aussi répondit-il aux propositions des chefs des insurgés, par une proclamation du 23 septembre, où il exhortait les esclaves à la soumission, en les engageant *à livrer leurs chefs*. C'était bien le seul moyen d'empêcher cette soumission qu'il recommandait. La guerre continua avec la même fureur.

Cependant, en apprenant la nouvelle du décret du 24 septembre et la prochaine arrivée des commissaires civils avec des troupes, les insurgés se disposèrent à formuler des propositions plus favorables pour leur soumission. Ce fut surtout d'après les conseils des hommes de couleur répandus dans leurs rangs : le récit de Gros l'atteste d'une manière incontestable. Outre le mulâtre Aubert, qu'il nomme *le libérateur des blancs prisonniers* dont il faisait partie, avec qui il s'entretint sur les causes présumées de la révolte des esclaves, il cite Després, autre mulâtre, « armurier du Fort-Dauphin, aide de camp de
» Jean François et investi de toute la confiance de ce
» généralissime des noirs, qui se donnait, dit-il, bien
» des mouvemens et qui faisait tout son possible pour
» accélérer les instans de la paix. » Il en cite d'autres encore qui, après la mort de Jeannot arrivée le 1ᵉʳ novembre, purent faire entendre leur voix en faveur de la pacification. « Ils étaient, dit-il, remplis d'attentions, et
» généralement parlant, nous n'avons eu qu'à nous louer
» de la conduite des gens de couleur qui ont toujours
» cherché à nous mettre à l'abri de tout événement fâ-
» cheux... Les gens de couleur étaient affectés de la loi
» du 9½ septembre, mais tous voulaient obéir, et leurs
» démarches ne nous ont laissé aucun doute à cet égard.»
Gros ajoute que les abbés Bienvenu, curé de la Marmelade, et de La Haye, curé du Dondon, donnèrent de bons conseils à Jean François.

Nous possédons une adresse à l'assemblée coloniale, rédigée par l'abbé de La Haye, écrite tout entière de sa main, pour les hommes de couleur qui se trouvaient parmi les noirs. Cette adresse, faite avec beaucoup de sens, informait l'assemblée coloniale de la position de ces hommes dans les camps des insurgés, et exposait toutes les considérations morales et politiques qui pouvaient influer sur sa détermination à accepter, non-seulement les propositions faites par les chefs noirs, mais à sanctionner les concordats de l'Ouest et du Sud, afin d'obtenir d'un seul coup le rétablissement de la tranquillité dans toute la colonie. Ce document retrace les crimes commis par Jeannot, contre les blancs, les mulâtres et même les nègres : il attribue la puissance désastreuse de ce scélérat à la faute que commirent Jean François et Biassou, en le nommant *juge de l'armée, ce qui lui donnait double droit de prononcer sur la vie ou la mort des prisonniers* [1]. L'adresse termine enfin par faire savoir à l'assemblée coloniale les propositions des chefs des insurgés.

Voici, disent les hommes de couleur, les chefs de demande que nous sommes chargés de vous proposer, au nom des généraux. Veuillez les peser dans votre sagesse ; c'est le résultat combiné des gens de couleur, *c'est tout ce qu'ils ont pu obtenir* : daignez considérer que leur admission sera l'époque fixe du retour de l'ordre dans la colonie :

1° La grâce pleine et entière de tous les états-majors, leurs libertés bien et dûment enregistrées.

---

[1] Garran se trompe en disant que Jean François livra bataille à Jeannot aux environs de Vallière, et que l'ayant fait prisonnier, il le fit mourir. Gros dit que Jean François le fit arrêter le 1er novembre, et le fit fusiller le même jour, au Dondon où on le conduisit. Le document que nous citons ici, de l'abbé de La Haye, confirme ce fait en ces termes : « Jeannot commandait, sous les » généraux Jean François et Biassou, tous les camps de la Grande-Rivière, » Dondon et Quartier-Morin..... Sa dernière expédition fut celle de Vallière » où quatorze blancs furent faits prisonniers ; une plus grande quantité perdi- » rent la vie dans cette journée : les prisonniers furent conduits dans le camp, » huit furent suppliciés, les six autres attendaient à chaque instant le même » sort : le ciel en avait autrement ordonné. Le dimanche 1er novembre, jour » destiné pour le dernier sacrifice, arrivèrent les généraux Jean François et » Biassou : ils avaient été instruits des cruautés exercées, et leur premier soin » fut de dérober à la mort les infortunés qui existaient encore, ensuite de » sacrifier le monstre qui se faisait un jeu de la vie des hommes : il fut par » leur ordre fusillé. »

2° Amnistie générale pour tous les nègres.

3° La faculté aux chefs de se retirer où bon leur semblera, dans les pays étrangers, s'ils se déterminent à y passer.

4° L'entière jouissance des effets qui sont en leurs mains.

Promettons que si ces conditions sont acceptées, *de faire rentrer de suite les esclaves dans le devoir* et de se référer, en ce qui concerne leur sort, à la décision des commissaires du roi *dont l'arrivée ne peut être éloignée.*

Nous devons vous porter, autant pour vous que pour nous, à accorder les chefs de demande que nous prenons la liberté de vous former au nom des généraux qui nous ont chargés de leurs intérêts, et confié ce qu'ils appellent leur dernière résolution.

Pour nous, Messieurs, animés du plus pur patriotisme, *nous sommes unis de cœur et d'intention avec nos frères de l'Ouest et du Sud* : le même serment qui les unit aux blancs, *nos frères*, est déjà prononcé par chacun de nous, et gravé dans le fond de nos cœurs en caractères ineffaçables ; comme eux, nous défendons vos propriétés et les nôtres ; comme eux, nous porterons avec orgueil le nom de Français régénérés, et serons les fermes soutiens d'une constitution trop longtemps inconnue ; et le pacte que vous avez formé avec nos frères de l'Ouest et du Sud devient tout naturellement le nôtre.

Les signataires croyaient les concordats sanctionnés par l'assemblée coloniale.

En même temps que cette adresse était envoyée à cette assemblée par les hommes de couleur, Jean François en envoyait une qui paraît avoir été l'œuvre principale de Gros. Celui-ci cite des paroles de ce chef, qu'il est bon de recueillir pour indiquer à quelle cause on peut attribuer la révolte des esclaves dans le Nord.

« *Ce n'est pas moi* qui me suis institué *général* des
» nègres. *Ceux qui en avaient le pouvoir m'ont revêtu de*
» *ce titre* : en prenant les armes, *je n'ai jamais prétendu combattre pour la liberté générale*, que je sais
» être *une chimère*, tant par le besoin que la France
» a de ses colonies, que par le danger qu'il y aurait

» à procurer à des hordes incivilisées un droit qui leur
» deviendrait infiniment dangereux, et qui entraînerait
» indubitablement l'anéantissement de la colonie ; que
» si les propriétaires avaient été tous sur leurs habi-
» tations, la révolution n'aurait peut-être pas eu
» lieu. »

Si ce ne sont pas là textuellement les paroles que Jean François a prononcées, c'en doit être le sens probablement ; et l'on pourrait douter de la véracité de Gros, si toute la conduite postérieure de ce *généralissime* n'avait pas prouvé, de même que celle de Biassou, que ni l'un ni l'autre n'avaient cette élévation d'âme qui eût pu les rendre les bienfaiteurs de la classe des esclaves, leurs frères. Car, en outre de leurs dispositions à faire rentrer ces masses sous le joug de l'esclavage, moyennant leur affranchissement personnel et celui d'un certain nombre d'autres chefs sous leurs ordres, notamment Toussaint Louverture, ces deux généraux *ont fait vendre*, à leur profit personnel, des hommes, des femmes, des enfans *noirs* aux Espagnols qui les transportèrent soit à Cuba, soit à la Jamaïque. Vainement voudrait-on, pour les disculper de ces crimes, arguer de leur ignorance : elle n'était pas telle qu'ils ne pussent discerner le bien du mal, et savoir que contraindre leurs frères à rentrer dans l'esclavage, ou les vendre pour être transportés sur la terre étrangère, c'étaient des crimes de leur part.

Quant à Toussaint Louverture, dont nous aurons occasion d'examiner la conduite politique plus tard, il eût participé à l'affranchissement personnel demandé pour les chefs, et contribué à remettre le grand nombre dans l'esclavage, si les colons avaient accepté leurs propositions. Mais, hâtons-nous de dire qu'il ne trafiqua point de ses semblables, comme Jean François et Biassou. L'observation que nous faisons ici, parce que c'en est l'occasion, relativement au projet auquel il contribua, pour la soumission de la masse des noirs insurgés dans l'esclavage, a pour but de prouver que, dans ces premiers temps de l'insurrection, les idées de Toussaint Louverture n'étaient pas plus généreuses à l'égard de ses frères, que celles de Bauvais, de Lambert et de Pinchinat, lorsqu'ils souscrivaient à la déportation des *suisses*. C'était dans le même mois de novembre 1791 que se passaient les deux actes que nous reprochons à la mémoire de ces premiers révolutionnaires.

Quoi qu'il en soit, ces deux adresses, parvenues à l'assemblée coloniale, ne furent point accueillies par les colons comme ils auraient dû le faire en une pareille conjoncture, dans leur propre intérêt et dans l'intérêt général de ce pays livré aux horreurs de la guerre. Fiers et hautains, depuis le décret du 24 septembre, ils attendaient l'arrivée des commissaires civils avec les troupes dont ils espéraient profiter, pour soumettre à merci tous les esclaves insurgés. Ainsi, tandis que d'une part ils refusaient de sanctionner les concordats de l'Ouest et du Sud, de l'autre ils rejetaient les propositions faites par les chefs noirs : leur mépris pour les mulâtres et les nègres était trop enraciné pour qu'ils se conduisissent autrement.

Le 28 novembre, MM. Roume, de Mirbeck et de Saint-Léger arrivèrent au Cap. Nommés commissaires civils, d'abord pour l'exécution du décret du 15 mai qui avait suivi celui du 1ᵉʳ février, leur départ de Brest avait été ajourné par un autre décret du 29 août; et ils ne quittèrent la France que pour venir concourir à l'exécution de celui du 24 septembre. Leur mission avait donc changé de nature par cette nouvelle résolution de la métropole. Ayant peu de troupes avec eux, chargés de rétablir l'ordre, la paix et la tranquillité publique, il leur fallait un désir bien sincère de remplir une telle mission pour la continuer, puisqu'ils allaient se trouver nécessairement placés sous la dépendance de l'assemblée coloniale à laquelle était déféré le droit de statuer sur le régime intérieur de la colonie, tandis que primitivement ils étaient chargés de notifier à ces despotes des dispositions propres à se concilier la classe des hommes de couleur et à se donner une grande force morale.

En arrivant, le premier spectacle qui s'offrit à leurs regards étonnés fut celui des deux roues et des cinq potences dressées au Cap, où l'on voyait toujours exposés des cadavres de nègres et de mulâtres, depuis le commencement de l'insurrection. Ils apprirent tous les événemens survenus dans la colonie et dont on n'avait pu avoir connaissance en France avant leur départ. D'un côté, le soulèvement des esclaves dans le Nord, ayant pour auxiliaires beaucoup d'hommes de couleur, la guerre affreuse qui en était résultée; de l'autre, la prise d'armes des affranchis dans l'Ouest et dans le Sud, la guerre qui s'en était suivie et les concordats passés entre cette classe d'hommes et les blancs de ces deux provinces.

Fatalement voués à l'impuissance du bien, ces commissaires ne pouvaient qu'user de conseils auprès de l'assemblée coloniale, pour la porter à la modération et à la justice, et ils ne négligèrent rien dans ce but; mais cette position subordonnée, qui était le fait du gouvernement de la métropole, fut jugée aussitôt, et par cette assemblée, et par tous les blancs comme par les mulâtres et les noirs. Toutefois, le caractère public dont ils étaient revêtus en qualité de commissaires nationaux, disposa ces derniers à accueillir favorablement toutes leurs décisions, sans produire le même effet sur les blancs qui tenaient, comme toujours, peu compte des pouvoirs de la métropole dont ils n'étaient que trop disposés à secouer le joug.

Avec le décret du 24 septembre, ils apportaient une proclamation royale, relative à une *amnistie générale*, pour tous les faits passés entre les hommes libres de toute couleur. Cette amnistie ne s'étendait pas aux esclaves dont on n'avait pas prévu le soulèvement. Ils s'efforcèrent cependant de porter l'assemblée coloniale à l'étendre à ces hor   qui combattaient avantageusement. Mais que pouvaient de tels conseils sur l'esprit des colons qui comptaient sur de nouvelles forces promises par le gouvernement de la métropole?

Ces colons donnèrent alors la mesure de leurs prétentions, dans l'acte dont nous citons ici quelques passages.

En se réunissant à Léogane où elle se constitua, la nouvelle assemblée coloniale avait pris, le 5 août, le même titre d'*assemblée générale de la partie française de Saint-Domingue* que portait celle de Saint-Marc. Mais, peu de jours après l'arrivée des commissaires civils, et sur leur observation, elle se décida, le 10 décembre, à changer ce titre en celui d'*assemblée coloniale*.

Elle avait obtenu de l'assemblée nationale constituante le décret du 24 septembre qui lui accordait tout ce qu'elle pouvait désirer. Elle voulut paraître ce qu'elle n'était pas, ce qu'elle ne devait pas être : — un corps indépendant de l'assemblée nationale. Dans cet esprit, elle prit l'arrêté suivant. Nous n'écrivons que l'un de ses *considérans* et les *réserves* qu'elle posait dans son dispositif, sans doute en prévision de tout changement qui surviendrait dans la métropole, à l'égard des colonies, par la formation de l'assemblée législative où ne pouvaient être admis les anciens membres de la constituante.

L'assemblée générale, considérant que les décrets nationaux qui lui ont été officiellement manifestés, notamment le décret du 24 septembre 1791, accepté le 28 du même mois, ainsi que les proclamations du roi, se servent particulièrement des expressions, *assemblée coloniale*, lorsqu'il est question de désigner l'assemblée des représentans de cette portion de l'empire français.....

En conséquence, revenant sur son arrêté du 5 août dernier, approuvé,

Elle change sa dénomination d'*assemblée générale* en celle d'*assemblée coloniale de la partie française de Saint-Domingue.*

N'entendant néanmoins, par l'effet de ce changement, porter aucune atteinte à ses travaux précédens et aux *droits politiques* de la partie française de Saint-Domingue, notamment dans tous les points *de constitution et de législation* qui ne lui sont point communs avec la métropole; *se réservant* spécialement, en tant que de besoin, ladite assemblée, que des mots *coloniale* ou *colonie* on ne puisse jamais inférer aucune erreur sur l'établissement de cette contrée, ni que qui que ce soit puisse jamais prétendre que cette partie de l'empire en soit *une propriété aliénable en manière quelconque;* ladite assemblée statuant de plus fort, d'après la constitution française décrétée par l'assemblée nationale constituante, et acceptée par le roi, le 14 septembre 1791.

Que la partie française de Saint-Domingue est et demeure irrévocablement une portion intégrante de l'empire français, sous les modifications constitutionnelles *nécessaires aux convenances locales et particu-*

res, et contenues au décret *constitutionnel* rendu par l'assemblée nationale constituante, le 24 septembre 1791, accepté par le roi le 28 du même mois.

Cependant, les insurgés du Nord, avisés de l'arrivée des commissaires, furent encore plus disposés à la soumission. Le père Sulpice, curé du Trou, leur fit parvenir la proclamation royale et le décret du 24 septembre, pour les y engager, espérant sans doute lui-même quelque modération de la part de l'assemblée coloniale. De ce qu'il paraît assez prouvé que l'insurrection avait été suscitée par les contre-révolutionnaires, par Blanchelande surtout, les esclaves, qui arboraient le drapeau blanc, qui prenaient le titre de gens du roi, durent attendre le règlement de leur sort par ces commissaires envoyés par le roi ; ils les supposaient naturellement capables d'exercer quelque influence sur l'assemblée coloniale. En conséquence, ils envoyèrent au Cap le mulâtre Raynal et le nègre Duplessis, anciens affranchis, porteurs d'une seconde adresse des chefs noirs à cette assemblée. Cette pièce, rapportée dans Garran (tome 2, pages 308 à 311), est écrite dans un style très-pur, et semble avoir été également rédigée par l'abbé de La Haye : elle porte la date du 4 décembre [1].

Raynal et Duplessis comparurent par devant l'assemblée, et subirent un interrogatoire. La hauteur dédaigneuse de cette assemblée contrasta avec la bienveillance des commissaires civils envers ces deux envoyés. Ils reçurent de ces derniers un sauf-conduit pour reve-

---

[1] Les signataires sont trois noirs, — Jean François, Biassou et Toussaint, — et trois mulâtres, — Desprez, Manzeau et Aubert. A cette époque, Toussaint ne signait pas encore *Louverture*.

nir dix jours après chercher la réponse de l'assemblée.

Dans cet intervalle, les chefs noirs délibérèrent sur le point de savoir à quel nombre ils fixeraient *les libertés* à réclamer pour eux. Jean François en voulait trois cents, Biassou fut du même avis, non compris les membres de *sa propre famille*. Toussaint Louverture fut celui qui, suivant Gros, le décida à réduire ce nombre à cinquante, qui fut accepté aussi par Jean François.

Ainsi Toussaint Louverture aurait été moins prodigue d'*affranchissemens* que les autres.

Au bout des dix jours, Raynal et Duplessis retournèrent au Cap. Ils reçurent du président de l'assemblée coloniale la réponse suivante, dans la séance du 16 décembre :

« Emissaires des nègres en révolte, vous allez enten-
» dre les intentions de l'assemblée coloniale. L'assem-
» blée, fondée *sur la loi et par la loi*, ne peut correspon-
» dre avec des gens armés *contre la loi, contre toutes les*
» *lois*. L'assemblée pourrait *faire grâce à des coupables*
» *repentans et rentrés dans leurs devoirs*. Elle ne deman-
» derait pas mieux que d'être à même de reconnaître
» ceux qui ont été entraînés contre leur volonté. Elle
» sait toujours mesurer *ses bontés et sa justice*; retirez-
» vous. »

A leur retour, et sur le rapport qu'ils firent de cette insolente réponse, Biassou se mit en fureur; et sans l'influente intervention de Toussaint Louverture, il eût fait fusiller les blancs prisonniers du camp des insurgés. Gros dit cependant que Toussaint conseilla à Biassou de les faire mettre aux fers, pour être ensuite jugés par un

conseil de guerre. Probablement, Toussaint voulait gagner du temps, afin que Jean François, aussi doux que Biassou était emporté, pût intervenir. « Dans une circon-
» stance aussi malheureuse, ajoute Gros, *notre espoir ne*
» *gisait que sur les citoyens de couleur qui nous avaient pris*
» *en affection* : précisément Candy était à la Grande-
» Rivière avec une partie de ses gens..... » Auparavant, il déclare avoir eu de grandes obligations à ce chef de couleur, ainsi qu'au mulâtre Doré. Candy, néanmoins, s'est montré plus d'une fois cruel dans cette guerre, étant sous les ordres de Jeannot ; mais peut-être était-il dominé alors par la crainte de périr de la main de ce monstre, ou n'exécutait-il que ses instructions, tandis que, dans la circonstance dont parle Gros, Jeannot avait été déjà fusillé. — Pamphile de Lacroix semble être de cette opinion.

Raynal et Duplessis avaient apporté une lettre des commissaires civils qui invitaient les chefs noirs à une entrevue sur l'habitation Saint-Michel, à la Petite-Anse, tout près du Cap.

Au jour désigné, Jean François seul s'y rendit. Biassou, méfiant et soupçonneux, mécontent de l'assemblée coloniale, ne voulut point s'y trouver, quoiqu'il accompagnât Jean François non loin du lieu de la conférence.

La jalousie de l'assemblée coloniale contre les commissaires civils éclatait déjà à tel point, qu'ils se virent obligés de la prier d'envoyer avec eux des commissaires pour être témoins de leur entretien avec les chefs noirs. D'autres colons s'y joignirent, et parmi eux, le nommé Bullet, ancien maître de Jeannot. Oubliant que c'était Jean François qui avait purgé la colonie de cet homme si féroce, Bullet fut assez hardi pour frapper le *généralissime* de son fouet! Il ne craignit pas d'exciter la vengeance dans le cœur de celui qui pouvait le frapper de mort à l'instant même, ou faire retomber sur la tête des prisonniers blancs, objet de la sollicitude des commissaires civils, le poids de sa colère.

Jean François, indigné, se retirait déjà de la conférence, lorsque le commissaire Saint-Léger s'avança, seul et sans armes, auprès de lui et de sa troupe. Cet acte de confiance, et les paroles obligeantes que Saint-Léger lui adressa, le fit revenir auprès des commissaires civils ; et alors, dans l'effusion de son excessif respect pour les représentans de la France et de son roi, ce chef s'abaissa jusqu'à s'agenouiller devant eux, en renouvelant de vive voix les demandes formulées dans les adresses précitées. Les commissaires l'exhortèrent à donner des gages de sa bonne foi, en renvoyant les prisonniers blancs. Jean François y consentit, et en échange il demanda *une grâce particulière :* ce fut qu'on lui rendît *sa femme* qui avait été condamnée *à mort* par la commission prévôtale du Cap, et qu'on n'avait pas exécutée, dans la crainte de l'exaspérer. Les commissaires civils promirent, mais cette grâce dépendait de l'assemblée coloniale [1].

Dès le lendemain de cette entrevue, Jean François renvoya les prisonniers blancs au Cap, mais sa femme noire ne lui fut pas rendue!... Les prisonniers étaient accompagnés par une escorte de cent cinquante dragons, presque tous mulâtres ou nègres libres : Toussaint Louverture était de cette escorte. Ceux qui la composaient durent faire preuve d'énergie pour garantir les prison-

---

[1] Dans son Rapport du 26 mai 1792, à l'assemblée nationale, Mirbeck n'en dit pas un mot, de même qu'il n'a point parlé de l'action impertinente de Bullet; mais ces faits sont constatés dans Garran.

niers des insultes de quelques noirs qui désapprouvaient les arrangemens pris par le généralissime. Biassou lui-même partageait leur avis, et Gros dit encore que Toussaint Louverture en éprouvait des regrets, en attribuant cette fâcheuse disposition à la visite nocturne *d'un officier portant épaulettes d'argent, de haute taille, noireau, sec et joues enfoncées.* Cet officier était, suivant Garran, le major du régiment du Cap, nommé Poitou, qui dissuada les nègres de se prêter à un arrangement. C'était un contre-révolutionnaire.

Après ce fait inqualifiable, après le témoignage rendu par Gros des bons sentimens de Jean François et de Toussaint Louverture, écoutons ce que dit ce narrateur :

« Nous fûmes, pour cette fois, convaincus d'une grande
» vérité : *que le nègre ne rentrera jamais dans le devoir que*
» *par la contrainte et sa destruction partielle.* »

Voilà bien le colon encroûté de préjugés et de haine ! C'est à l'humanité des chefs noirs qu'il doit sa délivrance, tandis que les chefs blancs ne rendent aucun de leurs prisonniers, pas même la femme de Jean François ; et Gros ne pense qu'à la destruction partielle des noirs pour les faire rentrer dans le devoir, c'est-à-dire dans l'ignominie de l'esclavage !

Le mécontentement de Biassou et des autres noirs, chefs ou subalternes, n'était-il pas le résultat de la hauteur de l'assemblée coloniale, de l'insolence de Bullet, des conseils perfides de Poitou ?

Et puis, les blancs colons de Saint-Domingue se sont plaints de la haine des noirs, des vengeances qu'ils ont exercées ! Ces hommes qui ont tant abusé de leur pouvoir et de leurs priviléges, qui firent tant de mal, ont encore écrit, publié des livres à profusion, dans le but d'égarer l'opinion, de lui donner le change sur leurs propres forfaits, en imputant des horreurs aux noirs.

Mais, quelles qu'aient été ces horreurs, les colons ne sont-ils pas encore heureux que les hommes de la race noire n'aient pas eu à leur tête, à cette époque, des chefs comme la France en eut depuis en 1793? On peut juger de ce que nous disons ici par le propos atroce que Billaud-Varennes adressa à Pétion, de qui il reçut des secours et l'hospitalité qu'il ne pouvait trouver nulle part, des blancs comme lui. Chassé, après la restauration des Bourbons en France, de Cayenne où il avait été déporté, poursuivi au Mexique et aux Etats-Unis, à cause de ses antécédens, trouvant enfin un asile sur le territoire de l'ancien Saint-Domingue, il dit à Pétion : « La plus grande
» faute que vous ayez commise dans le cours de la révo-
» lution de ce pays, *c'est de n'avoir pas sacrifié tous les*
» *colons jusqu'au dernier.* En France, nous avons fait la
» même faute, *en ne faisant pas périr jusqu'au dernier des*
» *Bourbons* [1]. »

Non! ainsi que Pétion, n'approuvons pas ces paroles sanguinaires de l'ancien membre du comité de salut public. Plaignons-nous des injustices, des excès, des crimes des colons; signalons-les à la postérité, afin qu'elle compare leur conduite à celle de leurs victimes privées de lumières, opprimées depuis des siècles sous un joug de fer, et cependant donnant à ces oppresseurs l'exemple de sentimens plus conformes aux principes du droit des gens, à la nature de l'homme. Laissons à ce

---

[1] Billaud-Varennes est mort au Port-au-Prince, en 1819. Il recevait une pension du gouvernement de la république d'Haïti, qui ne voyait en lui qu'un homme à qui il fallait un asile. Il était dans le dénûment. Billaud-Varennes ignorait que le chef de ce gouvernement avait sauvé plusieurs colons en 1804.

juge impartial le soin de prononcer avec équité dans le procès que nous présentons à son jugement.

Les prisonniers blancs rendus au Cap se présentèrent, le 24 décembre, à la barre de l'assemblée coloniale, avec quelques-uns des chefs de l'escorte qui les conduisit. Le président dit à ces derniers :

« Continuez à donner des preuves de votre repentir,
» et dites à ceux qui vous envoient, de les adresser à
» MM. les commissaires civils : ce n'est que par leur in-
» tercession que l'assemblée peut *s'expliquer sur votre*
» *sort.* »

Au retour de l'escorte dans le camp des insurgés, Toussaint Louverture, dont la perspicacité avait découvert facilement l'insuffisance des pouvoirs des commissaires civils, en fit la déclaration à Jean François et à Biassou. Ce dernier devait se rendre à son tour à une nouvelle entrevue avec ces commissaires; il résolut dès lors de s'en abstenir, et il fit bien.

Dans le même temps, M. de Touzard, lieutenant-colonel au régiment du Cap, et les blancs de la Marmelade, attaquaient les noirs. C'était par eux que ces insurgés avaient fait passer leurs premières adresses à l'assemblée coloniale. Les blancs voulaient donc la continuation de la guerre !

Cependant, les commissaires civils, malgré l'orgueil et la jalousie que leur montrait l'assemblée coloniale, voulurent proclamer une amnistie générale pour obtenir la soumission des esclaves; mais l'assemblée s'y opposa. Quelque temps après, le ministre de la marine, éclairé par les avis de la commission civile, en envoya une au nom du roi; et cette fois, l'assemblée coloniale, n'osant pas paraître s'y refuser, mit de telles restrictions à cet acte du souverain de la France, qu'il devint inefficace. Elle l'accompagna d'un arrêté par lequel elle déclara « que c'était *elle qui pardonnait*, au nom de leurs maîtres, » aux esclaves révoltés; que leurs chefs seraient tenus, » pour obtenir leur pardon, de remettre à l'assemblée » coloniale tous les papiers qu'ils avaient en leur pos- » session, et de lui donner tous les renseignemens pro- » pres à éclaircir les causes de la révolte actuelle. »

Convenons que si cette assemblée se montrait arrogante, intraitable, elle était du moins conséquente. Le décret du 24 septembre, prétendu *constitutionnel*, ne lui avait-il pas délégué l'initiative des mesures qu'elle voudrait prendre à l'égard des esclaves, sous la seule sanction du roi? Le roi avait donc empiété sur ses attributions, il avait violé son droit!

La logique entraînait les colons. Il était écrit dans le livre du Destin qu'ils devaient perdre Saint-Domingue, et ils le perdirent.

Presqu'en même temps que les négociations pour la paix s'ouvraient de la part des noirs, les hommes de couleur de l'Ouest, apprenant l'arrivée des commissaires civils auxquels ils portaient le même respect, en leur qualité de délégués de l'assemblée nationale et du roi, leur envoyèrent des députations pour leur soumettre les concordats qu'ils avaient passés avec les blancs et en obtenir leur approbation. Mais ces commissaires n'avaient pas le pouvoir qu'ils leur supposaient : le décret du 24 septembre laissait encore toute latitude à cet égard, à l'assemblée coloniale. Les commissaires civils improuvèrent les concordats passés tant dans l'Ouest que dans le Sud : ils ne pouvaient agir autrement. Et l'assemblée coloniale, pour mieux prouver aux hommes de couleur de toute la colonie que leur sort dépendait d'elle seule, fit arrêter ces députations qui furent ou emprisonnées ou mises à bord des navires de guerre qui étaient sur la rade du Cap.

C'est à peu près à cette époque qu'arrivèrent dans la colonie plusieurs anciens membres de l'assemblée de Saint-Marc dont les intrigues incessantes, à Paris, avaient obtenu de l'assemblée constituante le décret du 24 septembre. On conçoit combien ils durent exciter encore les membres de l'assemblée coloniale.

Tant de causes devaient concourir à rallumer la guerre, qu'elle se fit de nouveau avec plus de violence que jamais. Elle continua dans le Nord, dans l'Ouest, dans le Sud, et Saint-Domingue parut devoir s'abîmer sous le poids des crimes qui souillèrent de toutes parts ce malheureux pays.

CHAPITRE X.

Conduite des hommes de couleur de l'Ouest, après leur expulsion du Port-au-Prince. — Conduite de ceux du Sud. — Événemens dans les deux provinces. — Saint-Léger se transporte dans l'Ouest. — La commission civile se décide à retourner en France. — Départ de Mirbeck et de Saint-Léger. — Roume prend la résolution de rester à Saint-Domingue. — Ses motifs.

Après leur expulsion du Port-au-Prince, les hommes de couleur se réfugièrent à la Croix-des-Bouquets, où ils continuèrent la confédération qu'ils avaient formée avec les blancs de cette paroisse et des autres paroisses de la province de l'Ouest. Nous avons vu que Hanus de Jumécourt et Coustard n'étaient pas moins exposés qu'eux à la haine des factieux du Port-au-Prince. Ces contre-révolutionnaires, qui visaient toujours au rétablissement de l'ancien régime de la colonie, à moins de changer d'opinion, étaient forcés de les accueillir et de maintenir les principes de la confédération.

On a beaucoup accusé les contre-révolutionnaires, par rapport à leur projet de refouler à Saint-Domingue la révolution française; mais il nous semble que jusqu'alors ils avaient un certain mérite, comme citoyens français, en ce sens qu'ils voulaient néanmoins le maintien de l'autorité de la métropole dans la colonie, tandis que les colons de la faction de l'assemblée de Saint-Marc n'avaient paru accepter la révolution que pour parvenir à l'indépendance : projet auquel ils furent constamment fidèles, soit qu'ils espérassent se maintenir eux-mêmes dans cet état, ou qu'ils reconnussent la nécessité de soumettre la colonie au protectorat de la Grande-Bretagne ou de la lui livrer à discrétion, pourvu que cette puissance conservât la forme ancienne de l'esclavage des noirs et de l'abaissement des hommes de couleur.

Ainsi, si d'un côté, les contre-révolutionnaires espéraient maintenir la race noire dans l'avilissement, de l'autre, la faction léopardine s'accordait aussi avec eux dans le même but final. Les uns et les autres avaient donc une égale horreur pour *les principes* de la révolution française, dont les conséquences étaient naturellement la réhabilitation de cette race.

Quant aux hommes de couleur, la liberté civile dont ils jouissaient devait nécessairement les amener à la jouissance de la liberté politique et de l'égalité avec les blancs, par l'influence même des principes de la révolution. C'est ce qui explique leur profond attachement à la France, mais à la France *révolutionnaire*. Le but qu'ils se proposaient d'atteindre leur commandait de se rattacher à celui des deux partis, parmi les blancs, qui voulait la conservation de St-Domingue à sa métropole, parce qu'ils étaient assez éclairés pour reconnaître que la contre-révolution était impossible, soit en France, soit dans la colonie. Ils sentaient que ce parti, avec lequel ils se liguèrent, n'avait point d'avenir, et que tôt ou tard il serait forcé de leur faire toutes les concessions qu'ils désiraient obtenir. Voilà les motifs de leur confédération avec les blancs des paroisses qui s'empressèrent d'accepter les concordats. Ils voulurent bien leur laisser l'illusion où ils étaient, depuis les manœuvres de Peinier et de Mauduit, jusqu'à la conduite tortueuse de Blanchelande et des autres agens du gouvernement. La déclaration de Bauvais à Roume prouve ce que nous avançons ici : — *enrégimenter le diable, s'il se présente.*

Un autre motif avait guidé les chefs des hommes de couleur. Il était essentiel au succès de leur cause que les blancs restassent divisés entre eux. S'ils avaient refusé l'alliance des contre-révolutionnaires, qui étaient presque tous propriétaires d'esclaves, ces contre-révolutionnaires se seraient vus forcés, probablement, d'abjurer leurs principes, de renoncer à leur projet, pour se liguer avec les autres colons, ainsi qu'ils firent plus tard. Alors, les hommes de couleur auraient eu à combattre toute la race blanche à Saint-Domingue. Or, comme la métropole avait tout naturellement ses sympathies pour cette race, il aurait fallu combattre également les forces qu'elle n'eût pas manqué d'y envoyer à son aide. La conduite de Pinchinat, de Bauvais, de Rigaud, fut donc habile. Sachons en tenir compte à ces premiers révolutionnaires, qui furent d'abord mis en suspicion par les commissaires civils envoyés en 1791, à cause de leurs principes apparens, mais qui leur dessillèrent les yeux.

Qu'on ne croie pas, néanmoins, que ces hommes de couleur étaient guidés par un sentiment d'égoïsme pour leur classe, et qu'ils étaient insensibles ou indifférens au sort des esclaves noirs. En poursuivant l'œuvre qui devait leur faire acquérir la jouissance de leurs droits politiques, ils n'étaient pas moins disposés à travailler à l'amélioration de la condition de ces infortunés auxquels ils tenaient par des liens sacrés. Si nous avons eu à leur reprocher leur faiblesse au sujet des *suisses*, nous démontrerons bientôt qu'ils surent réparer ce tort dans l'Ouest même; que Rigaud, dans le Sud, assura la liberté à de nombreux esclaves, avant l'arrivée des nouveaux commissaires civils. Ils eurent ainsi l'honneur d'avoir précédé la déclaration de la liberté générale. Nous citerons un aveu de Sonthonax lui-même à cet égard, quelques mois après son arrivée au Cap.

Et remarquons encore que la conduite des noirs insurgés du Nord fut entièrement conforme à celle tenue dans l'Ouest par les hommes de couleur. Nous avons cité assez de documens et de faits qui prouvent l'alliance des noirs avec les agens contre-révolutionnaires, et la même conformité de vues de la part des hommes de couleur qui servaient dans leurs rangs comme auxiliaires. C'est qu'en effet, pour les uns comme pour les autres, il n'y avait pas d'autre marche à suivre, dans ces premiers momens de la révolution de Saint-Domingue.

La duplicité des factieux du Port-au-Prince était telle, que, dès le 24 novembre, la municipalité de cette ville, dont la conduite avait été si odieuse dans l'affaire du 21, adressa une lettre aux confédérés de la Croix-des-Bouquets où elle leur disait que le traité de paix du 23 octobre ne pouvait être considéré comme détruit, et qu'elle les engageait à rentrer au Port-au-Prince. Elle leur disait en outre (ce qui était faux) qu'elle avait rappelé les députés de la paroisse à l'assemblée provinciale de l'Ouest et à l'assemblée coloniale; et elle invitait les hommes de couleur à se réunir à elle pour former une nouvelle municipalité. Le fait est, qu'elle voulait donner le temps aux blancs de la ville d'achever ses fortifications, et qu'elle redoutait l'insurrection des esclaves de la part des hommes de couleur.

Ceux-ci, voulant prouver leur modération, commandée du reste par la position de leurs familles qui avaient été emprisonnées, posèrent pour condition préalable qu'elles leur fussent remises. Cette condition acceptée, ces familles furent en effet envoyées sous escorte à la Croix-des-Bouquets.

Mais, reconnaissant aussitôt que le choix qu'ils avaient fait de Caradeux la Caye, frère du *Cruel*, était peu propre à inspirer de la confiance aux hommes de couleur, les blancs lui substituèrent M. de Grimouard, commandant du vaisseau le *Borée*, qui se rendit à la Croix-des-Bouquets. La condescendance de cet officier honorable, homme de bien, à se prêter à ce rôle de médiateur, fut cependant cause de sa mort, provoquée par les colons au tribunal révolutionnaire de Rochefort. Ils ne lui pardonnèrent point la modération dont il fit preuve dans sa mission [1].

En recevant ses communications, les hommes de couleur posèrent leurs conditions pour le rétablissement de la paix et de leur rentrée au Port-au-Prince. Elles consistaient principalement dans les points suivans : 1° l'embarquement des troupes et des canonniers de Praloto, et des chefs de brigands et autres incendiaires

---

[1] Rapport de Garran, tome 2, page 430. — C'est une remarque à faire que, dans beaucoup de circonstances, des officiers supérieurs de la marine française se sont conduits honorablement dans leur position ou dans les missions dont ils ont été chargés, soit dans le cours de la révolution, soit depuis l'indépendance d'Haïti. Les faits successifs le prouveront.

du Port-au-Prince ; la restitution de leurs armes et munitions à l'arsenal, et la remise de Praloto et de Binse, son lieutenant, aux mains de la justice ; 2° la remise du fort Saint-Joseph et de celui de Belair aux hommes de couleur ; 3° la formation d'une nouvelle garde nationale et d'une municipalité provisoire ; 4° l'annulation des actes de l'ancienne municipalité et de l'assemblée de l'Ouest, comme portant atteinte aux droits des citoyens de couleur, etc.

Les blancs ne souscrivirent point à ces conditions ; et après de vaines tentatives de la part de M. de Grimouard pour concilier les prétentions respectives, les négociations cessèrent. Elles furent entièrement rompues par la notification que firent les blancs du Port-au-Prince aux hommes de couleur, de l'arrivée des commissaires civils au Cap et de la publication du décret du 24 septembre, d'après lequel les concordats étaient virtuellement annulés, et le sort des hommes de couleur et des esclaves remis à la décision de l'assemblée coloniale.

Pendant ces infructueuses négociations, les chefs des hommes de couleur n'étaient pas restés inactifs. Ils avaient écrit à leurs frères de toutes les paroisses de l'Ouest, de venir à leur secours pour contraindre, par la force des armes, les blancs du Port-au-Prince à reconnaître leurs droits déjà sanctionnés par les concordats. Ceux du quartier populeux du Mirebalais, de l'Artibonite et de Saint-Marc, de l'Arcahaie et de Jacmel, accoururent à leur appel. André Rigaud, qui était parti pour se rendre aux Cayes, le jour précédant l'affaire du 21 novembre, apprit, avant d'y arriver, la violation du traité de Damiens : « Je fus instruit dans ma route,

» dit-il, de la violation du traité par les colons blancs du
» Port-au-Prince, de leur trahison atroce, et des moyens
» qu'ils avaient employés pour anéantir les hommes de
» couleur. *J'écrivis* de suite à mes frères du Sud, je les
» instruisis de ce malheureux événement qui annonçait
» évidemment le projet de nous exterminer ; je les en-
» gageai *à se méfier* des colons des Cayes, dont les in-
» tentions étaient aussi perverses que celles des scélérats
» du Port-au-Prince ; je les invitai à se mettre en me-
» sure, pour repousser *par la force* une agression injuste;
» et je revins me réunir à ceux de mes frères qui se
» préparaient à une nouvelle défense[1]. »

Mais déjà, le même jour du 21 novembre, l'assemblée provinciale du Sud et la municipalité des Cayes faisaient naître une rixe entre un blanc et un mulâtre, pour arriver au même résultat qu'au Port-au-Prince. La sortie des hommes de couleur des Cayes fut donc occasionnée par cette rixe particulière : ils allèrent se camper sur diverses habitations. Les blancs de cette partie s'empressèrent d'armer le *dixième* de leurs esclaves, pour détruire les hommes de couleur. Dans le même temps, ceux des quartiers de la Grande-Anse et de Tiburon opéraient la même organisation contre les mulâtres de ces quartiers. Mais, dit Rigaud, « *les noirs* que
» les colons avaient armés pour combattre à leurs côtés,
» clairvoyans sur leurs vrais intérêts, *convaincus que*
» *leur cause était liée à celle de leurs parens, se réunirent*
» *à eux*, et conçurent, à leur exemple, le projet de
» conquérir leur liberté[2]. » Ce qu'il dit ici des noirs ne doit s'entendre que de ceux des Cayes et des parois-

---

[1] Mémoire de Rigaud déjà cité, page 11.
[2] *Ibid.*, page 12.

ses voisines, et non de ceux de la Grande-Anse et de Tiburon.

Tandis qu'André Rigaud avançait vers l'Ouest, avec une armée d'environ mille hommes, composée de citoyens libres de toutes couleurs, pour aider les confédérés de la Croix-des-Bouquets, sa lettre aux hommes de couleur des Cayes (qu'on a mal à propos attribuée à son frère Augustin Rigaud) produisait son effet. Cette lettre fut datée d'Aquin où il était en ce moment. Nous la donnons ici en son entier, afin que le lecteur juge sous quelle impression était André Rigaud en ce moment; car, pour être impartial, il faut connaître toutes les circonstances qui accompagnèrent cette provocation de sa part.

Aquin, le 24 novembre 1791.

Mes chers frères et bons amis,

Je suis parti du Port-au-Prince, dimanche (le 20); j'avais tout laissé en paix. Je faisais diligence pour vous joindre et vous embrasser tous. Étant à Saint-Michel, je reçus un exprès du Petit-Goave qui m'annonce que nos frères du Port-au-Prince ont été assassinés par leur trop grande confiance. Je l'avais bien prédit, je vous l'avais bien marqué, bien assuré. *Bauvais tué, Faubert égorgé sur son lit, et beaucoup d'autres de nos frères sacrifiés.* On me demande surtout ma promesse de vouloir bien les secourir à la première réquisition; et je ne suis arrivé à Aquin que pour prévenir nos frères de la surprise, et vous prévenir aussi aux Fonds et aux Anses. Ma douleur est bien grande, de ne pouvoir arriver : *le sang de mes camarades veut être vengé, je veux mourir en portant le souvenir qu'il est vengé.*

Je viens d'apprendre que nos frères de Léogane et du Petit-Goave ont désarmé tous les blancs, et se préparent à marcher contre le Port-au-Prince.

La paroisse d'Aquin vient d'accepter le traité de paix; mais *il n'y a aucune sûreté* avec des hommes aussi pervers. Le coup est *sûrement* concerté aux Cayes, et partout. Prenez garde à vous ; quittez la ville ;

campez-vous aux moindres mouvemens. *Tuez, saccagez, brûlez,* sinon il n'y a plus de salut pour vous. Il ne faut pas que nos ennemis profitent de leur perfidie. Point d'arrangemens surtout, qu'après les instructions (qu'on attendait, dit Garran, de la Croix-des-Bouquets). Je vole *à la vengeance.* Si ma destination n'est point de mourir dans cette expédition, je reviendrai aussitôt vous joindre. Campez-vous, et nous vaincrons les brigands qui veulent égorger notre parti, et le réduire à l'esclavage. *Vengeance! vengeance!* je vous embrasse tous : *mon dernier mot est de me venger de ces barbares.*

A. RIGAUD.

P. S. Au moment où ma lettre allait partir, je reçois un courrier de la Croix-des-Bouquets. J'apprends que nos frères ont eu le dessus cette fois. Nous allons si bien faire, que nous serons désormais à l'abri de toute surprise. Envoyez-nous le plus de monde que vous pourrez, commandé par de bons officiers. Vous prendrez partout des chevaux sur la route. Volez au secours *de vos frères égorgés.* Nous allons terminer. Vive la liberté! Vive l'égalité! *Vive l'amour!*

P. P. S. Prêtons-nous secours, tous à tous. Acceptons-en partout.

On voit que Rigaud croyait Bauvais, Faubert et d'autres, assassinés par les blancs. Cependant, son premier *post-scriptum* annonce qu'il avait dû apprendre le contraire. Il n'y eut pas moins des victimes dans la classe de couleur, et nous avons déjà parlé des femmes qui furent égorgées au Port-au-Prince. Cela explique les expressions virulentes de cette lettre. Le cri de *Vive l'amour!* a attiré l'attention de Garran, et de Pamphile de Lacroix après lui ; ils l'ont considéré comme la preuve d'une démoralisation, d'un délire d'esprit de la part de son auteur. Mais Rigaud n'aura-t-il pas voulu entendre parler de *l'amour fraternel ?* Car toute sa lettre ne roule que sur la nécessité de porter secours à ses frères.

Tuez, saccagez, brûlez, sont des termes affreux assurément : ils expriment les idées de vengeance qui animaient André Rigaud, dont la colère était souvent portée à la violence. Mais, Raynal n'avait-il pas prédit la vengeance et le carnage qui signaleraient l'entreprise des opprimés, pour secouer le joug ignominieux que les Européens appesantissaient sur eux? Mais Sonthonax, le fougueux Sonthonax, n'ordonna-t-il pas un jour à Laveaux, de *brûler*, par conséquent de *saccager*, tous les lieux que cet officier général serait forcé d'abandonner aux Anglais et aux traîtres qui leur livraient la colonie? Il n'ordonna pas, certainement, de *tuer*; disons mieux, il ne tarda pas, à son honneur, de rétracter ces ordres barbares, avant même d'avoir reçu de Polvérel la lettre de reproches que ce dernier lui adressa à cette occasion. Toutefois, Sonthonax a fourni la preuve qu'il arrive un moment où le sentiment de la vengeance entraîne les esprits les plus fermes [1].

Et les chefs des hommes de couleur de l'Ouest, Pinchinat, Bauvais et les autres, ne lancèrent-ils pas aussi, à peu près dans le même temps qu'André Rigaud écrivait sa lettre, l'appel suivant qui respire la vengeance la plus cruelle?

Amis, la patrie est en danger; de tous côtés nos frères armés marchent à la défense de leurs droits méprisés, et à la *vengeance* de la foi des traités violés. Il n'y a pas un instant à perdre : quiconque diffère ou balance à marcher dans ce moment, est, à trop juste titre, suspect, coupable du crime de lèse-nation, déclaré traître à la patrie, indigne de vivre, ses biens confisqués, et son nom voué à l'exécration contemporaine et future.

Volons, chers amis, vers le siége du Port-au-Prince; *plongeons nos*

---

[1] « La rupture du concordat du 23 octobre a été le signal d'une nouvelle
» guerre civile *dans l'Ouest et dans le Sud* de Saint-Domingue. *Le sang des*
» *femmes et des enfans* des hommes de couleur *égorgés*, criait *vengeance*; ils
» écoutèrent la voix de cette passion impérieuse; ils reprirent les armes.... »
— (Paroles de Sonthonax aux Débats, tome 3, page 171.)

bras ensanglantés, vengeurs du parjure et de la perfidie, dans le sein de ces monstres d'Europe. Assez et trop longtemps nous avons servi de jouet à leurs passions et à leurs manœuvres insidieuses ; assez et trop longtemps nous gémissons sous un joug de fer.

Détruisons nos tyrans, ensevelissons avec eux jusqu'aux moindres vestiges de notre ignominie : arrachons, jusqu'à ses racines les plus profondes, *cet arbre du préjugé*. Engagez les uns, intimidez les autres ; promettez, menacez, entraînez dans votre marche les citoyens blancs et vertueux ; mais surtout, chers amis, union, courage et célérité : amenez-nous bagages, canons, munitions de guerre et de bouche, et venez de suite vous rallier sous l'étendard commun ; c'est là que nous devons tous périr ou *venger Dieu*, la nature, la loi et l'humanité, si longtemps outragés dans ces climats d'horreur.

Juste Chanlatte, rédacteur de cette adresse, était alors dans toute la vigueur de la jeunesse. D'un caractère violent, il révélait déjà dans cette pièce le futur secrétaire général de J.-J. Dessalines, auteur de la proclamation du 28 avril 1804 où se retrouvent plusieurs des pensées exprimées en 1791 [1].

L'armée des hommes de couleur forma le siége du Port-au-Prince, Bauvais du côté de la plaine au Nord, et des mornes de la Charbonnière à l'Est, Rigaud du côté du Sud, campé à Bizoton et à Martissans où il établit des pièces de canon qui inquiétaient les assiégés. Ils détournèrent les eaux qui alimentent les fontaines de cette ville, et empêchèrent toutes communications entre elle et le dehors.

Dans l'intérieur de la ville, Praloto et ses sicaires ne mirent plus de bornes à leur scélératesse. Assouvissant leur rage *sur les blancs* qu'ils soupçonnaient d'être des

---

[1] C'est à la même époque que J. Chanlatte nomma le Port-au-Prince, *Port-aux-Crimes*. Il lui appliqua de nouveau ce nom, en 1807, dans une diatribe qu'il publia contre les membres du sénat de la république. Il était alors un des secrétaires de H. Christophe.

partisans de la confédération de la Croix-des-Bouquets, ils en tuèrent plusieurs et forcèrent d'autres à fuir, soit dans cette paroisse, soit à l'étranger. Les meneurs qui les poussaient aux fureurs contre les hommes de couleur, ne pouvaient plus les contenir; de même qu'au Cap, l'assemblée coloniale ne pouvait souvent maîtriser tous les mauvais sujets que renfermait cette ville et qui lui avaient servi d'instrumens contre les mulâtres et les nègres. Là, comme au Port-au-Prince, les *petits blancs*, classe ignorante et dépravée par la haine et la jalousie, s'étaient accrus d'une foule de bandits arrivés dans la colonie et venant de plusieurs pays étrangers. La ville des Cayes renfermait aussi de ces misérables.

Dans le Sud, les hommes de couleur, suivant les inspirations des deux Rigaud, résistaient avec quelque avantage aux blancs acharnés contre eux. Après avoir été battus au camp Mercy où périt Narcisse Rollin, l'un des chefs du camp Prou, ils s'emparèrent de la ville de Saint-Louis et devinrent puissans dans les paroisses circonvoisines. On les accusa de vouloir le rétablissement de l'ancien régime, parce qu'ils abolirent les municipalités pour leur substituer des bureaux de police. Mais cette mesure devenait une nécessité impérieuse, puisque dans toute la colonie, les corps populaires, composés de colons, excitaient contre eux tous les malfaiteurs.

La preuve que ces corps populaires, dans le Sud comme dans l'Ouest, n'acquiesçaient qu'à regret, que par la force des circonstances, aux concordats signés entre eux et les hommes de couleur, se trouve dans Garran :

« Ces traités, dit-il, avaient été arrachés par la force,

et tout indique qu'en les signant, les blancs ne comptaient pas les exécuter. La municipalité de Cavaillon écrivit à l'assemblée coloniale, que ses commissaires n'avaient accepté le traité de paix *que pour avoir la tranquillité*, et conformément aux lois. L'assemblée du Sud fait le même aveu, à plusieurs reprises, dans une lettre à l'assemblée coloniale. *La ville des Cayes n'était pas plus sincèrement réconciliée avec les hommes de couleur.* On peut en juger par une lettre que le commandant du Sud, Mangin d'Ouence, écrivait à Blanchelande pour lui témoigner ses perplexités sur le traité fait avec la ville des Cayes. — « Si je le reconnais, disait-il, j'enfreins la loi,
» parce que la commune des Cayes, considérée isolé-
» ment, n'a pas le droit de déroger aux lois constitu-
» tionnelles de l'Etat. D'un autre côté, mon refus peut
» porter les hommes de couleur aux plus cruelles extré-
» mités; la torche brûle dans leurs mains..... Je crois
» qu'il serait bien à désirer pour cette province, livrée à
» ses propres moyens de défense, que MM. les commis-
» saires *gardassent le silence jusqu'à l'arrivée des troupes;*
» actuellement nous sommes assurés que les gens de
» couleur, qui ne veulent reconnaître ni les commis-
» saires venus de France, ni l'assemblée nationale, ni
» celle coloniale existante, se porteront aux dernières
» extrémités, *s'ils entrevoient que leurs traités ne soient pas*
» *exécutés.* »

« Les troubles qui ne cessaient d'agiter les paroisses voisines de l'Ouest, continue Garran, ne fournirent que trop de prétextes pour rompre une paix si mal assurée. *On peut induire de quelques aveux des blancs eux-mêmes, que les hommes de couleur ne furent pas les agresseurs;* mais tous les mémoires que nous avons sous les yeux attestent qu'ils se livrèrent à des cruautés et des perfidies qui font frémir... [1] »

D'après ces passages de Garran, il est démontré qu'il n'y avait pas bonne foi de la part des blancs du Sud, des Cayes particulièrement, quand ils souscrivirent aux concordats avec les hommes de couleur. Comme ceux du Port-au-Prince, ils les signèrent dans la pensée perfide d'inspirer de la confiance à leurs adversaires, afin de pouvoir mieux les accabler. Ils violèrent ces conventions; ils furent les premiers à les rompre. L'intérêt politique des hommes de couleur n'était-il pas de maintenir ces actes qu'ils avaient signés, dans le Sud comme dans l'Ouest? Ils ne pouvaient donc pas violer, les premiers, ces concordats.

Que les hommes de couleur du Sud se soient livrés à des actes cruels, atroces, après la rupture de la paix par les blancs, c'est un fait acquis à l'histoire. Mais la faute, le tort en sont imputables à ces derniers, de même que nous avons fait remarquer que, dans le Nord, les crimes commis par les noirs insurgés ne sont imputables qu'à la haine de l'assemblée coloniale, aux crimes commis par les blancs qui ne voulurent point sanctionner les propositions de paix que firent les insurgés. Il reste donc démontré que les cruautés commises dans le Sud par des hommes de couleur contre les femmes et les enfans blancs, ne furent que les représailles de celles commises là même et au Port-au-Prince par des blancs, sur les femmes et les

---

[1] Rapport, tome 2, pages 531 et 532. Voyez aussi le 3ᵉ volume des Débats, pages 92 et 93, où Sonthonax soutient *que les hommes de couleur, loin d'être les agresseurs, ont été constamment attaqués; bien loin d'avoir été perfides, traîtres, ont constamment été trahis par les blancs.*

enfans de cette classe; et l'adresse rédigée par Juste Chanlatte, signée de lui, de Pinchinat, de Bauvais, etc., ne les excitait que trop à ces actes : — *détruisons nos tyrans, plongeons nos bras ensanglantés, vengeurs du parjure et de la perfidie, dans le sein de ces monstres d'Europe*, telles furent les instructions dictées par les chefs de la classe de couleur. Ceux du Sud les prirent à la lettre, tandis que ces chefs, disons-le à leur honneur, agirent différemment qu'ils ne l'ordonnaient : ils surent mettre dans leurs actions, dans leur conduite, une louable modération qui ne se trouve pas certainement dans leur adresse.

Et Garran ne dit-il pas encore, à la page 533 du 2º volume de son rapport : — « Si ces *atrocités* paraissent
» peu conformes à ce que l'on a dit des hommes de
» couleur au commencement de cet ouvrage, on doit
» songer *que les funestes exemples des brigands du Port-
» au-Prince et du Trou-Coffi* n'avaient été que trop
» propres à les démoraliser... » Et à la page 536 : —
« De leur côté, les blancs (dans le Sud) traitaient les
» hommes de couleur *avec une grande barbarie* : ils ne
» faisaient aucune grâce aux prisonniers... Partout des
» commissions prévôtales (comme dans le Nord) ju-
» geaient ceux qui avaient été pris les armes à la
» main, et les condamnaient *aux supplices les plus cruels*,
» après les avoir appliqués à la *question* ordinaire et
» extraordinaire. Un des chefs des hommes de couleur,
» nommé Bleck, fut ainsi *brûlé vif*, quoique la procé-
» dure instruite contre lui, et son procès-verbal de
» *torture* en particulier, n'indiquent pas même qu'on
» lui eût reproché d'avoir commis *personnellement* des
» atrocités ou des incendies... [1] »

[1] Joseph Bleck, né à Saint-Louis du Sud, avait été élevé à Bordeaux, où

S'il est prouvé que ce sont les blancs qui rompirent *les premiers* les concordats, dans le Sud comme dans l'Ouest ; s'ils ont commis des actes de cruauté contre les hommes de couleur, est-il étonnant que ces derniers en aient commis de semblables ? Fallait-il donc qu'au *privilége de la peau*, qui donnait à la race blanche à Saint-Domingue les droits politiques et la faculté de tout faire, de tout oser, elle joignît encore le *privilége du crime* contre la race noire ? Les représailles ne sont-elles pas dans le droit de la guerre [1] ? Les nations les plus civilisées n'en exercent-elles pas souvent ? Et quelle guerre que celle qui armait les blancs, d'une part, et les mulâtres et les nègres, de l'autre ? Quel en fut le principe, le but, quelles en furent les causes et les nécessités ? Si Augustin Rigaud a dit, a proclamé —
» *qu'il n'était plus temps de feindre ni de composer, qu'il*
» *fallait nécessairement qu'une des deux classes* (mieux
» dire qu'une des deux *races) fît place à l'autre ;* » — il n'a eu en cela que l'avantage, nous n'osons dire le mérite, d'avoir prévu ce qui arriverait en 1804. Toute cette longue histoire de la révolution de Saint-Domingue démontre malheureusement cette impérieuse nécessité, à chacune de ses pages, du moment (observons-le

---

son éducation fut soignée. Prisonnier dans l'attaque dirigée par les blancs contre le camp Mercy, le 8 février 1792, il fut d'abord *roué, goudronné et brûlé* encore vivant.

[1] « Je ne puis me refuser à une réflexion dont la justesse et l'évidence vont,
» j'espère, vous frapper. Qu'on entasse dans les deux bassins d'une balance,
» d'un côté, *les crimes* que l'on reproche *aux blancs*, de l'autre ceux *des hom-*
» *mes de couleur* ; qu'on suppose, si l'on veut, que les plus grandes horreurs
» ont été commises par les hommes de couleur, cela n'empêchera pas de pen-
» ser que ceux qui, *les premiers*, ont manifesté des prétentions injustes, ceux
» qui ont *les premiers* refusé d'accorder *une chose juste*, ont été *les premiers*
» *agresseurs*, les premiers provocateurs de la guerre civile, par conséquent
» *seuls responsables de toutes les représailles qui en ont pu être la suite.* » —
(Paroles de Polvérel aux Débats, tome 2, page 85.)

bien) que les blancs colons ne voulurent point céder sur leurs prétentions à maintenir perpétuellement les noirs dans l'esclavage, les mulâtres dans l'avilissement, malgré les droits que ceux-ci tenaient de la nature comme tous les autres hommes, du moment que la métropole elle-même consacrait ces prétentions par une législation aussi odieuse, dans le temps de sa régénération politique et sociale, que celle qui existait sous l'ancien régime.

Quoi qu'il en soit, les blancs du Port-au-Prince, et l'armée des confédérés de la Croix-des-Bouquets députèrent respectivement auprès des commissaires civils : — les blancs, pour signaler les hommes de couleur comme des forcenés qui ne méritaient aucune commisération ; — les hommes de couleur et les blancs contre-révolutionnaires unis à eux, pour demander l'approbation des concordats et solliciter surtout leur présence dans l'Ouest, afin d'y interposer leur autorité.

Ces commissaires, liés par le décret du 24 septembre qui attribuait des pouvoirs si exorbitans à l'assemblée coloniale, ne purent que se prononcer contre les concordats. Réduits à l'impuissance de faire le bien, ils s'efforcèrent, par des conseils et des exhortations, de ramener le calme dans les esprits, de désarmer les haines. Ils prêchaient dans le désert!

L'assemblée coloniale profita de cet aveu d'impuissance de leur part, pour déclarer, comme eux, *nuls, illégaux, inconstitutionnels et attentatoires à ses prérogatives*, tous les concordats passés entre les blancs et les hommes de couleur, dans toutes les paroisses où ces actes avaient été signés.

Après cette déclaration de l'assemblée coloniale, les commissaires civils renouvelèrent leurs exhortations aux confédérés de la Croix-des-Bouquets et de la paroisse du Fond-des-Nègres, dans le Sud ; mais leur lettre, du 8 janvier 1792, ne fut pas exempte de partialité pour les blancs : on y lit ces passages étranges :

« Des motifs estimables en eux-mêmes, mais altérés
» par des passions, vous ont conduits au comble *de*
» *l'égarement*. Vous désiriez rester Français ! L'êtes-vous
» depuis que vous combattez des Français *pour faire*
» *adopter vos pactes*, en empêchant l'exécution *d'une loi*
» *constitutionnelle ?* Vous vouliez obéir aux décrets !
» vous ne les reconnaissez plus. Vous prétendiez em-
» pêcher des malheurs dans les provinces de l'Ouest
» et du Sud ! Quels malheurs pourraient donc être
» plus affreux que les incendies et les assassinats, *oc-*
» *casionnés par votre confédération ?* N'avez-vous pas *à*
» *vous reprocher les crimes* qui se commettent non-seu-
» lement *par des scélérats de votre parti, mais encore par*
» *ceux du parti contraire que provoque votre coalition ?*
» Vous aviez l'intention *d'accorder des droits* aux hom-
» mes de couleur, qui pouvaient et qui devaient parti-
» ciper aux avantages de la révolution ! Ne les exposez-
» vous pas même *à perdre l'état dont ils jouissaient sous*
» *l'ancien régime ?* La France entière les protégeait et ne
» voyait en eux *que les victimes d'un préjugé* ; elle ne
» les verra plus *que comme des ingrats dont l'audace doit*
» *armer son bras vengeur.* »

Après cette lettre, Augustin Rigaud n'avait-il pas raison de répondre à la municipalité de Torbeck : « *Nous savons qu'il y a trois blancs de plus dans la colonie.* »

Cependant, malgré les termes de la lettre des commissaires, empreinte d'une si criante injustice, les hommes de couleur de l'Ouest furent disposés plus que jamais à faire la paix avec le Port-au-Prince. Ils s'empressèrent de faire des propositions à ce sujet, aux blancs de cette ville qui repoussèrent, à coups de canon, Pinchinat et le blanc Chancerel qui y allaient pour les leur soumettre. Alors, ils écrivirent de nouveau aux commissaires civils et insistèrent sur la nécessité de leur présence dans l'Ouest : leur lettre du 26 janvier 1792 fut signée par Hanus de Jumécourt et Bauvais.

C'est à cette époque que Saint-Léger se rendit au Port-au-Prince, où il arriva le 29 janvier. Pendant son séjour en cette ville, s'il obtint quelque heureux résultat pour la paix, pour la cessation des hostilités, ce ne fut que du côté des confédérés qui s'empressèrent, à son invitation, de rétablir la circulation des eaux et des approvisionnemens du dehors. Les blancs de la ville continuèrent à se montrer injustes, récalcitrans à toute recommandation qu'il leur faisait en faveur du bien général.

Requis par les habitans de Léogane d'y venir pour les soustraire à l'oppression qu'exerçait dans cette paroisse le fourbe connu sous le nom de *Romaine la Prophétesse*, qui, à l'aide du fanatisme religieux, entraînait les ateliers d'esclaves dans toutes sortes de crimes, Saint-Léger ne put obtenir des blancs aucune force pour s'y transporter. Il fut obligé de s'adresser à Pinchinat et à Bauvais qui lui fournirent un détachement de cent hommes de couleur, commandé par Baptiste Boyer, le porte-étendard du camp de Diègue. Avec ce détachement et les secours qu'il reçut des hommes de couleur du Petit-Goave et du Grand-Goave, il parvint, non sans quelque difficulté, à traquer

Romaine et ses bandes, et à délivrer Léogane des ravages de cet imposteur.

Pendant que Saint-Léger était à Léogane, s'efforçant d'inspirer la modération aux blancs et aux hommes de couleur, les corps populaires du Port-au-Prince firent opérer une sortie contre la Croix-des-Bouquets. Leur armée se composait des troupes de ligne, des gardes nationales soldées par la commune, des canonniers de Praloto, et des nègres esclaves déjà armés sous la conduite de Cayeman. Un colon, nommé Breton La Villandry secondait Praloto. Cette armée se divisa en deux corps dont l'un passa par le chemin de la Coupe, et l'autre par la grande route du Cul-de-Sac. Le premier reçut une forte résistance de la part des hommes de couleur campés à la Charbonnière : néanmoins, ces derniers furent enfoncés. La colonne qui marcha directement sur la Croix-des-Bouquets éprouva une résistance moindre et s'empara de ce bourg. Ces succès ne furent obtenus par les blancs, que parce que l'armée de couleur s'était presque dissoute, par la désapprobation donnée aux concordats par les commissaires civils, notamment depuis l'arrivée de Saint-Léger au Port-au-Prince.

Les habitans du Cul-de-Sac, les vieillards, les femmes et les enfans avaient dû fuir cette plaine pour se porter dans les montagnes des Grands-Bois et au Mirebalais. En vain ces féroces vainqueurs leur signifièrent d'y revenir, sous peine d'être réputés traîtres à la patrie ; ils préférèrent de rester dans les asiles qu'ils s'étaient choisis.

Mais alors les hommes de couleur, fatigués des injustices de tous ces blancs, mirent en usage leur dernière ressource. Ils soulevèrent les esclaves, en leur donnant pour chef un jeune noir intelligent, nommé Hyacinthe, esclave du colon Ducoudray. Agissant sous l'influence des hommes modérés qui dirigeaient l'armée de couleur et de Hanus de Jumécourt, Hyacinthe ne permit aucun assassinat, aucun incendie. Cette levée de boucliers des esclaves se fit avec autant d'ordre que celle des hommes de couleur. Dans leurs rangs figuraient des chefs secondaires, tels que Garion Santo, Halaou, Bébé Coustard, trois noirs, et Bélisaire Bonnaire, mulâtre.

Les insurgés marchèrent sur la Croix-des-Bouquets d'où ils chassèrent l'armée du Port-au-Prince, après des prodiges de valeur et beaucoup de pertes. Les blancs perdirent aussi du monde et rentrèrent en désordre dans la ville.

Dès lors les hommes de couleur acquirent une prépondérance marquée dans l'Ouest. A l'instar de ce qu'ils avaient pratiqué dans la plaine du Cul-de-Sac, ils firent soulever les ateliers de l'Arcahaie et de l'Artibonite. Ils purent enfin recommencer le siége du Port-au-Prince. Ceux de l'Arcahaie avaient pour chefs Cameau, Juste Chanlatte, J.-B. Leroux et J.-B. Lapointe, tous hommes de couleur. Ce dernier était sans contredit le plus habile et le plus énergique. Nous le verrons reparaître plus tard.

Pendant son séjour à Léogane, Saint-Léger avait envoyé André Rigaud dans le Sud, porteur d'une proclamation où il invitait les blancs et les hommes de couleur de cette province à la paix, à la modération. Rigaud n'avait pas réussi dans cette mission; il revint alors dans l'Ouest et s'établit à Bizoton avec son corps d'armée. Ces faits se passaient en avril 1792.

Dans le même temps, la commission civile, fatiguée du

rôle passif et impuissant qu'elle remplissait à Saint-Domingue, et reconnaissant la perversité croissante des colons et leur désir de se rendre indépendans de la France, prit la résolution d'y retourner afin d'éclairer la métropole sur la situation de la colonie. Cette résolution fut arrêtée, le 27 mars, entre Roume et Mirbeck qui étaient restés au Cap. De son côté, Saint-Léger, venu à Saint-Marc, prenait la même résolution. Mirbeck quitta le Cap le 1er avril, Saint-Léger partit de Saint-Marc le 8 du même mois.

Roume devait s'embarquer le 4; mais à ce moment, il reçut de l'un des membres de l'assemblée coloniale un aveu qui le porta à différer son départ, pour déjouer le projet formé d'une contre-révolution à Saint-Domingue, semblable à celle qui venait de s'opérer à la Martinique. Ce projet, selon lui, devait amener une effroyable catastrophe; il resta pour la conjurer.

Il en reçut l'aveu de Dumas, membre du côté *Est* de l'assemblée coloniale, qui se rapprochait, par ses opinions, des agens du gouvernement, tous partisans de l'ancien régime, et conséquemment contre-révolutionnaires. Le côté *Ouest* était formé des anciens membres de l'assemblée générale de Saint-Marc qui avaient été réélus à la nouvelle assemblée coloniale, et d'autres membres qui avaient adhéré à leurs principes, lesquels étaient en faveur de l'indépendance de la colonie ou de sa soumission à la Grande-Bretagne.

Jusqu'à cette époque du 1er avril 1792, le côté *Ouest* avait dominé dans l'assemblée; mais cette assemblée, voyant partir les commissaires civils pour la France, fut effrayée des conséquences des rapports qu'ils ne manqueraient pas de faire contre elle et contre tous les colons

en général. Elle n'ignorait pas d'ailleurs que depuis l'admission de Brissot et des Girondins à l'assemblée nationale législative, ils pouvaient amener un changement dans la législation relative aux colonies. Elle était informée des discussions survenues dans le mois de décembre 1791, et du décret par lequel il était défendu d'employer les forces nationales contre les hommes de couleur. Toutes ces circonstances réunies contribuèrent à amener une sorte de fusion des opinions respectives des deux côtés de l'assemblée coloniale, pour pouvoir mieux résister aux actes qu'ils redoutaient de la part de l'assemblée nationale. C'est ce qui donna alors une grande influence à Dumas qui s'était fait en quelque sorte le chef du côté *Est*. Son aveu à Roume détermina celui-ci à rester dans la colonie pour pouvoir déjouer leurs intrigues combinées. Dans son rapport à la convention nationale, du 28 janvier 1793, il dit « qu'il craignait un
» engagement général dans la ville du Cap : engagement
» dont le succès, quoique douteux relativement au parti
» vainqueur, produirait nécessairement, soit *une contre-*
» *révolution*, soit la formation *d'une nouvelle Guinée*, ou
» peut-être ces deux états l'un après l'autre. »

CHAPITRE XI.

Influence des *Amis des noirs* dans l'assemblée nationale législative. — Décrets du 7 décembre 1791 et du 4 avril 1792. — Lettre du colon Cougnac Miou. — Décret du 22 juin. — Nomination de Polvérel, Sonthonax et Ailhaud, commissaires nationaux civils. — Instructions du roi. — Décrets des 17, 22 et 25 août, 8 novembre et 10 décembre 1792.

L'assemblée constituante, dont la grande majorité n'avait été que trop favorable aux prétentions injustes des colons, après avoir émis le décret du 24 septembre 1791, avait fait place à la nouvelle assemblée nationale connue sous le nom de *la législative.* Brissot et tout le parti de la Gironde en étaient membres. Ces révolutionnaires éclairés, qui montrèrent des sentimens si généreux à l'égard de leur pays, s'inspirèrent de l'esprit du fondateur de la société des *Amis des noirs* et des bonnes dispositions que la ville de Bordeaux avait toujours montrées en faveur des mulâtres et des nègres libres, pour leur admission à l'égalité des droits politiques avec les blancs. Ils apportèrent au triomphe de cette cause le concours de leurs talens, et trouvèrent une généreuse assistance, soutenue par des lumières incontestables, dans Garran de Coulon qui n'était ni de la Gironde, ni des *Amis des noirs*. Julien Raymond et les autres hommes de couleur résidans en France prêtèrent à ces défenseurs de leurs droits tout l'appui qui résultait des renseignemens et des informations qu'ils recevaient de Saint-Domingue.

D'un autre côté, les membres du club Massiac, les anciens et les nouveaux commissaires des assemblées coloniales auprès de l'assemblée nationale, et tous les autres colons résidans en France, veillèrent plus que jamais au maintien du préjugé de la couleur et de l'esclavage. Ne se dissimulant pas que le progrès des idées révolutionnaires amènerait un changement dans la législation sur les colonies, ils disposèrent toutes leurs intrigues accoutumées pour capter les membres de la nouvelle assemblée, et les faire tomber dans les mêmes piéges qu'ils avaient tendus à ceux de la constituante. Ils redoublèrent d'activité pour publier des journaux et des pamphlets qui pussent égarer l'opinion publique, et particulièrement celle des villes de commerce, afin de réagir sur celle de la législative. Mais Barnave, leur insidieux coryphée, n'en était pas membre. La première assemblée avait décidé qu'aucun de ses membres ne pourrait faire partie de la législative, et ce fut heureux pour les hommes de la race noire. Brissot, enfin, ce généreux défenseur de leur cause, introduisit par lui seul un nouvel esprit et des idées plus libérales dans la nouvelle assemblée, que celles qui avaient prévalu jusqu'alors.

Dans cet état de choses, dès le mois d'octobre où commencèrent les travaux de l'assemblée législative, la nouvelle de l'insurrection des esclaves dans le Nord, et bientôt après celle de l'insurrection des hommes de couleur dans l'Ouest parvinrent en France. Le premier sentiment qu'éprouva cette assemblée fut de décréter immédiatement, dans le mois de novembre, des secours considérables aux victimes des désastres produits par l'insurrection dans le Nord : ces secours devaient consister surtout dans les forces militaires qu'on enverrait à Saint-Domingue.

Mais, lorsqu'on s'occupa de rechercher les causes de ces insurrections, les membres de l'assemblée furent divisés d'opinions. Les partisans exclusifs des colons, voulant le maintien du décret du 24 septembre, attribuèrent ces événemens à celui du 15 mai qui, selon eux, avait augmenté les prétentions des hommes de couleur et fomenté tous les troubles. Leurs adversaires conclurent, au contraire, que tous les maux nés dans la colonie venaient de l'inexécution de ce dernier décret et de l'impolitique mesure prise par celui du 24 septembre. Ils firent valoir les concordats consentis par les colons eux-mêmes avec les hommes de couleur, pour prouver la nécessité de rapporter ce dernier décret; ils demandèrent enfin la ratification des concordats, telle que l'avaient espérée les hommes de couleur, telle qu'avaient semblé y consentir les colons, lorsqu'ils soumirent celui du 23 octobre, fait sur l'habitation Damiens, à la sanction de l'assemblée nationale. Leur but, en cela, était d'empêcher que les secours militaires, votés par l'assemblée, ne fussent employés contre les hommes de couleur. Guadet en fit l'objet d'une motion expresse « en déclarant, dit Garran, que l'assemblée nationale » serait responsable de tout le sang qui serait versé, si » elle tardait plus longtemps à se prononcer sur cette » question. »

Charles Tarbé, député de la Seine-Inférieure, chargé de faire un rapport sur les troubles de la colonie, et gagné par le club Massiac et les autres colons, conclut naturellement au maintien du décret du 24 septembre, qualifié de *constitutionnel*. Son rapport, en date du 10 décembre 1791, fut suivi d'un autre qu'il présenta le 10 janvier 1792.

Mais les membres de l'assemblée qui partageaient l'opinion contraire, avaient combattu cette proposition. Dans un discours prononcé le 7 décembre, Garran avait dit : « C'est l'injustice, l'oppression et la tyran-
» nie qui soulèvent les hommes, qui leur mettent les
» armes à la main : c'est la reconnaissance de leurs
» droits, le respect pour la foi des traités qui assu-
» rent la paix publique et qui les désarment... C'est
» en reconnaissant aux hommes de couleur dans nos
» îles, les mêmes droits qu'aux colons blancs, que vous
» y rétablirez la paix et le règne des lois. Et qu'on
» ne vous dise pas que ce concordat est l'ouvrage *de la*
» *force*, qu'il a été dicté *les armes à la main*. Citez-moi
» l'exemple d'un seul peuple opprimé qui ait recouvré
» ses droits autrement qu'en se ressaisissant de la force
» qui l'en dépouillait... Les hommes de couleur ont
» suivi votre exemple. Las de solliciter vainement une
» demi-justice, que la politique seule aurait dû leur
» obtenir, ils ont profité du besoin qu'on avait d'eux
» pour assurer leurs droits ; et, comme tous les oppri-
» més, ils n'ont exigé par la force que ce que la rai-
» son et la justice les autorisaient à demander. »

Malgré la justesse de ces argumens, les intrigues des colons furent telles qu'ils réussirent à faire traîner cette affaire en longueur. Les efforts des hommes généreux qui plaidaient la cause des hommes de couleur, ne purent obtenir alors que le décret du 7 décembre, par lequel il était défendu d'employer les forces envoyées à

Saint-Domingue contre cette classe ; mais c'était déjà un triomphe.

Ce ne fut qu'à la fin du mois de mars 1792, après une discussion solennelle dans l'assemblée législative, que, s'étayant des principes de la déclaration des droits et de ceux consignés dans le décret du 29 mai 1791, par lequel l'assemblée constituante avait exposé les motifs de celui du 15 dudit mois, les partisans des hommes de couleur réussirent à l'emporter sur leurs adversaires. Barnave lui-même, auteur des deux décrets du mois de mai, avait écrit ce qui suit, en parlant du décret du 28 mars 1790 qui reconnaissait *implicitement* les droits des hommes de couleur : — « qu'il ne dépendait pas de
» l'assemblée constituante *de se refuser* à rendre le dé-
» cret du 28 mars ; qu'il ne dépendait pas d'elle *d'en*
» *restreindre le sens*, en portant atteinte aux droits es-
» sentiels des citoyens ; qu'elle ne pouvait accorder à
» une partie de l'empire *la faculté d'exclure* des droits de
» citoyens actifs, des hommes à qui des lois *constitution-*
» *nelles* assurent ces droits dans l'empire entier ; que
» *les droits des citoyens sont antérieurs à la société*, qu'ils
» lui servent de base ; que l'assemblée nationale n'a
» pu *que les reconnaître et les déclarer*, qu'elle est dans
» l'heureuse impuissance de les enfreindre. »

Les colons et leurs partisans se trouvaient donc pris, pour ainsi dire, dans leurs propres filets. Le trop coupable Barnave avait, sans s'en douter, préparé lui-même le triomphe des droits des hommes de couleur, en rédigeant le décret du 29 mai 1791. Celui du 24 septembre se trouvait frappé d'annulation par les principes mêmes énoncés dans le précédent.

En conséquence, le 28 mars 1792, l'assemblée législative rendit le décret suivant, qui fut sanctionné par le roi, le 4 avril.

L'assemblée nationale, considérant que les ennemis de la chose publique ont profité des germes de discorde qui se sont développés dans les colonies, pour les livrer au danger d'une subversion totale, en soulevant les ateliers, en désorganisant la force publique et en divisant les citoyens, dont les efforts réunis pouvaient seuls préserver leurs propriétés des horreurs du pillage et de l'incendie ;

Que cet odieux complot paraît lié aux projets de conspiration qu'on a formés contre la nation française, et qui devaient éclater à la fois dans les deux hémisphères ;

Considérant qu'elle a lieu d'espérer de l'amour de tous les colons pour leur patrie, qu'oubliant les causes de leur désunion et les torts respectifs qui en ont été la suite, ils se livreront sans réserve à la douceur d'une réunion franche et sincère, qui peut seule arrêter les troubles dont ils ont tous été également victimes, et les faire jouir des avantages d'une paix solide et durable ;

Décrète qu'il y a urgence.

L'assemblée nationale *reconnaît et déclare* que *les hommes de couleur et nègres libres doivent jouir*, ainsi que les colons blancs, *de l'égalité des droits politiques ;*

Et après avoir décrété l'urgence, décrète ce qui suit :

Article 1er. Immédiatement après la publication du présent décret, il sera procédé dans chacune des colonies françaises des îles du vent et sous le vent, à la réélection des assemblées coloniales et des municipalités, dans les formes prescrites par le décret du 8 mars 1790, et l'instruction de l'assemblée nationale du 28 du même mois.

2. Les hommes de couleur et nègres libres seront admis à voter dans toutes les assemblées paroissiales, et seront éligibles à toutes les places, lorsqu'ils réuniront d'ailleurs les conditions prescrites par l'article 4 de l'instruction du 28 mars.

3. Il sera nommé par le roi, des commissaires civils au nombre de trois pour la colonie de Saint-Domingue, et de quatre pour les îles de la Martinique, de la Guadeloupe, de Sainte-Lucie, de Tabago et de Cayenne.

4. Ces commissaires sont autorisés à prononcer *la suspension* et même *la dissolution des assemblées coloniales* actuellement existantes,

à prendre toutes les mesures nécessaires pour accélérer la convocation des assemblées paroissiales, *et y entretenir l'union, l'ordre et la paix;* comme aussi à prononcer provisoirement, sauf le recours à l'assemblée nationale, sur toutes les questions qui pourront s'élever sur la régularité des convocations, la tenue des assemblées, la forme des élections et l'éligibilité des citoyens.

5. Ils sont également autorisés à prendre toutes les informations qu'ils pourront se procurer sur les auteurs des troubles de Saint-Domingue et leur continuation, si elle avait lieu, à s'assurer de la personne des coupables, à les mettre en état d'arrestation et à les faire traduire en France pour y être mis en état d'accusation, en vertu d'un décret du corps législatif, s'il y a lieu.

6. Les commissaires civils seront tenus à cet effet, d'adresser à l'assemblée nationale une expédition en forme, des procès-verbaux qu'ils auront dressés et des déclarations qu'ils auront reçues concernant lesdits prévenus.

7. L'assemblée nationale autorise les commissaires civils à requérir la force publique toutes les fois qu'ils le jugeront convenable, soit pour leur propre sûreté, soit pour l'exécution des ordres qu'ils auront donnés, en vertu des précédens articles.

8. Le pouvoir exécutif est chargé de faire passer dans les colonies une force armée suffisante, et composée en grande partie de gardes nationales.

9. Immédiatement après leur formation et leur installation, les assemblées coloniales émettront, au nom de chaque colonie, leur vœu particulier sur la constitution, la législation et l'administration qui conviennent à sa prospérité et au bonheur de ses habitans, à la charge de se conformer aux principes généraux qui lient les colonies à la métropole, et qui assurent la conservation de leurs intérêts respectifs, conformément à ce qui est prescrit par le décret du 8 mars 1790, et l'instruction du 28 du même mois.

10. Ausssitôt que les colonies auront émis leur vœu, elles le feront parvenir sans délai au corps législatif. Elles nommeront aussi les représentans qui se réuniront à l'assemblée nationale, suivant le nombre proportionnel qui sera incessamment déterminé par l'assemblée nationale, d'après les bases que son comité colonial est chargé de lui présenter.

11. Le comité colonial est également chargé de présenter incessamment à l'assemblée nationale un projet de loi pour assurer l'exécution des dispositions du présent décret dans les colonies asiatiques.

12. L'assemblée nationale, désirant venir au secours de la colonie de Saint-Domingue, met à la disposition du ministre de la marine, une somme de six millions, pour y faire parvenir des subsistances, des matériaux de constructions, des animaux et des instrumens aratoires.

13. Le ministre indiquera incessamment les moyens qu'il jugera les plus convenables, pour l'emploi et le recouvrement de ces fonds, afin d'en assurer le remboursement à la métropole.

14. Les comités de législation, de commerce et des colonies, réunis, s'occuperont incessamment de la rédaction d'un projet de loi, pour assurer aux créanciers l'exercice de l'hypothèque sur les biens de leurs débiteurs dans toutes nos colonies.

15. Les officiers généraux, administrateurs ou ordonnateurs, et les commissaires civils qui ont été ou seront nommés, pour cette fois seulement, pour le rétablissement de l'ordre dans les colonies des îles du vent et sous le vent, particulièrement pour l'exécution du présent décret, *ne pourront être choisis parmi les citoyens ayant des propriétés dans les colonies d'Amérique.*

16. Les décrets antérieurs, concernant les colonies, seront exécutés en tout ce qui n'est pas contraire aux dispositions du présent décret.

On va croire, sans doute, que les colons de Saint-Domingue, éclairés par les torches incendiaires qui avaient détruit leurs propriétés dans le Nord, par les massacres qui accompagnèrent ces affreux désastres, vont désormais se soumettre à l'empire des circonstances et à la volonté souveraine de la nouvelle assemblée nationale. Mais ce serait peu connaître ces hommes aveuglés par les préjugés nés de l'esclavage, dominés par l'injustice et la haine. L'un d'eux, Cougnac Mion, passa immédiatement en Angleterre pour préparer l'exécution de la trahison, conçue depuis longtemps, de livrer Saint-Domingue à la rivale de la France. Il écrivit de Londres, le 20 juillet 1792, la lettre suivante à l'assemblée coloniale :

Je vous remets, Messieurs, un décret de l'assemblée nationale, qui vous donnera le secret des opérations par lesquelles *ses commissaires* doivent conduire *les nègres à l'affranchissement général*.

N'en doutez pas, Messieurs, j'en suis sûr, et je vous le jure sur l'honneur, le travail est prêt à l'assemblée nationale, et il sera prononcé aussitôt que des commissaires se seront emparés de toutes les autorités. Le projet de cette assemblée est d'*affranchir tous les nègres* dans toutes les colonies françaises, de poursuivre l'affranchissement dans toutes les colonies étrangères avec les premiers affranchis, et de porter ainsi la révolte et successivement l'indépendance dans tout le Nouveau-Monde ; ce qui, selon elle, lui redonnerait encore la prépondérance sur toutes les puissances de l'Europe ; et ce plan atroce qui doit faire couler tant de sang sera exécuté, si vous ne mettez toute la célérité possible dans vos résolutions, le concert le plus parfait dans vos mesures, et l'intrépidité d'un peuple au désespoir dans votre résistance. *Repoussez*, Messieurs, *repoussez ces tigres altérés de sang ; étouffez dans le cœur de ces scélérats leurs projets barbares*, et méritez l'amour de vos compatriotes, et bientôt les bénédictions de l'univers sauvé, par votre courage, des convulsions atroces de ces forcenés.

Les commissaires de l'assemblée coloniale auprès de l'assemblée nationale écrivirent à celle-ci qu'ils considéraient leur mission comme absolument finie ; mais en même temps ils ne discontinuèrent pas leurs rapports avec Lacoste, ministre de la marine et des colonies, pour le porter à engager Louis XVI à refuser sa sanction au décret du 28 mars. Ce ministre était favorable à leurs vues. Heureusement que les autres ministres combattirent auprès du roi l'influence de ces intrigues. Le décret sanctionné fut contre-signé par Roland, l'un des Girondins.

Ces commissaires écrivirent dans la colonie et dénoncèrent Garran, Brissot, Pastoret et tous les députés de la Gironde, particulièrement Gensonné qui avait présenté le projet du décret adopté par l'assemblée législative. Ils les représentèrent comme les ennemis des colons, qui préparaient l'émancipation des nègres eux-mêmes.

Pastoret, il est vrai, avait dit à l'assemblée : « Vos co-
» mités méditent les moyens de couper les dernières
» racines de l'esclavage. » Peut-être entendait-il parler
de l'abolition de la traite, comme mesure essentielle à
l'abolition de l'esclavage, et à laquelle les *Amis des
noirs* songeaient depuis la formation de leur société.
Peut-être faisait-il allusion à l'émancipation graduelle
qu'ils avaient également conçue en faveur des esclaves,
et qu'adoptèrent Ogé, J. Raymond et presque tous les
hommes de couleur éclairés, comme mesure indispensable pour amener la liberté générale des nègres, sans
secousses, sans commotion violente [1].

Quoi qu'il en soit, après la révolte des nègres dans
le Nord, après le refus fait par l'assemblée coloniale,
d'affranchir les principaux chefs qui offraient, moyennant
cette faible concession politique, de faire rentrer les
masses dans les liens de la servitude; la guerre continuant à les tenir sur pied, n'était-il pas évident pour
tous les hommes sensés, que les esclaves parviendraient
à conquérir eux-mêmes leur liberté par la force des
armes? Et ces hommes justes qui faisaient admettre les
mulâtres et les nègres libres à l'égalité politique avec
les blancs, pouvaient-ils ne pas être aussi justes envers
les malheureux qui, courbés depuis près de deux siècles
sous le joug affreux et humiliant de l'esclavage, avaient
fait la prospérité des colonies? Du moment qu'on ne
pouvait plus leur dénier la qualité d'hommes, n'avaient-

---

[1] Voyez une lettre curieuse de Page lui-même à ce sujet, dans le 2ᵉ volume des Débats, pages 223 et 224, et ce qu'il dit encore à la page 225. Ce colon haineux avait fini, alors, par adopter l'idée de l'affranchissement *graduel*. Dans un autre endroit, il émit l'opinion d'une *indemnité* à donner aux maîtres dépossédés de leurs esclaves. On ne peut que regretter qu'un homme aussi éclairé n'ait pas été animé de meilleurs sentimens.

ils pas autant de droits que leurs frères, nègres affranchis en vertu des lois coloniales, que leurs enfans mulâtres affranchis également ou nés de père et de mère libres, mais sortis de leur sein? A partir du jour où une femme noire avait donné naissance à un enfant, produit par sa copulation avec un blanc, et que celui-ci avait rendu à la liberté naturelle la mère et l'enfant, l'esclavage était frappé dans sa base, l'affranchissement des noirs n'était plus qu'une affaire de temps.

Nous avons vu par quelles dérogations à l'édit de 1685, les rois de France, successivement, entravèrent l'affranchissement que cet édit favorisait; nous avons prouvé que ce fut à la sollicitation des colons eux-mêmes que ces nouvelles dispositions furent édictées, alors que le préjugé de la couleur commençait dans les colonies. Aussi ces possesseurs d'esclaves devinrent-ils furieux contre les mulâtres, contre les nègres libres, dès que ceux-ci pétitionnèrent pour obtenir leur assimilation aux blancs. Ils virent clairement, que l'émancipation politique de la classe intermédiaire née du régime colonial amènerait inévitablement, tôt ou tard, celle des esclaves, tant par l'effet des mêmes principes, que par les liens qui attachaient les affranchis aux esclaves, et par les sentimens qui naissaient de ces liens de famille. Car, il était impossible, nous le répétons, que les mulâtres et nègres libres, quoique possesseurs d'esclaves eux-mêmes, il est vrai, n'éprouvassent pas pour ces derniers des sentimens aux moins égaux à ceux qui avaient déterminé les colons blancs à affranchir les femmes noires et les enfans issus de leurs œuvres. C'eût été le comble de toutes les monstruosités, que de voir la classe intermédiaire moins généreuse, moins juste voulons-nous dire, envers leurs parens, que les Européens eux-mêmes. Quelle est la cause originelle de l'esclavage, si ce n'est l'intérêt? Quelle est la cause du désir qu'éprouvaient les colons de perpétuer cet état de choses, si ce n'est l'égoïsme né de l'intérêt? Et les mulâtres et les nègres libres auraient été plus *intéressés*, plus *égoïstes* que les blancs! Lorsque des hommes justes et généreux parmi ces derniers, leur traçaient un si noble exemple de la sympathie qu'on doit à ses semblables, ils n'auraient voulu imiter que les colons!

Toutefois remarquons ici que, malgré cette sympathie éclairée des Girondins, la cause des mulâtres et des nègres libres n'eût pas triomphé au tribunal politique de la nation française, par la seule puissance de la raison et des principes, si les hommes de couleur n'avaient pas pris les armes, s'ils n'avaient pas combattu avantageusement les blancs dans la colonie pour assurer leurs droits, si la révolte des noirs, par ses désastres, n'était venue en aide à leurs succès. *La force*, ainsi que l'a dit Garran, *la puissance des armes* est donc toujours un auxiliaire utile, nécessaire, indispensable *du droit*.

Ainsi nous verrons le triomphe de la cause des noirs résulter, à son tour, de leur force, de leur nombre, de la puissance de leurs armes, et du concours que leur auront prêté les hommes de la classe intermédiaire, soit qu'ils se mêlent avec eux, comme dans le Nord, soit qu'ils les dirigent, comme dans l'Ouest et dans le Sud.

Ces deux causes étaient donc essentiellement liées ensemble; et cette vérité irréfutable ressortira bien mieux encore, le jour où il faudra que tous les hommes de la race noire luttent ensemble contre les troupes aguerries que la France enverra à Saint-Domingue.

Pendant que les événemens révolutionnaires continuaient leur cours dans cette colonie, Mirbeck arrivait en France et éclairait l'assemblée législative sur l'esprit et les sentimens des colons, par son rapport du 26 mai. Saint-Léger, arrivé peu de jours après lui, confirma son rapport par celui qu'il présenta à l'assemblée, le 2 juin. Des lettres de Roume, resté dans la colonie, vinrent encore ajouter à toutes ces informations.

L'assemblée législative, convaincue de la mauvaise foi de tous les colons, contre-révolutionnaires ou non, de leurs méfaits, de leurs dispositions à faire rétrograder la révolution dans la colonie, ou à la rendre indépendante de la France, rendit son décret du 15 juin qui fut sanctionné par le roi le 22, par lequel elle étendit les pouvoirs des commissaires civils. Voici cette loi :

> L'assemblée nationale, considérant qu'il importe au succès des différentes expéditions ordonnées pour les colonies, de les accélérer, et de déterminer avec précision les pouvoirs donnés aux commissaires civils chargés d'y ramener la paix, décrète qu'il y a urgence.
>
> L'assemblée nationale, après avoir décrété l'urgence, décrète ce qui suit :
>
> Article 1er. Les commissaires civils nommés pour la pacification des colonies, en vertu du décret du 28 mars, sont autorisés *à suspendre* et à *dissoudre* non-seulement les assemblées coloniales, mais encore les *assemblées provinciales, les municipalités*, ainsi que *tous les corps administratifs ou autres*, se disant *populaires*, sous quelque dénomination qu'ils soient établis.
>
> 2. Les commissaires civils sont également autorisés à suspendre provisoirement, et sauf le recours à l'assemblée nationale, l'exécution des arrêtés desdites assemblées ou corps, qu'ils jugeraient contraires à la souveraineté nationale, ou au rétablissement de la paix ; et généralement dans tous les conflits des pouvoirs, dans les doutes qui pourraient s'élever sur la nature ou l'étendue de ceux desdits commissaires

civils, on sera tenu de déférer provisoirement à leurs réquisitions, sauf le recours à l'assemblée nationale.

3. Pourront les commissaires civils, en attendant l'organisation définitive de l'ordre judiciaire dans les colonies, rétablir et remettre provisoirement en activité les anciens tribunaux, tant de première instance que de dernier ressort, transférer les séances desdits tribunaux dans tels lieux que les circonstances exigeront. En cas d'absence, mort ou démission des ci-devant titulaires, les commissaires civils présenteront au gouverneur général un nombre de sujets ayant les qualités requises par la loi pour être juges, double de celui des places vacantes, et le gouverneur sera tenu de choisir entre les sujets présentés, et de leur donner des commissions provisoires.

4. Dans le cas où les commissaires éprouveront quelques difficultés pour débarquer dans les colonies, de la part des troupes de terre et de mer qui s'y trouveront, ils requerront par des avisos qu'ils enverront tant à terre qu'à bord des vaisseaux et frégates stationnés, les commandans généraux et particuliers, administrateurs civils, assemblées coloniales, provinciales, municipalités et autres corps administratifs, ainsi que les commandans desdits vaisseaux et frégates, de faire proclamer et reconnaître dans l'intérieur des colonies et à bord des vaisseaux et frégates, le caractère et l'autorité tant desdits commissaires civils que du gouverneur général nouvellement nommé par le roi, sur les copies de leurs commissions qu'ils enverront d'eux certifiés véritables, et d'obéir aux ordres qui leur seront donnés sur la réquisition desdits commissaires.

5. *La désobéissance sera regardée comme crime de haute trahison*, et ceux qui s'en rendront coupables seront envoyés en France avec les pièces qui constateront le délit, pour être poursuivis et jugés suivant la rigueur des lois.

6. Les commissaires civils porteront dans l'exercice de leurs fonctions un ruban tricolore passé en sautoir, auquel sera suspendue une médaille d'or portant d'un côté ces mots : *la Nation, la Loi et le Roi*, de l'autre, ceux-ci : *Commissaires civils*.

Ce nouveau décret, en étendant les pouvoirs des commissaires civils, obviait à une notable omission faite dans celui du 4 avril, qui ne leur donnait le droit de suspendre et de dissoudre que les assemblées coloniales.

Ce dernier comprit aussi les assemblées provinciales et les municipalités et autres corps qualifiés populaires. C'eût été ne rien faire pour le rétablissement de l'ordre et de la paix, si la loi laissait ces dernières assemblées inattaquables : les luttes de Saint-Léger avec les assemblées du Port-au-Prince indiquaient cette nécessité. Mais aussi la confédération de la Croix-des-Bouquets, celle de Saint-Marc, devenaient soumises également à l'autorité des commissaires civils qui pouvaient les dissoudre. C'était juste.

Le jour même de la révolution du 10 août qui détrôna Louis XVI, l'assemblée nationale rendit un autre décret, qui fut sanctionné le 17 par le conseil exécutif provisoire. Ce décret confirma les pouvoirs des commissaires civils envoyés à Saint-Domingue, tandis qu'il révoquait ceux qui avaient été attribués aux commissaires envoyés dans les autres colonies. Cette exception honorable pour Polvérel, Sonthonax et Ailhaud, qui étaient déjà nommés et partis, devait ajouter à la considération dont ils avaient besoin pour triompher des factions qui troublaient la colonie. — Le décret du 17 août déclarait « *traîtres à la patrie* tout corps civil et » militaire, et tout citoyen qui refuserait l'obéissance » qui était due aux commissaires civils. » Cette dernière disposition complétait la *dictature* remise entre leurs mains. Il fallait ce pouvoir extraordinaire, en effet, pour assurer le succès de leur mission ; et nous verrons comment, malgré cela, ils eurent à lutter contre les colons, qui voulaient l'indépendance de la colonie, coalisés avec les contre-révolutionnaires mécontens et irrités du renversement de l'infortuné monarque qui régnait dans la mère-patrie.

La nomination des trois commissaires civils eut lieu sous le ministère de Roland.

Ailhaud, dont le caractère faible a décidé son départ de Saint-Domingue, peu de temps après son arrivée, n'y a joué qu'un rôle secondaire. Il n'en est pas de même de Polvérel et de Sonthonax.

Polvérel était un avocat distingué avant la révolution de 89, tant au parlement de Bordeaux qu'à celui de Paris, où il s'attira quelques persécutions par son zèle à défendre les libertés nationales [1]. Il fut membre des Etats généraux de la Navarre qui le chargèrent d'une mission près l'assemblée constituante, siégeant alors à Versailles. Il remplit ensuite diverses fonctions à Paris, dont la plus relevée était celle de membre du conseil général de cette commune : c'est là qu'il fut pris pour être envoyé à Saint-Domingue, en qualité de commissaire civil. Durant les premiers temps de la révolution, il fit beaucoup d'écrits en faveur de ce grand mouvement national. Sa réputation porta divers colons, membres de l'assemblée de Saint-Marc, à s'adresser à lui, en 1790, pour défendre les actes de cette assemblée : c'étaient Valentin de Cullion, Borel, Bacon La Chevalerie et Thomas Millet qui, tous, y jouèrent un si grand rôle. Son refus de se charger de leur défense, la condamnation qu'il eut la franchise de porter, au contraire, contre les prétentions de l'assemblée de Saint-Marc, le mirent en suspicion dans l'esprit des colons en général, dès qu'ils apprirent sa nomination, due à l'influence des Girondins et des *Amis des noirs*. Dans l'un de ses écrits

---

[1] Nous avons ouï dire, qu'interdit pour quelques mois par le parlement de Paris, Polvérel fit cette fière réponse après la lecture de l'arrêt : « Et moi, plus puissant que la cour, je m'interdis pour toujours. »

intitulé : *Tableau des révolutions du* xviii° *siècle,* il avait posé ce principe : « La nature a fait l'homme pour la liberté, pour l'égalité, pour la société. Nul homme n'a reçu de la nature le droit de commander à d'autres hommes, ni de disposer d'eux. »

Quant à Sonthonax, il exerçait également la profession d'avocat au parlement de Paris et au tribunal de cassation. Il avait chaudement embrassé la cause de la révolution, et était l'un des collaborateurs du journal des *Révolutions de Paris.* Esprit non moins distingué que son collègue, il était d'un caractère plus ardent et même fougueux, plus porté que Polvérel aux mesures extra-révolutionnaires. Tous deux avaient été admis membres de la *société des Amis de la Constitution,* plus connue sous le nom de *Club des Jacobins,* au premier temps de sa formation, alors que ses principes portaient des hommes recommandables à en faire partie. Sonthonax dut aussi sa nomination à l'influence des Girondins et des *Amis des noirs.*

Les lumières réunies de ces deux hommes, la fermeté de leur caractère, la fougue révolutionnaire de Sonthonax, tempérée souvent par la modération de Polvérel, les rendirent influens sur les destinées de Saint-Domingue. A leurs noms, célèbres dans ce pays, se sont rattachés des actes importans qui ont décidé du sort des deux classes d'hommes de la race noire, — les mulâtres et les nègres libres dont ils étaient chargés, par leur mission, d'assurer les droits politiques décrétés par la loi du 4 avril, — et les esclaves des deux couleurs dont ils ont proclamé l'affranchissement général.

Julien Raymond, dont les conseils pacifiques aux hommes de couleur étaient connus, avait été proposé par plusieurs des Girondins et par Brissot en particulier, pour être l'un des commissaires civils; mais les intrigues des colons réussirent auprès du ministre de la marine à le faire écarter. Ce projet, connu d'avance, avait porté Charles Tarbé à proposer l'article 15 de la loi du 4 avril, qui excluait de la commission civile, comme des emplois d'officiers généraux, d'administrateurs ou ordonnateurs, tous citoyens ayant des propriétés dans les colonies. On ne peut nier que ce fut une disposition convenable, dans l'état de division où étaient les partis à Saint-Domingue. Il ne fallait pas qu'un seul de ces agens de la métropole pût être soupçonné de se laisser influencer dans ses actes par esprit de parti.

Le ministre Lacoste s'opposa particulièrement à la nomination de Sonthonax; mais son opinion dans le conseil fut combattue par les autres ministres, surtout par Servan, ministre de la guerre. Quoique Lacoste fût tout à fait dévoué aux intérêts des colons, il rédigea assez convenablement les *instructions* qui devaient servir de règle de conduite aux commissaires civils. Quelle que soit la longueur de cet acte, nous ne pouvons nous dispenser de l'insérer ici, à cause de l'exposé qu'il fait de la situation des partis dans la colonie, et de l'influence qu'il a pu exercer sur la conduite de Polvérel et Sonthonax. Le voici :

La colonie de Saint-Domingue, objet de la jalousie de toutes les nations de l'Europe, par l'étendue de son territoire et par la richesse de ses produits, n'offre plus à l'œil consterné qu'un vaste champ de désordres, de pillages, d'incendie, de carnage, de crimes, de désolation. *Un préjugé* fatal à ceux qui se sont armés pour le combattre, comme à ceux qui prétendent le maintenir, a fait également le malheur de tous. De premiers germes de divisions en ont successivement développé de nouveaux. Chaque parti s'est divisé et subdivisé en différents partis qui, se croisant et se choquant dans tous les sens, semblent ne s'accorder que pour précipiter à l'envi cette belle et florissante contrée vers sa destruction, avec une rapidité d'autant plus effrayante que l'exemple du désordre a entraîné une grande partie des ateliers de noirs au soulèvement et à tous les excès du brigandage le plus effréné. Les hommes de couleur libres ont revendiqué les droits de l'égalité politique, ils se sont prévalus contre les blancs, et les blancs se sont prévalus contre eux à leur tour, de quelques lois dont ils s'opposent mutuellement les dispositions diverses. Des camps se sont formés, des concordats locaux ont été passés, violés, et ensuite renouvelés; des coalitions de blancs et d'hommes de couleur se sont établies dans les campagnes, contre d'autres coalitions de citoyens blancs, dans les villes; le sang a coulé des deux parts avec profusion, à la honte de l'humanité, et à celle des vainqueurs ainsi que des vaincus. Toute la plaine de l'Est et du Nord a été brûlée, dévastée; on y est en guerre continuelle contre les noirs révoltés et contre les brigands qui les dirigent. Les mêmes fléaux se sont plus ou moins étendus sur toutes les parties de la colonie. L'anarchie y est à son comble, les tribunaux y sont réduits au silence; l'autorité y est sans force; les lois y sont sans vigueur; les moyens de subsistance y sont rares, difficiles et précaires. Les maladies emportent ceux que le fer et la faim avaient épargnés; l'industrie reste sans action, les cultures sont interrompues; le commerce national et étranger se retire de ces plages désolées; le propriétaire, le gérant désertent leurs propres foyers : les contributions locales ont cessé d'y être perçues, et le faix des dépenses énormes que nécessite un état de choses si déplorable pèse en entier aujourd'hui sur la métropole qui n'en supportait ci-devant qu'une légère portion. De toutes parts Saint-Domingue pousse des cris gémissans vers la France, en la conjurant de lui faire passer des secours, des forces et de l'argent.

Tel est en abrégé le tableau malheureusement trop fidèle de la situation présente du pays où les sieurs Polvérel, Sonthonax et Ailhaud, commissaires nommés par le roi pour l'exécution de la loi du 4 avril dernier, vont travailler au retour de la paix, de l'ordre et de la prospérité publiques. Fut-il jamais de mission plus grande, plus importante et plus auguste! Sans doute elle est environnée d'écueils. Sa Majesté n'entend point dissimuler aux sieurs commissaires les obstacles qu'ils auront à surmonter; on ne doit rien cacher au véritable courage : mais elle compte sur leur patriotisme et sur leur zèle. Elle s'associera elle-même à leurs efforts, en leur procurant tous les moyens qui seront en son pouvoir, pour qu'ils soutiennent dignement l'honneur de son choix, et pour qu'ils remplissent avec succès l'attente et les vœux de la nation française. Elle va, dans cet esprit, leur développer ses intentions sur la conduite qu'ils auront à tenir pour faire triompher la loi et la volonté nationales de toutes les résistances qu'elles pourront encore rencontrer à Saint-Domingue, de la part de quelque réfractaire que ce soit.

Les sieurs commissaires savent qu'ils succèdent à de précédents commissaires dont l'envoi avait été décrété le 11 février 1791 ; ces derniers n'ont réussi qu'imparfaitement dans l'objet de leur délégation. Le roi ne leur rend pas moins la justice qui leur est due. Les circonstances ne leur ont pas permis d'opérer le bien qu'il était réservé à de meilleures mesures de produire. Placés entre des lois contraires relativement aux droits politiques des hommes de couleur libres, ils ont dû se renfermer dans les dispositions de la plus récente, qui mettait le sort de cette classe d'hommes à la discrétion de l'assemblée coloniale. Ils n'ont pu qu'inviter les représentants de la colonie à prononcer promptement et favorablement sur *des droits jusqu'alors méconnus*, qu'il importait de fixer. Ils avaient d'autant plus lieu d'*espérer cet acte de justice et de convenance*, que déjà l'assemblée elle-même avait annoncé des dispositions satisfaisantes sur ce point. Il est malheureux que *ces dispositions* aient été tout à coup *refroidies par l'impatience et la prise d'armes des gens de couleur, par des concordats cimentés dans des camps*, et enfin, *par des révoltes d'ateliers, des meurtres, des incendies simultanés*. Cette affligeante époque est devenue le signal d'une défiance, d'un aveuglement réciproque, et de torts respectifs. Dans ce conflit, les commissaires civils ont interposé la *médiation* la plus active; mais les partis étaient trop échauffés, les esprits trop aigris; néanmoins, *elle avait eu quelque effet sur les mulâtres de la partie de l'Ouest*. *L'assemblée coloniale a persisté à exiger leur désarmement : elle a improuvé la conduite* des commissaires civils; *elle s'est refusée à leurs réquisitions ; elle a décliné leur autorité, mis leurs pouvoirs en discussion :* en un mot, *elle les a forcés*, par une rupture ouverte, à abandonner la suite de leur mission, et à repasser en Europe. Au surplus, leurs fonctions eussent bientôt cessé de droit par les dispositions de la loi du 4 avril dernier, quand même elles n'avaient pas cessé de fait, par la réunion des conjonctures dont on vient de parler. Le roi ne les retrace ici sommairement que pour faire observer aux sieurs commissaires actuels combien leur situation à Saint-Domingue sera différente de celle des commissaires qui les ont précédés.

Les premiers avaient fait exécuter la loi du 24 septembre 1791, qui soumettait les hommes de couleur libres à l'assemblée coloniale ; les seconds sont chargés de mettre à exécution la loi du 4 avril, qui prononce l'égalité des droits politiques entre cette classe et celle des blancs.

Les premiers avaient à concilier *la rigueur de la loi* avec les conseils et les sollicitations *de l'équité*, entre deux partis irrités : les seconds sont forts d'une loi nouvelle, *qui ne permet plus ni aux uns d'exiger, ni aux autres de refuser ou de temporiser.*

Les premiers n'avaient, au défaut de persuasion, dans des garnisons épuisées et peu nombreuses, que de faibles moyens à requérir et à employer, soit pour imposer aux factieux, soit *pour faire rentrer les ateliers révoltés dans le devoir et la soumission :* les seconds trouveront à leur arrivée cinq à six mille hommes de troupes réglées, en sus de la force armée qui existait déjà dans la colonie ; et la même expédition qui les y porte, augmentera ce nombre de quatre mille volontaires de la garde nationale, ainsi que de deux mille soldats de ligne, indépendamment des garnisons et des équipages des bâtimens de l'État, qui sont stationnés aux îles sous le vent. Sa Majesté a pensé que cette masse de forces de treize à quatorze mille hommes, pourvus de toutes les munitions nécessaires, serait *plus que suffisante* pour remplir le vœu particulier de l'article 8 de la loi du 4 avril, et pour assurer en général l'exécution parfaite de toutes les dispositions qu'elle contient [1]. Jamais le roi ne pourra révoquer en doute le respect d'un Français pour les commandemens de la loi : mais, si la supposition d'une résistance répugne autant à son cœur qu'au caractère national, il est néanmoins dans les plans de la sagesse de prévoir jusques à l'impossible, afin d'étouffer jusques aux murmures de l'obéissance. Or, *si les deux partis principaux se balançaient* avant l'envoi de forces successives et nouvelles à Saint-Domingue, ne doit-on pas croire que l'un de ces partis, accru d'un renfort de près de quatorze mille hommes, constituera l'autre dans l'heureuse impuissance de méconnaître la loi et la voix de ses organes? L'appareil seul des moyens de réduction qui investira les sieurs commissaires, les dispensera donc inévitablement d'en faire aucun usage. Le roi se repose, dans cet espoir consolant, de

---

[1] Six à sept mille hommes avaient été effectivement envoyés dans la colonie, avant l'arrivée des commissaires civils. Il en vint six mille avec eux. (Débats, tome 6, page 211.)

la nécessité où il est de diriger vers Saint-Domingue une partie de la force publique. Les sieurs commissaires ne sont pas moins pénétrés du devoir privilégié de mettre tout en œuvre, avant que d'en venir à des voies, même à des menaces de rigueur. Si cependant ils avaient épuisé en vain les ressources de la raison, du patriotisme, de la persuasion, de l'honneur, leur marche ultérieure est tracée dans l'article 7 de la loi du 4 avril. Sa Majesté leur enjoint de s'y conformer, quoi qu'il doive leur en coûter ; mais, même en s'y conformant, elle ne peut trop leur recommander les ménagemens que l'on doit à des frères, tout en les punissant pour l'intérêt et le salut de la patrie.

Ce serait négliger la plus puissante de toutes les armes que de ne pas mettre dans une évidence palpable les motifs de la loi commise aux soins des sieurs commissaires. En conséquence, ils feront sentir *aux hommes de couleur libres, la grandeur du bienfait qui les rétablit* dans l'exercice de tous les droits de la liberté et de l'égalité. Ils les rappelleront *par la reconnaissance*, à la conservation des propriétés, au rétablissement de l'ordre moral et social, *au respect qu'ils ne doivent jamais perdre envers ceux qui les ont tirés de l'état de servitude*. Ils persuaderont aux habitans *blancs l'intérêt réel qu'ils ont à élever* les hommes de couleur libres à la même hauteur qu'eux, *pour la garantie mutuelle de leurs possessions, de leur sûreté* intérieure et extérieure, ainsi que pour *la répression* des mouvemens séditieux de leurs *ateliers*. Ils n'oublieront pas de leur représenter que *cette classe d'hommes* leur est presque toute unie *par les liens de la nature et du sang; pourquoi chercheraient-ils à dégrader leur propre ouvrage* [1]? Il ne sera vraisemblablement pas difficile aux sieurs commissaires de convaincre les uns et les autres par les pertes de toute espèce qu'ils ont éprouvées, qu'il n'est plus pour eux qu'une ressource, et qu'elle n'existe que dans une réunion franche, sincère et inaltérable. *L'intérêt* le commande, la patrie l'ordonne, la loi, la nation et le roi la veulent impérieusement : déjà les esprits doivent y être *disposés* par la *publication* de la loi du 4 avril, dont le gouverneur général a été chargé, avec ordre de s'y conformer et de la faire exécuter, en tout ce qui n'est pas textuellement réservé à l'action directe des sieurs commissaires. Si Sa Majesté eût retardé cette publication jusqu'à l'époque de leur arrivée dans la colonie, il eût été très-dangereux de donner occasion à de nouveaux excès, dans un intervalle de temps où d'un

---

[1] Les temps étaient bien changés ! la révolution française avait porté ses fruits.

côté l'on aurait abusé de la loi du 24 septembre pour accabler les hommes de couleur libres, si on l'avait pu, et de l'autre on se serait prévalu de la notoriété de la nouvelle loi, quoique non officielle, pour se maintenir dans les prétentions par la flamme et le glaive.

Après avoir appliqué aux sieurs commissaires les faits principaux dont il était nécessaire de les instruire, leur avoir développé les intentions générales du législateur, leur avoir exposé les principes fondamentaux sur lesquels ils doivent régler leurs opérations à Saint-Domingue, il faut descendre dans les détails de la loi même du 4 avril, et prévoir les difficultés d'exécution qu'ils pourraient y rencontrer.

L'article 1er ordonne la réélection immédiate des assemblées coloniales et des municipalités, aussitôt après la publication de la loi ; cependant l'article 4 autorise les sieurs commissaires à prononcer la suspension et même la dissolution des assemblées actuellement existantes.

Ces deux dispositions pourraient présenter une sorte de contrariété entre elles, en ce que l'une est impérative et l'autre facultative seulement ; et encore en ce que la première suppose une exécution subite, la seconde une exécution retardée jusqu'à la présence des commissaires civils. Il faut les concilier, en observant qu'on aura dû procéder sur-le-champ aux réélections prescrites selon les formes des lois des 8 et 28 mars 1790, mais que dans l'espace de temps nécessaire pour y parvenir, les assemblées coloniales et autres auront continué leur activité ; de manière que si les sieurs commissaires les trouvent encore existantes et les réélections non achevées, ils auront le pouvoir de suspendre ou de dissoudre ces assemblées : ils accéléreront la convocation des assemblées paroissiales, si elle n'avait pas été faite ; ils y feront régner l'ordre et la paix ; ils jugeront provisoirement, sauf le recours à l'assemblée nationale, toutes les questions qui pourraient s'élever sur la régularité des convocations, la tenue des assemblées, la forme des élections, et l'éligibilité des citoyens.

Il y a toute *apparence* qu'à leur arrivée, *il n'y aura encore rien d'entamé sur cette partie d'exécution;* ce sera à eux de la mettre en mouvement avec les précautions que la prudence leur dictera. Ils auront attention de ne pas compromettre la sûreté et la police intérieure par des mesures précipitées dont l'effet serait de détruire brusquement sans avoir de quoi remplacer : c'est ici qu'ils appliqueront le pouvoir facultatif qui leur est conféré, de suspendre ou de dissoudre l'assemblée coloniale, sans attendre la formation de l'assemblée nouvelle ; ils pèseront les motifs pour et contre, d'après les dispositions que *l'assemblée actuelle* aura manifestées : *si l'on juge de l'avenir par le passé, ces dispositions seront peu conciliantes;* ainsi il y a lieu *de prévoir* que les sieurs commissaires *ne tarderont pas à la dissoudre;* il sera néanmoins indispensable qu'ils s'en soient fait reconnaître auparavant, ainsi que de tous les corps administratifs, des tribunaux et des dépositaires de la force publique : ils s'adresseront à cet effet au sieur de Blanchelande ou à celui qui le représenterait dans les fonctions de gouverneur *par intérim* de la colonie de Saint-Domingue. Quoique cet officier général *ait obtenu son rappel*, ses fonctions ne cesseront que lorsqu'il aura satisfait à ce devoir, et qu'il aura procédé ensuite à l'installation du sieur d'Esparbès, lieutenant général des armées, dans l'exercice de la place de gouverneur général des îles sous le vent.

Il serait douloureux de penser que les sieurs commissaires et le sieur d'Esparbès pussent se voir exposés à éprouver de la résistance à cet égard ; si ce malheur arrivait, alors la coaction suppléerait à l'obéissance ; on passerait à un enregistrement d'autorité. Un malheur plus grand, et tout à la fois plus invraisemblable encore, est aussi dans l'ordre des choses possibles ; c'est celui *du refus que ferait le Cap*, de l'admission des sieurs commissaires, du nouveau gouvernement, et même de la force armée qui les accompagne. Il leur sera aisé de s'apercevoir, avant que de s'engager dans la passe, si on leur prépare une réception amicale ou hostile : dans le premier cas, ils mouilleront et débarqueront sans difficulté ; dans le second cas, ils se tiendront hors de la portée des forts, et enverront en parlementaire à l'assemblée coloniale, au gouverneur et à la place, une réquisition de les recevoir, libellée au nom de la loi, de la nation et du roi. Si elle ne produit aucun effet, ils se transporteront avec le convoi, soit à Saint-Marc, soit au Port-au-Prince, soit à Léogane, selon la détermination qu'ils prendront d'après les avis qui leur seront donnés sur la côte, et principalement par des bâtimens de l'Etat, dont les commandans seront tenus, sur la réquisition des sieurs commissaires, de protéger et d'assurer la marche et le débarquement qu'il conviendra de préférer. Ce que les sieurs commissaires auraient fait au Cap, de même que le gouverneur pour la reconnaissance de leurs pouvoirs et caractères, ils le feront dans le lieu où ils aborderont, près des corps administratifs, des tribunaux et des garnisons locales, en l'étendant de suite par des proclamations à toute la colonie.

Le même tact de circonstances décidera les sieurs commissaires sur le choix de l'endroit où la nouvelle assemblée coloniale devra être convoquée pour y tenir ses séances.

En ordonnant la tenue des assemblées paroissiales pour les réélections des municipalités et assemblées coloniales, ils rappelleront la disposition impérative de la loi du 4 avril dernier, qui veut que les hommes de couleur et nègres libres soient admis à voter, et soient éligibles à toutes les places, pourvu qu'ils réunissent d'ailleurs les conditions prescrites par l'art cle 4 des instructions du 28 mars 1790 : ils énonceront ces conditions; ils instruiront le peuple des formes prescrites par la loi du 8 du même mois ; ces deux lois sont connues aux sieurs commissaires ; elles ont été publiées dans la colonie : ils les y trouveront, et en emporteront encore d'ici des exemplaires. Pour que le vœu de ces lois ne soit pas éludé par le fait, ils emploieront tous les moyens qui pourront assurer plus efficacement le libre accès, tant des blancs que des hommes de couleur, aux assemblées primaires et autres : ils aplaniront par des décisions promptes et provisoires toutes les contestations qui viendront à s'élever dans les assemblées ; ils y feront observer les règles de l'égalité et de la liberté des délibérations : la loi du 4 avril ne faisant aucune acception de couleur et de personnes, ils ne se permettront ni préférences ni partialité.

Ils s'occuperont essentiellement, et dès le premier instant de leur débarquement, soit avec les corps administratifs subsistants, soit avec ceux qui leur succéderont, des dispositions à faire pour rétablir la tranquillité, la confiance, la confraternité, la sûreté domestique, le travail et la soumission des ateliers; ils se concerteront avec ces mêmes corps et avec le gouverneur général pour faire disparaître les camps, les rassemblemens hostiles, les dépôts privés d'armes offensives ou défensives, en un mot, pour effacer, s'il est possible, jusqu'aux traces de la guerre intestine qui a si souvent ensanglanté ce malheureux sol : ils rassureront *le colon* justement effrayé, et le ramèneront à des foyers d'où la crainte de la mort l'avait exilé; ils le mettront sous la sauvegarde de la loi et des bras armés par la mère-patrie, pour voler à son secours; ils lui montreront dans chaque soldat de ligne, dans chaque volontaire des bataillons nationaux, autant *d'amis*, autant *de frères*; ils feront vivre en bonne intelligence ces militaires avec eux et entre eux-mêmes; nul motif de concorde et de consolation ne sera oublié, et les sieurs commissaires *prodigueront, à des cœurs aigris par l'infortune,* tous les adoucissemens que la raison, la persuasion, l'humanité compatissante sauront leur inspirer; ce sera le plus constant des devoirs qu'ils auront à acquitter; il leur sera doux de le remplir; mais en même temps ils ne perdront pas de vue qu'ils sont chargés d'un autre ministère plus pénible, plus rigoureux, et non moins salutaire, celui de la recherche des coupables auteurs des troubles de Saint-Domingue : cette tâche leur est imposée par les articles 5 et 6 de la loi du 4 avril ; ils devront non-seulement la fournir avec inflexibilité, mais encore se conformer en ce point au genre d'instruction que le corps législatif a jugé à propos de leur prescrire.

L'assemblée coloniale une fois formée sur les élémens des lois des 8 et 28 mars 1790, et ceux de la loi du 4 avril, il faudra que les sieurs commissaires la sollicitent sans relâche pour l'émission de son vœu sur la constitution, la législation et l'administration la plus favorable à la colonie : *c'était là le plus grand objet que les assemblées coloniales devaient avoir en vue ; et c'est la chose dont elles se sont le moins occupées jusqu'à présent.* Il importe de les rattacher à ce travail par leur propre intérêt, le retour à l'ordre en dépend ; et cette considération présentée avec force par les sieurs commissaires ne pourra manquer de produire l'effet que l'on est en droit d'en attendre : ils savent qu'ils n'ont sur cela que les voies de l'excitation ; ils n'ont point d'ailleurs à concourir activement avec l'assemblée délibérante : mais Sa Majesté ne doute point qu'ils ne soient souvent consultés, et qu'ils ne s'empressent alors à communiquer le résultat de leurs sages conseils et de leurs lumières acquises. S'il arrivait que l'assemblée se permît de prendre des arrêtés qui fussent contraires aux principes fondamentaux de la constitution et de la législation française, ou aux lois décrétées particulièrement pour les colonies, les sieurs commissaires ne pourraient les passer sous silence ; ils en requerraient la rectification ; ils s'opposeraient dans la même forme à la sanction provisoire du gouverneur, et à l'exécution de ces actes illégaux d'une autorité usurpée ; ils iraient même, sous leur responsabilité, jusqu'à suspendre cette exécution par des proclamations clairement libellées, et ils en rendraient compte sur-le-champ au ministre de la marine et des colonies, qui prendrait les ordres de l'assemblée nationale et du roi : enfin, ils se diront sans cesse que le salut public et la tranquillité de Saint-Domingue sont commis à leurs soins. La force armée, le gouverneur général, les tribunaux, les corps administratifs, *tout est soumis à l'empire de leur réquisition*, pour qu'ils puissent parvenir sans obstacle au but que la nation et le roi se sont proposé dans leur mission : *ils répondront de l'emploi qu'ils auront fait d'une aussi grande autorité...*

Sa Majesté laisse à leur prudence *de se diviser*, lorsqu'à la pluralité des voix ils auront jugé utile de le faire pour opérer plus de bien *en même temps et en divers points ; mais ils commenceront par se tenir réunis*, afin de se tracer une marche certaine, et ils finiront de même par se recueillir sur l'ensemble de leurs opérations.

En cas de partage d'avis entre eux, l'opinion du plus ancien d'âge prévaudra. Si les deux ne croyaient pas devoir attendre le suffrage du troisième absent, et dans le cas où l'un des trois commissaires ne sera pas de l'avis de la majorité, il pourra consigner et motiver son opinion sur les registres de la commission, *mais sans pouvoir lui donner aucune publicité...*

Telles furent les instructions émanées du roi. Nous avons supprimé quelques dispositions de détails concernant les mesures purement administratives et financières. Ces instructions, dont nous avons souligné à dessein certains passages, supposaient, *pour l'avenir*, beaucoup plus de sagesse de la part des colons, qu'ils n'en avaient montré *dans le passé;* car elles établissent fort bien leurs torts à cet égard. Mais l'avenir répondit au passé, et nous verrons pourquoi les commissaires civils durent supprimer totalement l'assemblée coloniale et les assemblées provinciales, afin d'user de la dictature remise entre leurs mains.

En renversant le trône des Bourbons dans la journée du 10 août 1792, l'assemblée législative avait décrété la formation d'une convention nationale pour juger Louis XVI.

Le 22 août, il fut décrété que *des députés* des colonies françaises siégeraient dans cette convention. Le 25 du même mois, un nouveau décret détermina les fonctions des gouverneurs de ces colonies, et un autre fut rendu sur les biens qu'y possédaient les émigrés, qui durent être saisis et vendus au profit du trésor public, sauf les droits des tiers et des familles non émigrées.

Le 8 novembre, la convention nationale rendit un décret qui, en prononçant le rappel des commissaires civils envoyés dans les autres colonies, pour les remplacer par d'autres, confirma la mission de ceux nommés pour Saint-Domingue, *dont le patriotisme est reconnu*, dit ce décret.

Le 10 décembre, elle en rendit un nouveau, par lequel elle approuva les mesures prises à Saint-Domingue par ces commissaires, et que nous ferons connaître.

Nous nous bornons, pour le moment, à la mention de ces actes émis dans le cours de l'année 1792, nous réservant de parler de ceux qui furent rendus plus tard.

CHAPITRE XII.

Assemblée coloniale. — Projet de constitution pour Saint-Domingue. — Effet produit par la nouvelle arrivée au Cap, du décret du 28 mars 1792, et de sa sanction par le roi. — Roume et Blanchelande le font publier. — Persécutions continuées contre les hommes de couleur. — Coalition et traité de paix et d'union à Saint-Marc entre les hommes de couleur et les blancs. — Roume et Blanchelande vont dans l'Ouest. — Voyage et actes de Blanchelande dans le Sud. — Son retour au Cap. — Rigaud affranchit sept cents noirs aux Cayes. — Résumé de la première époque.

Dans le dixième chapitre de ce livre, nous avons expliqué les motifs qui portèrent le commissaire Roume à rester à Saint-Domingue, tandis que ses collègues partaient pour la France.

L'assemblée coloniale, comme on l'a vu, avait toujours compté sur l'appui des forces que l'assemblée constituante et le gouvernement royal promirent constamment, pour assurer la domination des colons sur les deux classes d'hommes de la race noire. Mais, lorsqu'elle apprit les discussions qui eurent lieu dans le sein de l'assemblée législative, pendant les mois de décembre 1791 et janvier 1792, et qu'un décret défendait d'employer contre les hommes de couleur les troupes que la métropole devait expédier dans la colonie, elle se décida, le 31 mars, au moment du départ de Mirbeck,

à envoyer en France six commissaires « dont la mis-
» sion était, suivant Roume, de peindre les hommes
» de couleur et nègres libres sous des traits si odieux,
» qu'elle se flattait d'en provoquer la destruction to-
» tale. »

Roume et Mirbeck, d'un côté, Blanchelande, de l'autre, avaient vainement sollicité cette assemblée obstinée, de statuer sur le sort de cette classe, en vertu du droit que lui conférait le décret du 24 septembre. Mais, après le départ de Mirbeck et de Saint-Léger, l'espèce de transaction survenue entre les deux partis qui siégeaient dans l'assemblée, fut cause qu'elle s'occupa alors, dans le courant du mois d'avril, de la constitution qu'elle voulait donner à Saint-Domingue. Dumas, dont les confidences à Roume avaient déterminé celui-ci à rester au Cap, fut principalement chargé de la rédaction du projet.

Le 12 mai, il le présenta : « ce projet consistait à
» établir à Saint-Domingue une espèce de monarchie
» subalterne, dans laquelle un gouverneur mannequin
» approuverait ou refuserait les arrêtés de l'assemblée
» coloniale, et signerait les dépêches de trois espèces
» de secrétaires d'État, pour le militaire, la finance et la
» justice; ce dernier département était le but vers le-
» quel Dumas (homme de loi) dirigeait toutes ses ac-
» tions [1]. »

Gault, autre membre de l'assemblée coloniale, proposa un autre projet, au nom du comité de constitution, sur l'état particulier des hommes de couleur : il émanait du côté *Est* de l'assemblée, composé des colons

[1] Rapport de Roume, page 15.

qui avaient témoigné *le moins* de prévention contre eux :
« ce projet, n'admettait, dit Garran, à la jouissance des
» droits politiques, que les personnes de sang-mêlé chez
» lesquelles les traces de la couleur *noire* ne seraient
» plus *apparentes.* »

Enfin, Léaumont, député de Torbeck, proposa un autre projet qui n'était autre chose que l'ancien régime converti en loi constitutionnelle.

Mais, ce même jour 12 mai, la frégate l'*Inconstante* arriva au Cap, où elle apporta la nouvelle du décret du 28 mars et de sa sanction par le roi, le 4 avril. Il semble qu'en cette occasion, le ciel voulut donner aux colons une leçon, un avertissement de leur impuissance à résister à ses volontés favorables aux droits de tous les hommes, en faisant coïncider la connaissance de l'acte souverain de la France, avec celle du projet injuste, si longtemps élaboré dans le sein de l'assemblée coloniale.

Loin de reconnaître la nécessité de se soumettre immédiatement à la loi du 4 avril, l'assemblée coloniale resta comme indécise sur la question de savoir si elle tenterait, ou non, de résister à la volonté des deux pouvoirs de la métropole. Le côté *Ouest* de l'assemblée s'entendit avec la municipalité du Cap, pour susciter dans cette ville une émeute dont l'effet, espérait-il, pèserait sur les résolutions de l'assemblée : elle eut lieu le 22 mai. Cette cabale était digne des anciens membres de l'assemblée de Saint-Marc.

L'agitation factice qu'elle occasionna, pénétrant effectivement dans le sein de l'assemblée coloniale, l'espèce de trêve conclue entre les deux partis fut rompue : ils ne purent s'accorder. Il résulta de ce désaccord que, le 27 mai, l'assemblée déclara qu'elle se soumettrait à la loi du 4 avril, dès qu'elle arriverait *officiellement*. Cette résolution fut évidemment forcée, parce que les colons avaient eu le temps de réfléchir que l'envoi de trois nouveaux commissaires civils, qui seraient indubitablement nommés sous l'influence de Brissot et des Girondins, et qui seraient appuyés par six mille hommes de troupes et de gardes nationales, indiquait une volonté bien décidée, de la part de l'assemblée législative, de faire respecter ses décrets dans la colonie.

Toutefois, qu'on ne se méprenne pas sur les vues secrètes des colons. Ils étaient informés par leurs agens en France des complots qui s'ourdissaient là et à l'étranger, pour opérer la contre-révolution au moyen des armées que les puissances européennes se préparaient à y faire pénétrer. La résolution de l'assemblée coloniale, dictée surtout par les partisans de l'ancien régime, n'était qu'une mesure dilatoire, en attendant des temps meilleurs. Ils avaient d'ailleurs tant appris à compter sur les sentimens personnels du roi et sur les tergiversations de l'opinion, qu'ils durent encore espérer dans les événemens ultérieurs.

Voici un extrait de l'arrêté pris le 27 mai :

Quoique ce décret soit diamétralement opposé *aux dispositions de la loi constitutionnelle du 28 septembre* 1791, néanmoins l'assemblée coloniale, *ne voulant pas compromettre, par la résistance*, le salut des restes de Saint-Domingue, qu'il importe de conserver à la France, puisque son commerce et l'existence de six millions d'hommes reposent entièrement sur leur conservation ; ne voulant pas non plus mettre en opposition *la loi qu'elle a le droit de faire, avec la décision* qui est émanée de l'assemblée nationale, parce que de ce *conflit d'autorité* pourraient naître des divisions et des désordres qui accéléreraient la ruine de cette malheureuse colonie ;

L'assemblée déclare qu'attendu la connaissance certaine qu'elle a du décret de l'assemblée nationale législative, du 28 mars dernier, sanctionné par le roi le 4 avril suivant, *elle s'abstient de prononcer* sur l'état politique des hommes de couleur et nègres libres, et qu'elle reconnait *la nécessité de se soumettre à la volonté de l'assemblée nationale et du roi, lorsqu'elle lui sera manifestée*. Enfin, l'assemblée, en ordonnant la publication de cette déclaration, invite le gouverneur général à faire une proclamation pour *ordonner* aux hommes de couleur et nègres libres *de rentrer dans l'ordre et de se réunir aux blancs* dans leurs paroisses respectives, *pour faire cesser la révolte des esclaves.*

On sent tout ce qu'il y avait de contraint dans cette impudente déclaration. La morgue coloniale rongeait le frein qui lui était imposé. Il lui fallait céder à l'empire des circonstances : elle le fit de mauvaise grâce, elle le fit avec insolence.

Le 28 mai, un aviso arriva au Cap, porteur de la loi du 4 avril, avec des lettres du ministre de la marine qui enjoignaient à Blanchelande et aux commissaires civils, de procéder de suite à l'exécution de cette loi, en tout ce qui n'était pas expressément réservé à l'action des nouveaux commissaires civils. L'empressement mis à faire ordonner cette exécution provisoire indique la présence dans le gouvernement de quelques *Amis des noirs*.

Le 29, Roume se rendit dans le sein de l'assemblée coloniale, de l'assemblée provinciale du Nord et de la municipalité du Cap, et requit l'enregistrement de la loi. Mais, fidèle à l'esprit de conciliation qu'il montra constamment dans le cours de cette mission, il eut la condescendance de supprimer, dans l'acte de publication et sur les instances de l'assemblée coloniale, la date de *l'an IV° de la liberté* que portait la loi, afin de ne pas augmenter *les prétentions* des esclaves insurgés.

Il préludait ainsi à d'autres condescendances qui furent plus fatales à Saint-Domingue.

Le 15 mai, l'assemblée coloniale avait rendu un décret pour assurer *la perpétuité de l'esclavage* dans la colonie. Lisons-le :

L'assemblée coloniale de la partie française de Saint-Domingue *législative*, en vertu de la loi *constitutionnelle* du 28 septembre 1791, reconnaît et déclare que la colonie de Saint-Domingue *ne peut exister sans le maintien de l'esclavage; que l'esclave est la propriété du maître, et qu'aucune autorité ne peut porter atteinte à cette propriété.*
En conséquence a décrété et décrète ce qui suit :
Article 1er. A l'assemblée coloniale seule il appartiendra de prononcer *les affranchissemens des esclaves*, sur la demande expresse des propriétaires, pour les causes, et suivant le mode qui sera déterminé par la loi.
L'arrêté qui prononcera l'affranchissement sera soumis à l'approbation du gouverneur.
2. L'assemblée coloniale fera incessamment tous les règlemens nécessaires *pour le maintien de l'esclavage et la discipline des esclaves.*
Sera le présent décret, présenté à l'approbation provisoire de M. le lieutenant au gouvernement général, et envoyé pour être présenté à la sanction directe et absolue du roi.

A cette occasion, l'assemblée coloniale nomma trois nouveaux commissaires pour porter ce décret directement à la sanction du roi : c'étaient Page, Brulley et Lux.

Vain espoir! avant que ces commissaires arrivassent en France, l'émeute du 20 juin, à Paris, avait porté un premier coup à la royauté; le 10 août, elle n'y existait plus! D'ailleurs, les incendies, les massacres qui accompagnèrent la révolte des esclaves; les succès qu'ils obtinrent dans les combats et qui les aguerrissaient chaque jour; la secrète excitation qu'ils recevaient des agens contre-révolutionnaires : tout présageait le triomphe de leur cause sainte dans un avenir peu éloigné. Celle des mulâtres et nègres libres sortant également victorieuse des obstacles que les colons lui avaient opposés, les noirs n'avaient pas besoin de l'émission d'une loi, pour savoir qu'ils avaient autant de droits que leurs frères et leurs enfans. La révolution prévue par l'abbé Maury était faite. Les colons seuls pouvaient encore s'aveugler sur ce point.

Si l'assemblée coloniale se vit contrainte d'enregistrer la loi du 4 avril, elle ne calcula pas moins que l'arrivée des nouveaux commissaires civils, avec les forces qui devaient les accompagner, subirait encore un retard qu'elle pourrait mettre à profit pour continuer ses persécutions contre les hommes de couleur. En conséquence, elle écrivit à tous les corps populaires de la colonie de redoubler leurs rigueurs contre cette classe.

Au Port-de-Paix, à Jérémie, au Port-au-Prince, partout enfin, les colons se prêtèrent à ses vues, à ses affreux désirs, tout en publiant comme elle, la loi du 4 avril. Des violences que la rage animait eurent lieu contre leurs victimes. Il est inutile d'entrer dans les détails de ces actes de barbarie coloniale ; ce que nous avons fait connaître déjà de la part des despotes de Saint-Domingue suffit, peut-être, pour faire comprendre aux lecteurs tout ce que la haine et la perversité la plus raffinée suggérèrent à ces hommes. S'il était nécessaire encore d'ajouter aux précédens récits, nous dirions qu'au Port-de-Paix, un colon, du nom de François Lavaux, offrit trente mille francs à la municipalité de cette ville, pour un bâteau où étaient entassés environ deux cents personnes de tout âge et de tout sexe, parmi les hommes de couleur, *afin d'avoir*, disait-il, *le plaisir de faire couler bas* ce bâteau avec ces malheureux proscrits. A Jérémie, sur un autre navire étaient également des hommes de couleur embarqués par ruse et par force. Les colons de ce lieu inoculèrent parmi eux *la petite vérole* pour les moissonner.

Un autre colon nommé Barillon, arrivant de Saint-Domingue à Bordeaux, apprend que la loi du 4 avril a accordé l'égalité politique à la classe de couleur; il écrit la lettre suivante aux commissaires de l'assemblée coloniale, à Paris :

« Nos bourreaux, nos assassins, les monstres qui ont
» fertilisé la terre des ossemens de nos frères, triom-
» phent donc! Mon cœur est pénétré de la plus pro-
» fonde affliction... Le décret du 28 mars est une
» *horreur*, une *turpitude*... Plus de colonies, *plus d'es-
» claves!* Le décret du 28 mars est un *brevet de liberté*
» pour cent soixante-six mille révoltés. Ce décret est
» une *monstruosité* aux yeux de la politique ; c'est un
» *crime* aux yeux de la *saine philosophie ;* il coûtera
» la vie à quarante mille individus... Le salut de Saint-
» Domingue est impossible, si l'on ne prend le parti
» *d'être juste et sévère envers les mulâtres, en les extermi-
» nant* ou du moins *en les déportant dans l'île de l'As-
» cension*, près des îles du Prince en Guinée, en leur
» fournissant *des vivres pour un an et des instrumens
» aratoires*... Il est encore possible de sauver et de ré-
» tablir Saint-Domingue : *j'ai conçu un plan* à cet égard :
» le premier point est *la déportation des mulâtres*, et la

» *confiscation de leurs biens au profit des blancs incen-*
» *diés* [1]. »

On le voit : la classe *des mulâtres* est réellement le cauchemar qui pèse sur la poitrine des colons et l'empêche de respirer : *déportez, détruisez les mulâtres*, et il sera facile *de subjuguer les nègres*, de les maintenir dans *l'esclavage*. La cause de ces deux classes est donc essentiellement identique. Les prétendus *bienfaiteurs* des mulâtres voient avec horreur l'existence de cette classe, devenue pour eux le plus grand obstacle au maintien de l'affreux *droit de propriété* que le régime colonial leur a créé sur les noirs. Dans l'origine des colonies, privés de femmes de la race blanche, les colons ont dû s'unir à des femmes noires ; de cette union naturelle sont nés les mulâtres dont la classe s'est accrue par sa propre reproduction ; elle gêne, elle embarrasse maintenant ces hommes blancs qui n'ont pas eu le sentiment de l'amour pour leurs esclaves ; et de ce que les mulâtres réclament les droits qu'ils tiennent de la nature en leur qualité d'hommes, de ce que des hommes généreux et justes, dans la métropole, soutiennent leurs réclamations et les font triompher, les colons ne songent qu'à la destruction de ceux qu'ils appellent *des fils dénaturés !* Qui donc forfait aux bons sentimens de la nature, entre eux ou vous, colons de Saint-Domingue?...

C'est une chose remarquable, que la *déportation* était tout à fait du goût de ces hommes qui n'osaient pas proposer tout haut la *destruction* des mulâtres et des nègres libres, ou qui avaient honte d'exprimer ce vœu,

---

[1] Rapport de Garran, tome 3, pages 36 et 37.

ce désir cruel : *déporter* dans une île déserte, isolée de toutes communications, équivaut bien à *tuer*.

En octobre 1791, les blancs du Port-au-Prince veulent détruire les *nègres suisses* (c'est toujours la même race), et ils proposent de les déporter sur les plages de la baie des *Mosquitos* où ils auraient eu à combattre tout à la fois, et contre la faim et contre les Indiens sauvages ; mais ils ont soin de les faire jeter sur l'une des îles désertes de ces côtes, pour en finir plus vite.

En 1792, Barillon propose de déporter les *mulâtres* dans l'île de *l'Ascension*, près des côtes de Guinée.

Et en 1814, Malouet, ministre de la marine et des colonies, ancien colon de Saint-Domingue, un de ces hommes *qui n'avaient rien oublié ni rien appris*, Malouet se proposait de déporter *les mulâtres et les nègres éclairés* parmi les Haïtiens, à l'île de *Ratan*, dans la baie de Honduras,.... sans doute par réminiscence de l'affaire des infortunés *suisses* et pour n'avoir pas à faire un long trajet [1].

Les dispositions de la loi du 4 avril et sa publication obligée, ayant restreint le pouvoir de l'assemblée coloniale et relevé celui du commissaire Roume et de Blanchelande, ce dernier profita du concours qu'il reçut dès lors de la part des hommes de couleur du Nord,

---

[1] En 1814, aussitôt l'arrivée à Kingston du colonel Dauxion-Lavaysse, principal agent de la mission d'espionnage envoyée à Haïti par Malouet, il y parut un livre où la population d'Haïti était divisée en six classes. Le sort des mulâtres et des nègres éclairés, y était-il dit, était d'être transporté ou déporté à l'île de *Ratan*, dans la baie de Honduras. Cet ouvrage fut publié sous l'influence de Dauxion-Lavaysse, ainsi que l'a dit Pétion, dans sa lettre du 6 octobre 1816 aux commissaires français envoyés alors près de lui, puisque les mêmes catégories étaient insérées dans les instructions secrètes trouvées par H. Christophe sur Franco de Médina, l'un de ces espions.

pour rétablir la puissance du régime militaire dans la plupart des paroisses de cette province. Au moyen de ces mesures, il put songer à passer dans l'Ouest et le Sud, pour y faire publier et exécuter la loi du 4 avril, et réprimer également les factieux qui résistaient dans ces provinces.

Lorsque, dans l'Ouest, les hommes de couleur confédérés avec les blancs de la Croix-des-Bouquets, eurent soulevé les esclaves du Cul-de-Sac pour refouler Praloto au Port-au-Prince, c'est que ce brigand se proposait alors de marcher contre eux au Mirebalais, tandis que le marquis de Borel, campé aux Vérettes, s'y porterait aussi par la vallée de l'Artibonite. Ce noble, grand planteur de cette paroisse, déjà ruiné et endetté avant la révolution, pillait les habitans de toute cette plaine et commettait des assassinats affreux.

Au même instant, les hommes de couleur soulevèrent les ateliers de l'Arcahaie et quelques-uns de la plaine de l'Artibonite, pour combattre également Borel, dont les mouvemens se liaient à ceux du camp de la Saline, sous les ordres de Dumontellier. Ils réussirent à les chasser de leurs positions. Borel, membre de l'assemblée coloniale, se rendit au Cap, et Dumontellier se réfugia au Môle avec ses saliniers. C'est alors qu'il assassina les soixante *suisses* dont il a été parlé dans le 8ᵉ chapitre.

A Jacmel, aux Cayes-Jacmel et à Baynet, les hommes de couleur reprirent aussi l'offensive contre les blancs de ces paroisses.

Par suite de leurs succès dans l'Artibonite, ils organisèrent à Saint-Marc une nouvelle coalition entre eux et les blancs contre-révolutionnaires des paroisses de Saint-Marc, des Gonaïves, de la Petite-Rivière et des Vérettes.

Cette coalition les rendit maîtres de toute la province de l'Ouest, le Port-au-Prince excepté. Ce fut encore aux talens politiques de Pinchinat qu'ils durent cette mesure. Pinchinat fut secondé en cette circonstance par Savary, J.-J. Laplaine, Guyambois, Charles Petit-Bois et Esnard, tous mulâtres ou nègres libres de l'Artibonite. Du côté des blancs, ce fut surtout le vicomte de Fontanges, propriétaire dans cette plaine, qui devint le médiateur entre les blancs et les hommes de couleur [1].

Le traité de paix et d'union qui fut signé à Saint-Marc le 21 avril 1792, précédé d'un autre qui lui servit de base et qui fut signé le 14, à la Petite-Rivière, dénonçait à la nation et au roi l'assemblée provinciale de l'Ouest et l'assemblée coloniale, comme étant les auteurs de tous les maux de la colonie. N'oubliant jamais de confondre la cause commune de tous les mulâtres et nègres libres, Pinchinat y fit insérer une disposition par laquelle l'élargissement de tous ceux qui étaient détenus prisonniers dans divers quartiers, serait demandé par les blancs de l'Artibonite, en retour de la mise en liberté de cent cinquante prisonniers blancs qui étaient tombés au pouvoir des hommes de couleur, dans les combats livrés contre Borel, et qui se trouvaient détenus au fort élevé à la *Crête-à-Pierrot*, monticule destiné à devenir célèbre dans nos annales. Dans cette convention ou concordat du 14 avril, il fut reconnu et constaté que *la détention de ces blancs prisonniers n'avait rien de cruel, par la générosité avec laquelle ils furent traités.* Et c'étaient cependant des hommes de la troupe d'assassins et de pillards commandée par Borel !

[1] C'est le même Fontanges qui vint en 1816, en qualité de commissaire de

Cet acte de la coalition de Saint-Marc ayant été déféré à l'approbation de Roume, ce commissaire n'hésita pas à l'accorder à des hommes qui n'agissaient ainsi que dans les vues d'épargner à la province de l'Ouest les ravages survenus dans le Nord. Cette approbation donnée par Roume, avant la réception de la nouvelle de la loi du 4 avril, produisit le meilleur effet sur l'esprit des hommes de couleur : elle les porta à persévérer dans la modération qui distingua ceux de l'Ouest.

Marchant d'accord, et forts de toute la puissance que leur donnait la loi du 4 avril, Roume et Blanchelande partirent du Cap le 16 juin sur le vaisseau le *Jupiter*, et arrivèrent à Saint-Marc le 20. Ils y furent reçus avec des témoignages de respect par les hommes de couleur. Les blancs de la coalition espérèrent trouver en Blanchelande un vengeur des humiliations et des violences qu'ils avaient subits, comme partisans de l'ancien régime, sous ce gouverneur et Mauduit, de la part des factieux du Port-au-Prince. De leur côté, les hommes de couleur voulaient aussi que Roume et Blanchelande concourussent à la rentrée de leur armée dans cette ville ; mais, suivant le témoignage de Roume, il y eut moins d'acharnement de leur part que de celle des pompons blancs de Saint-Marc.

Après le départ de Caradeux *le Cruel* pour les États-Unis, où il emmena une cinquantaine de ses esclaves pour y fonder une habitation dans la Caroline du Sud, les factieux du Port-au-Prince avaient nommé Borel capitaine général de la garde nationale de cette ville. Ils envoyè-

---

Louis XVIII. Guyambois, nègre libre, était dès lors très-influent dans l'Artibonite. Nous en parlerons plus tard.

rent trois commissaires au Cap l'informer de sa nomination et l'inviter à se rendre auprès d'eux. Parti du Cap sur un bateau, Borel entra au Môle où il joignit Dumontellier et ses sicaires, et une infinité d'autres misérables brigands, tels qu'on en voyait dans toutes les villes de la colonie à cette époque : quelques-uns de ceux de sa troupe des Vérettes s'y trouvaient aussi. La municipalité du Port-au-Prince avait expédié plusieurs bâtimens pour les recueillir. Borel forma au Môle une flottille de onze voiles et se mit en route. Mais arrivé dans le petit golfe de l'Ouest, il fut personnellement capturé par le vaisseau le *Borée* que montait M. de Grimouard, qui amena à Saint-Marc le navire sur lequel il se trouvait. Roume et Blanchelande le livrèrent au jugement de la sénéchaussée de cette ville, à raison des déprédations et des meurtres qu'il avait commis dans l'Artibonite. Mais l'assemblée coloniale, dont il était membre, ne tarda pas à réclamer sa mise en liberté, comme *inviolable* en cette qualité : la faiblesse de Blanchelande céda à cette réclamation et fut cause que, par la suite, Borel put organiser au Port-au-Prince une résistance contre Polvérel et Sonthonax, dont nous aurons occasion de parler.

Roume et Blanchelande se disposèrent à aller au Port-au-Prince. Le premier, dans son rapport, fait connaître les conditions posées par les coalisés de Saint-Marc, pour concourir avec eux à soumettre le Port-au-Prince à leurs ordres ; il y rend justice à Pinchinat, Savary, Lapointe et Morin, qu'il vit à Saint-Marc, et *qui justifièrent*, dit-il, *la haute réputation que lui avaient inspirée leur énergie, leur sagesse et leurs talens politiques et militaires.*

Le 22 juin dans la soirée, Blanchelande partit avec les forces maritimes; le lendemain, Roume se mit en route par terre pour se rendre à l'Arcahaie et à la Croix-des-Bouquets. Escorté par une soixantaine des coalisés commandés par Lapointe, il reçut de ce dernier, a-t-il dit, tous les avis et les conseils les plus propres à faciliter ses opérations. Il trouva une grande soumission de la part des chefs d'ateliers noirs soulevés dans la paroisse de l'Arcahaie, et réussit à calmer leur animosité contre les blancs du Port-au-Prince. A la Croix-des-Bouquets, il trouva en Bauvais « un homme vertueux
» par tempérament, par principes et par coutume, qui
» trouvant dans son cœur la morale qu'il prêchait, la
» propageait, secondé par les chefs de son armée, parmi
» les hommes de couleur et nègres libres qui y venaient
» de tous côtés. Je voudrais, ajoute-t-il, avoir à rendre
» le même témoignage en faveur de tous les blancs
» qui se trouvaient là; mais que j'en suis éloigné ! »

C'est une sorte de gloire pour la classe des mulâtres et nègres libres qui choisirent Bauvais pour leur premier général, de trouver l'éloge de cet homme dans la bouche et sous la plume de tous les blancs, même de ceux qui ont été leurs ennemis les plus acharnés. Page lui-même, ce colon si furieux contre cette classe et contre les esclaves, cet énergumène qui professa sous Robespierre les maximes les plus odieuses, qui conseilla d'employer *le poison* contre leurs chefs, Page a dit dans son *discours historique* qu'il a publié à Paris, en 1793, en parlant de Bauvais et de l'affaire du 21 novembre 1791 : « C'est aussi avec justice que chacun rend hom-
» mage aux vertus de Bauvais, chef militaire des hom-
» mes de couleur. Ce brave citoyen a, plus d'une fois,

» arrêté le poignard dans la main de ses frères. »

Après bien des mesures conciliatoires, Roume et Blanchelande firent rentrer au Port-au-Prince l'armée des confédérés de la Croix-des-Bouquets. Bauvais, à la tête de ceux qui venaient de la plaine du Cul-de-Sac, Rigaud, à la tête de ceux qui étaient campés à Bizoton, y pénétrèrent le 5 juillet. Les blancs de la ville, ne pouvant résister aux forces qui les menaçaient de tous côtés, se prêtèrent à tout ce que voulurent le commissaire civil et le gouverneur général. Ceux de la confédération prirent rang dans la garde nationale; mais les hommes de couleur continuèrent de rester unis entre eux, parce qu'il était évident qu'ils ne pouvaient compter sur la sincérité de la soumission de leurs ennemis au nouvel ordre de choses produit par la loi du 4 avril.

Une dizaine des plus furieux des agitateurs du Port-au-Prince furent arrêtés et condamnés à la déportation en France : le fameux Praloto était de ce nombre. Dumontellier, l'égorgeur des malheureux *suisses* au Môle, obtint un passeport pour se rendre aux États-Unis. Embarqués sur le navire l'*Agathe* qui fut envoyé à Saint-Marc, les dix déportés allaient partir pour la France, lorsque dans la nuit du 10 au 11 juillet, Praloto en fut retiré par un blanc nommé Roi de la Grange, assisté de quatre autres assassins : ils le mirent dans un canot et le chargèrent de fers; dans la baie, ils le sacrifièrent et jetèrent le cadavre à la mer. Roi de la Grange avait été secrétaire du comte de Peinier et de Blanchelande, et remplissait alors à Saint-Marc les fonctions de prévôt de la maréchaussée. Comme Praloto avait joué le principal rôle dans l'assassinat de Mauduit, qui occasionna la fuite de Blanchelande et des pompons blancs du Port-au-Prince, le gouverneur général fut soupçonné de participation à la mort de Praloto. Certes, ce misérable bandit méritait une punition pour tous les forfaits qu'il avait commis ; mais, il aurait dû être jugé et condamné par les tribunaux, et non pas assassiné.

Ce fut après l'entrée des confédérés au Port-au-Prince que, s'adressant aux hommes de couleur pour les prémunir contre les vues contre-révolutionnaires des blancs de leurs confédérations, tant à la Croix-des Bouquets qu'à Saint-Marc, Roume reçut de Bauvais cette réponse : « Je puis vous répondre que nous n'avons jamais été
» *les dupes* des pompons blancs : il nous fallait conqué-
» rir nos droits, nous avions besoin d'auxiliaires ; *le*
» *diable se serait présenté que nous l'aurions enrégimenté.*
» Ces messieurs *se sont offerts*, et nous les avons em-
» ployés, en leur permettant de croire qu'ils nous
» dupaient... Mais comptez que nous sommes incapa-
» bles de trahir la nation, ni de nous refuser à ce que
» vous exigerez pour elle. » Réponse où la franchise toute militaire de Bauvais décèle aussi la politique habile de Pinchinat, qui fit le succès des hommes de couleur.

Ce commissaire atteste, au surplus, à la louange de ces hommes que, loin de vouloir profiter des circonstances pour se venger de leurs ennemis, ils furent plus modérés que les blancs de la confédération. Ils furent même généreux ; car Beaulieu, l'un d'eux, dont la femme enceinte avait été si atrocement tuée et éventrée, dont l'enfant avait été jeté dans les flammes, le 21 novembre 1791, Beaulieu promit à Roume de ne pas se venger, s'il rencontrait l'auteur de ce féroce assassinat. Ce blanc, nommé *Larousse*, était au Port-au-Prince; Beaulieu le vit, et il tint sa parole!

Cette abnégation de l'époux, du père privé des plus chers objets de ses affections, n'est-elle pas sublime à côté de la basse vengeance exercée par Roi de la Grange sur la personne de l'infâme Praloto?

L'infortuné Beaulieu, quel que fût le mérite de sa noble action, n'en devint pas moins victime de la haine des colons : un jour arriva où elle arma le bras coupable de Toussaint Louverture contre lui et les siens, et il périt à côté de son beau-père. Et alors, Roume qui fut témoin de sa générosité, abaissant l'autorité nationale devant les volontés de ce chef, Roume ne fit rien ou ne put rien pour le sauver [1]!

Larousse ne fut point poursuivi par Roume ni Blanchelande, à l'entrée des hommes de couleur : ce n'est que l'année suivante, qu'il fut livré aux tribunaux par ordre de Polvérel et Sonthonax; mais aucun document ne constate qu'il fut puni de sa féroce action.

Les confédérés avaient demandé le renvoi en France des bataillons d'Artois et de Normandie : il n'y eut que ce dernier qui fut embarqué tout entier et expédié dans la métropole.

Les ateliers d'esclaves soulevés dans les paroisses de la Croix-des-Bouquets et de l'Arcahaie rentrèrent dans leurs travaux. Cette soumission fut obtenue par l'affranchissement de *cent* des principaux chefs parmi ceux du Cul-de-Sac, et de *quarante-quatre* autres parmi ceux de l'Arcahaie, à condition qu'ils serviraient pendant cinq

---

[1] Beaulieu fut fusillé au Port-au-Prince avec Cameau, son beau-père, dans les premiers momens de la guerre civile entre Toussaint Louverture et Rigaud.

ans dans la gendarmerie et qu'ils maintiendraient la discipline dans les ateliers.

Roume continua à résider dans l'Ouest jusqu'à l'arrivée des nouveaux commissaires civils. Il était à Saint-Marc, le 19 septembre, quand il apprit qu'ils venaient de débarquer au Cap. Il se rendit auprès d'eux, accompagné de Savary qu'il appelle le Washington des hommes de couleur, en même temps qu'il nomme Pinchinat leur Franklin. C'est avec raison que Garran dit de lui, que *ses écrits recevaient de sa plume la teinte un peu romanesque, qui paraît être l'un des traits distinctifs de son caractère.* On pourrait encore passer à Roume la comparaison relative à Pinchinat ; mais comparer Savary à Washington, après l'éloge qu'il fait de Bauvais ! Savary et Lapointe dont il a vanté la *sagesse,* n'en furent pas moins des traîtres qui contribuèrent avec les colons à tenter de replacer tous les noirs dans l'esclavage, sous la domination de la Grande-Bretagne.

Dans la nuit du 11 au 12 juillet, Blanchelande partit pour Jérémie avec les vaisseaux le *Jupiter* et le *Borée,* afin d'y faire publier la loi du 4 avril que les blancs du quartier de la Grande-Anse refusaient encore de reconnaître. Le but de son voyage était aussi de faire mettre en liberté des hommes de couleur qu'ils retenaient prisonniers à bord d'un navire, comme au Port-de-Paix, depuis plusieurs mois. Déjà, il y avait vainement envoyé le commandant Rochefontaine, à la tête d'un détachement du régiment de Berwick, dans le même but ; cet officier avait été paralysé par les séductions que les blancs employèrent auprès de cette troupe. André Rigaud accompagna Blanchelande avec une partie des hommes de couleur du Sud qu'il avait sous ses ordres. La présence de ces forces contraignit les blancs, ils se soumirent à la nécessité : hommes, femmes, vieillards et enfans étaient entassés pêle-mêle et chargés de fers sur ce navire. Ils recouvrèrent leur liberté en ce moment; mais ils en furent privés de nouveau.

Dès la fin de 1791, les blancs des diverses paroisses qui formaient les quartiers de la Grande-Anse et de Tiburon, s'étaient ligués. En février 1792, ils créèrent un *conseil d'administration* pour la direction des affaires publiques. Ce conseil tenait ses séances à Jérémie; il ne correspondait qu'avec l'assemblée coloniale dont il obtint l'assentiment. Isolés du reste de la province du Sud, ces deux quartiers purent rester ainsi indépendans de toute autre autorité que de celle de l'assemblée coloniale, dont leurs habitans partageaient les principes.

De Jérémie, Blanchelande se rendit à Tiburon où il resta vingt-quatre heures : il poursuivit sa route et arriva aux Cayes dans les derniers jours de juillet. Il y fut reçu, comme au Port-au-Prince, avec de grandes démonstrations de joie. Les blancs profitèrent de sa présence pour le porter à essayer de comprimer les esclaves qui, depuis quelque temps, étaient en pleine révolte et campés aux Platons, hauteurs de la paroisse des Cayes : de là, leurs incursions s'étendaient dans toutes les autres paroisses.

Avant d'employer les forces dont il pouvait disposer, Blanchelande se ménagea plusieurs entrevues avec les chefs de ces révoltés : il resta convaincu que des moyens de douceur et de justice seraient plus efficaces que ceux de la guerre. Peu de temps avant son arrivée, ces chefs avaient proposé de faire rentrer tous les révoltés à leurs travaux, moyennant *trois cents affranchissemens* en leur faveur, la concession de *trois jours par semaine* et *l'abolition du fouet* en faveur des masses. Mais l'assemblée provinciale du Sud avait refusé de souscrire à ces conditions : elles furent renouvelées à Blanchelande, dans son entrevue avec les chefs des révoltés. Ceux-ci, s'apercevant que le gouverneur général n'avait pas assez de pouvoir à cet effet, s'emparèrent du camp Bérault, où se tenaient les blancs, et les refoulèrent en ville.

Cédant alors, par faiblesse, aux demandes pressantes de l'assemblée provinciale et des autres colons, contrairement aux avis de Mangin d'Ouence, de Thiballier et de Rigaud, plus capables de juger des opérations militaires, Blanchelande fit marcher trois colonnes contre les révoltés. Elles furent successivement défaites. Le quartier général où il se tenait, fut bientôt attaqué par les révoltés et mis en complète déroute. Blanchelande rentra aux Cayes à la débandade, avec les orgueilleux colons qui le poussèrent à cette campagne imprudente. C'était dans les premiers jours du mois d'août 1792. Augustin Rigaud, combattant à côté de son frère, fut blessé dans la déroute.

Le lendemain de sa rentrée aux Cayes, Blanchelande, confus de sa défaite, repartit pour se rendre au Cap où il arriva dans les derniers jours du mois d'août. Il prit la voie de mer.

Après son départ des Cayes, les révoltés, qui n'avaient nullement souffert dans les attaques dirigées contre eux, s'empressèrent de renouveler leurs propositions de paix, en demandant d'abord *la liberté de tous* et les trois jours par semaine, puis en réduisant le nombre des affranchissemens à quatre cents, au profit des chefs ; et ceux-ci promettaient de faire rentrer les autres à leurs travaux, et de remettre neuf cents bons fusils que les colons leur avaient donnés en les organisant contre les hommes de couleur.

Mais les colons refusèrent de nouveau toute concession. Les révoltés demandèrent alors *la liberté générale* de tous les combattans. Ces négociations se passaient depuis un mois. Le 16 septembre 1792, Rigaud écrivit à Roume la lettre dont nous donnons ici un extrait.

> Monsieur le Commissaire national civil,
>
> Étant chargé de pouvoirs de l'assemblée provinciale du Sud, pour aller faire un arrangement avec les nègres insurgés et réfugiés dans les montagnes du Platon, il est de mon devoir de vous instruire où en sont les choses ; si je ne l'ai pas plus tôt fait, monsieur, c'est que je n'avais pas encore l'espoir de terminer avec eux. Mais, après un mois de peines et de risques, *je suis enfin parvenu* à ramener ces nègres à des principes de paix. On accorde la liberté à *sept cents ; je leur délivre des imprimés d'affranchissement* au nom de la province du Sud, en vertu des pouvoirs qui m'ont été donnés. Je m'occupe *à les organiser en compagnies de cent hommes chacune*, pour faire le service et protéger la plaine et les mornes, et se porter partout où besoin sera dans la province pour arrêter les insurrections, les incendies et les brigandages ; une partie sont déjà en activité dans ce service ; les habitans commencent à rentrer chez eux, et j'espère que sous peu ces mêmes habitans seront à même de réparer les pertes considérables qu'ils viennent d'essuyer.
>
> Vous avez vu, monsieur, l'adresse que j'ai faite à la commission nationale civile, sous le couvert de M. de Saint-Léger, où je parlais d'accorder la liberté à une partie de nègres que les habitans blancs avaient armés contre les hommes de couleur, et qui ont profité du moment qu'ils étaient armés pour secouer le joug ; ces nègres, formés en compagnies de gendarmerie, auraient maintenu tout le reste, seul moyen d'empêcher l'insurrection générale. Mais, monsieur le commis-

saire national civil, il suffisait que j'avais donné cet avis (qui aurait bien moins coûté, et on aurait évité tous les malheurs qui sont arrivés) pour qu'il ne fût pas adopté. Les habitants disaient alors : *Nous aimons mieux tout perdre que de consentir à la liberté d'un seul nègre.* Je voyais le mal qui se préparait; je voulais le bien, et voulais l'opérer au péril de ma vie; mais, monsieur, que d'entraves, que de résistances n'ai-je pas trouvées ! que d'orgueil, que de préjugés il fallait encore vaincre, malgré que la loi du 4 avril était promulguée [1]!...

Tel fut l'heureux résultat obtenu par l'insurrection des noirs dans le Sud, secondé, appuyé de l'influence morale et politique des hommes de couleur admis à l'égalité des droits avec les blancs. Le premier usage que font ces hommes des droits qui leur sont reconnus par la loi du 4 avril, c'est d'obtenir la consécration *de la liberté*, — dans l'Ouest, en faveur de cent quarante-quatre des principaux chefs parmi les noirs insurgés, — dans le Sud, en faveur de sept cents.

Dans la première de ces provinces, les nouveaux affranchis sont enrôlés dans la gendarmerie; dans la seconde, ils sont également enrôlés en un corps de troupes destinées à maintenir l'ordre et le travail des ateliers. Bientôt on verra ces derniers former le noyau de la légion de *l'égalité* créée dans le Sud, à l'instar de la légion également formée au Port-au-Prince, par Polvérel et Sonthonax.

Le lecteur comprend mieux maintenant la cause de l'influence exercée par les hommes de couleur, mulâtres et nègres libres, sur les nègres encore esclaves, mais qui arrivèrent un an après à la liberté générale comme leurs frères, tant dans le Nord, dans l'Ouest que dans le Sud. Il comprend pourquoi les révoltes successives des nègres dans ces deux dernières provinces furent exemptes des

[1] Pièces justificatives annexées au Rapport de Roume, page 63.

ravages immenses qui signalèrent l'insurrection de ceux du Nord, occasionnée principalement par les intrigues des blancs contre-révolutionnaires, partisans du gouvernement royal, ne visant qu'au rétablissement de l'ancien régime colonial.

Dans le Nord, ce sont les passions des aristocrates européens qui arment le bras de l'esclave de la torche et du poignard, pour triompher de leurs adversaires, blancs comme eux-mêmes, et qui se ménagent dans ces excès un argument contre leurs instrumens, qu'ils ont l'intention de maintenir dans la servitude.

Dans l'Ouest et dans le Sud, ce sont les frères et les enfans de l'esclave qui le soulèvent pour arriver graduellement à la liberté, en conservant les propriétés, en maintenant l'ordre autant que possible, pour rendre ces nouveaux libres plus dignes de la conquête de leurs droits. Les hommes de couleur réparent ainsi la faute qu'ils ont commise à l'égard des *suisses*.

D'un côté domine le sentiment *de l'orgueil*, irrité des progrès de la révolution qu'il veut arrêter.

De l'autre domine le sentiment *de la fraternité*, qui profite de la marche ascendante de cette révolution, pour en assurer les heureux résultats au plus grand nombre.

Une autre observation à tirer des faits que signale la lettre d'André Rigaud, c'est que, dès le mois de septembre 1792, avant l'arrivée des nouveaux commissaires civils, ce révolutionnaire apparaît aux noirs du Sud comme le protecteur de leurs droits. De là l'influence particulière qu'il exerça personnellement sur eux; de là l'attachement et le dévouement qu'ils lui montrèrent un jour, quand il eut à combattre Toussaint Louverture.

En vain le général en chef de Saint-Domingue, devenu le trop facile instrument de la politique infernale des colons et du gouvernement de la métropole, essaya-t-il de persuader aux noirs du Sud que Rigaud lui faisait la guerre *parce qu'il était noir*, que Rigaud était *l'ennemi des noirs* : ils ne le crurent pas, ils combattirent pour Rigaud avec ardeur et fidélité.

Cette organisation que fait Rigaud, des noirs affranchis en compagnies, nous prouve encore la persévérance de ses idées à cet égard. On se rappelle qu'au concordat de la Croix-des-Bouquets, du 11 septembre 1791, il fut le premier à vouloir qu'un article spécial garantît l'affranchissement des *noirs suisses*, et qu'il s'ensuivit le projet de les enrôler dans la maréchaussée ou gendarmerie, pour n'obtenir leur liberté qu'au bout de huit années de service. On se rappelle aussi qu'il protesta contre la déportation de ces infortunés à la baie des Mosquitos.

Après l'entrée de Roume et de Blanchelande au Port-au-Prince, l'affranchissement donné à cent quarante-quatre esclaves entraîne leur incorporation dans la gendarmerie. Dans le Sud, après le départ de Blanchelande des Cayes, Rigaud fait encore prévaloir cette idée. Ce génie d'organisation qui le distingue fait découvrir en lui l'homme qui est devenu ensuite la personnification militaire de la classe des hommes de couleur. Il a conquis cette position, à l'exclusion de Bauvais, du moment qu'il eut créé, suivant le témoignage de Pamphile de Lacroix, « le système élémentaire de petite guerre qui a » fini par apprendre aux esclaves armés de Saint-Do- » mingue qu'ils étaient des hommes et des soldats [1]. »

[1] *Mémoires*, etc., tome 1er, page 293.

En terminant ce chapitre, nous devons faire remarquer une vérité historique importante.

Si l'ancienne province du Sud a offert souvent le spectacle des agitations politiques, des mouvemens révolutionnaires (nous l'avons dit dans l'introduction), du moins les hommes qui composent sa population peuvent réclamer avec orgueil, que c'est de leur sein que jaillirent les premières étincelles de la liberté. En 1789, c'est parmi les esclaves noirs de cette province que se révéla d'abord le désir des masses de parvenir à la jouissance de ce droit sacré de l'humanité : il y eut des mouvemens séditieux parmi eux. En 1790, si les hommes de couleur du Nord se levèrent à la voix d'Ogé et de Chavanne pour combattre les colons, ce sont encore ceux du Sud qui, sous les ordres de Rigaud, remportèrent la première victoire contre leurs communs ennemis. En 1792, c'est également dans le Sud que sept cents esclaves noirs, parvenus à leur affranchissement par leur propre énergie et sous l'égide de Rigaud, annoncent en quelque sorte à cinq cent mille autres de leurs frères que la liberté ne peut tarder à les émanciper comme eux-mêmes.

Il y a donc dans l'esprit du Sud une puissance d'initiative incontestable. Notre devoir, comme historien, est de la signaler. Notre sentiment personnel, comme natif du Sud, nous porte à revendiquer aussi cet honneur. Mais, comme membre de l'Etat, de la grande famille haïtienne, nos vœux les plus ardents et les plus sincères sont : que le Sud apprenne à modérer sa vivacité et ses idées, afin de pouvoir contribuer au maintien de l'Etat dans l'union, dans son unité politique.

RÉSUMÉ DE LA PREMIÈRE ÉPOQUE.

Parvenu à la fin de cette première époque de l'histoire de notre pays, résumons-la.

Dans l'introduction à cet ouvrage, nous avons fait connaître la composition de la société coloniale en 1789 ; les mœurs et la position des diverses classes d'hommes qui la formaient ; l'organisation despotique du gouvernement de Saint-Domingue et ses abus ; les justes plaintes de toutes les classes contre cet ordre de choses ; le désir qu'elles éprouvaient d'un changement dans le régime colonial, chacune au point de vue de leurs intérêts respectifs. Nous avons exposé la situation particulière des trois provinces de la colonie, sous le rapport physique, agricole, commercial, moral et politique.

Nous avons ainsi préparé le lecteur à saisir les causes des diverses révolutions et des guerres qui ont surgi à Saint-Domingue, à comprendre pourquoi la révolution française a si puissamment influé sur ce pays.

Cette première époque nous montre la classe des blancs divisée dans ses vues comme elle l'était déjà dans ses intérêts divers ; mais toujours unie dès qu'il s'agit de contenir les hommes de la race noire, et de maintenir les uns dans la dégradation du préjugé de la couleur, les autres dans l'humiliation et les rigueurs de l'esclavage. Elle nous fait connaître les moyens affreux qu'employèrent ces privilégiés de la peau à l'égard de leurs victimes, les crimes qu'ils commirent contre elles, les atrocités de toute nature dont ils donnèrent le coupable et honteux exemple.

Mais cette époque sanglante nous montre aussi les efforts incessans de la classe des affranchis, pour parvenir à l'égalité civile et politique avec les dominateurs de la colonie; les tentatives infructueuses de quelques-uns; l'organisation intelligente des autres; leur levée de boucliers; leurs succès sur le champ de bataille; leurs succès non moins grands dans le champ de la politique; leurs fautes, leur inexpérience compromettant ces succès; leur habileté à réparer leurs torts; et enfin, les crimes dont se souillèrent une partie d'entre eux dans leur lutte désespérée.

Ensuite, nous voyons également les esclaves manifester sur divers points de la colonie leur désir de secouer le joug qui les opprime. Nous les voyons se lever enfin, le poignard d'une main, la torche de l'autre, frappant impitoyablement leurs maîtres; embrasant leurs somptueuses demeures et leurs riches plantations, afin de les contraindre, par ces dévastations, à être justes, à leur accorder la liberté naturelle, objet de tous leurs vœux, ou tout au moins quelques jours de repos dans la culture de cette terre qu'ils arrosent de leur sueur et de leur sang depuis deux siècles.

A la fin de 1792, Saint-Domingue ne présente plus qu'une colonie ruinée en grande partie, marchant chaque jour vers son anéantissement total. Trois années sont à peine écoulées depuis le commencement de sa terrible révolution, que déjà les victimes dans toutes les classes d'hommes se comptent par milliers. Le sang humain coule abondamment sur les échafauds et dans les combats; l'instinct abominable de la destruction semble seul animer toute cette population, naguères si paisible, si laborieuse, si industrieuse.

Sur qui doit retomber la responsabilité de cet affreux état des choses? Qui doit répondre devant Dieu, père commun de tous les hommes, qu'il a créés pour s'aimer et se secourir les uns les autres dans les peines inévitables de la vie ; qui doit répondre de tout le sang qui a été répandu, de toutes les horreurs qui souillent ce beau et fertile pays?

Sont-ce les opprimés qui souffraient depuis deux siècles, de toutes les injustices connues dans l'état social, qui réclamaient les droits qu'ils tiennent de la nature?

Ne sont-ce pas plutôt leurs cruels oppresseurs qui ajoutaient à leurs injustices séculaires la haine qu'enfantent la cupidité, l'avarice et toutes les viles passions nées de l'intérêt?

Ne sont-ce pas encore les premiers législateurs de la France révolutionnaire, et son gouvernement si longtemps habitué à décréter des ordonnances pour river les fers des opprimés?

Oui, sans doute, c'est à l'assemblée nationale constituante de France, c'est au gouvernement royal, mais c'est surtout aux colons de Saint-Domingue qui les ont constamment circonvenus, égarés ; c'est à eux de répondre devant Dieu, de tous les désastres qui ont désolé cette colonie.

Heureusement qu'une nouvelle assemblée nationale survient dans la métropole. Elle compte dans son sein des hommes aussi généreux, aussi justes que quelques membres de la constituante qui se firent les ardens défenseurs de la race noire ; mais plus favorisés que ceux-ci par les progrès de la révolution, ils influent plus puissamment sur les résolutions de la législative ; ils entraînent dans les voies de la justice le trop infortuné monarque dont le règne va bientôt cesser.

La *justice* est donc rendue à une notable portion des classes opprimées. *L'égalité civile et politique*, proclamée en faveur des *affranchis*, prépare *l'affranchissement général* de tous les hommes de la race noire : bientôt tous seront rendus à leur dignité originelle. Déjà, quelques-uns des malheureux *esclaves* sont appelés régulièrement *à la liberté :* le sort de ces élus fait pressentir aux autres que bientôt leur tour viendra.

Tels sont les résultats que nous présente la première époque de l'histoire que nous étudions.

Une nouvelle ère, pour ainsi dire, s'est ouverte pour Saint-Domingue. Elle a préparé la noble mission confiée à Polvérel et à Sonthonax.

Hâtons-nous de passer à la seconde époque.

FIN DU TOME PREMIER.

TABLE DES MATIÈRES

CONTENUES DANS CE VOLUME.

	Pages.
AVERTISSEMENT.	1
INTRODUCTION.	11
§ I. — De la constitution de la société coloniale en 1789. . . .	20
II. — De l'organisation du gouvernement colonial.	24
III. — Des mœurs de la classe blanche en général.	30
IV. — Des plaintes de la classe blanche contre les abus du gouvernement colonial.	38
V. — Des mœurs et de l'état des nègres esclaves.	41
VI. — Des mœurs et de l'état des affranchis, mulâtres et nègres. .	58
VII. — Des plaintes de la classe des affranchis.	69
VIII. — De la situation particulière des trois provinces de Saint-Domingue, sous le rapport physique, agricole, commercial, moral et politique.	82

PÉRIODE FRANÇAISE.

PREMIÈRE ÉPOQUE.

LIVRE PREMIER.

CHAPITRE PREMIER.

Révolution en France. — Ses premiers effets à Saint-Domingue. — Députation des colons à l'assemblée nationale constituante. — Club Massiac à Paris. — Commissaires des hommes de couleur à Paris. — Assassinats commis sur ceux de la colonie. — Tentative de résistance de leur part. — Assemblée générale de Saint-Marc et ses actes. — Autres assemblées des colons et leurs actes. — Décrets de l'assemblée nationale, des 8 et 28 mars 1790.

— Dissolution de l'assemblée de Saint-Marc par le gouverneur général, comte de Peinier. 110

CHAPITRE II.

Vincent Ogé et Jean-Baptiste Chavanne. — Premiers combats des hommes de couleur contre les blancs. — Emprisonnement des principaux d'entre eux. 133

CHAPITRE III.

Revue des actes de l'assemblée générale de Saint-Marc. — Fuite d'une partie de ses membres en France. — Décrets de l'assemblée nationale constituante, du 12 octobre 1790, 1er février et 15 mai 1791. — Discours de l'abbé Maury. — Résistance des colons, et formation d'une nouvelle assemblée coloniale. — Conseil politique des hommes de couleur dans l'Ouest. — Préparatifs de la lutte de 1791. 164

CHAPITRE IV.

Naissance de Borgella. — Examen des reproches faits aux mulâtres par les colons. — Occupations de Borgella pendant sa jeunesse. — Éducation de l'homme de couleur. — Borgella abandonne le toit maternel pour commencer sa carrière militaire. 181

CHAPITRE V.

Organisation des hommes de couleur dans l'Ouest. — Prise d'armes de Diègue, dans le canton de la Charbonnière. — Combats de Néret et de Pernier. — Concordats du 7 septembre 1791 avec la paroisse de la Croix-des-Bouquets, — du 11 septembre avec celle du Port-au-Prince, — du 22 septembre à Saint-Marc, — dans d'autres localités du Sud. — Traité de paix du 23 octobre, entre 14 paroisses de la province de l'Ouest, à Damiens, dans la plaine du Cul-de-Sac. 192

CHAPITRE VI.

Insurrection des nègres esclaves dans la province du Nord. — Ses diverses causes. — Désastres qu'elle occasionne. — Rapprochemens entre elle et l'insurrection des hommes de couleur dans l'Ouest. 216

CHAPITRE VII.

Décret de l'assemblée nationale constituante, du 7 juillet 1791. — Réunion de la seconde assemblée coloniale. — Ses actes. — Ses dispositions à se soumettre à la Grande-Bretagne. — Décrets de l'assemblée nationale, du 29 août et du 24 septembre. 237

CHAPITRE VIII.

Entrée des hommes de couleur au Port-au-Prince. — Les *Suisses* et leur déportation. — Affaire du 21 novembre 1791. — Expulsion des hommes de couleur. — Incendie du Port-au-Prince. — Crimes commis par les blancs. 254

CHAPITRE IX.

Dispositions pacifiques des insurgés du Nord. — Arrivée des commissaires civils Roume, Mirbeck et Saint-Léger. — Objet de leur mission. — Conduite de l'assemblée coloniale. — Continuation de la guerre dans le Nord, dans l'Ouest et dans le Sud. 285

CHAPITRE X.

Conduite des hommes de couleur de l'Ouest, après leur expulsion du Port-au-Prince. — Conduite de ceux du Sud. — Evénemens dans les deux provinces. — Saint-Léger se transporte dans l'Ouest. — La commission civile se décide à retourner en France. — Départ de Mirbeck et de Saint-Léger. — Roume prend la résolution de rester à Saint-Domingue. — Ses motifs. 305

CHAPITRE XI.

Influence des *Amis des noirs* dans l'assemblée nationale législative. — Décrets du 7 décembre 1791 et du 4 avril 1792. — Lettre du colon Cougnac Mion. — Décret du 22 juin. — Nomination de Polvérel, Sonthonax et Ailhaud, commissaires nationaux civils. — Instructions du roi. — Décrets des 17, 22 et 25 août, 8 novembre et 10 décembre 1792. 328

CHAPITRE XII.

Assemblée coloniale. — Projet de constitution pour Saint-Domingue. — Effet produit par la nouvelle arrivée au Cap du décret du 28 mars 1792, et de sa sanction par le roi. — Roume et Blanchelande le font publier. — Persécutions continuées contre les hommes de couleur. — Coalition et traité de paix et d'union à Saint-Marc entre les hommes de couleur et les blancs. — Roume et Blanchelande vont dans l'Ouest. — Voyage et actes de Blanchelande dans le Sud. — Son retour au Cap. — Rigaud affranchit sept cents noirs aux Cayes. — Résumé de la première époque. 356

FIN DE LA TABLE DES MATIÈRES DU TOME PREMIER.

SAINT-DENIS. — TYPOGRAPHIE DE PREVOT ET DROUARD.

www.ingramcontent.com/pod-product-compliance
Lightning Source LLC
Chambersburg PA
CBHW060049190426
43201CB00034B/634